U0603878

**服务科学与管理丛书**

# 现代服务业发展水平
# 评价理论与实践

■ 孙少龙　王树斌　冯耕中　汪寿阳　著

感谢国家重点研发计划"文化科技与现代服务业"重点
专项青年科学家项目（2022YFF0903000）和西安交通大
学重大成果专项（出版基金）项目（SK2024075）支持

科学出版社

北　京

# 内 容 简 介

本书是一部全面研究现代服务业发展评价的书籍。将现代服务业的发展视为国民经济的重要组成部分，强调了服务业在经济发展中的地位和作用。本书深入挖掘数据、技术、政策以及案例四个方面的内容，提供了一个全方位的现代服务业发展评价参考工具。本书语言简练、思路清晰，汇总了大量的统计数据和案例来剖析现代服务业发展评价的总体框架，注重理论分析和实证研究相结合，这种科学客观的写作特点使得本书具有很高的学术价值和可读性。

本书可供学术研究者、服务业的从业者、政策制定者和决策者以及对现代服务业发展有兴趣的普通读者阅读与参考，为他们提供全面深入的理论知识和实证案例的同时，帮助他们理解现代服务业的发展现状和未来趋势。

**图书在版编目（CIP）数据**

现代服务业发展水平评价理论与实践 / 孙少龙等著. -- 北京：科学出版社，2025.1. --（服务科学与管理丛书）. -- ISBN 978-7-03-079776-6

I. F726.9

中国国家版本馆 CIP 数据核字第 20242DD907 号

责任编辑：郝　悦 / 责任校对：贾娜娜
责任印制：张　伟 / 封面设计：有道设计

科学出版社 出版

北京东黄城根北街 16 号
邮政编码：100717
http://www.sciencep.com

北京建宏印刷有限公司印刷

科学出版社发行　各地新华书店经销

\*

2025 年 1 月第 一 版　开本：720×1000　1/16
2025 年 1 月第一次印刷　印张：11 3/4
字数：237 000

**定价：132.00 元**
（如有印装质量问题，我社负责调换）

# 丛书编委会

# 总　　序

随着全球化和信息技术的快速发展，服务业已成为许多国家经济的重要组成部分。服务业的规模和比重不断扩大，对经济增长和社会发展起到越来越重要的推动作用。服务科学的研究可以帮助我们理解和应对服务业所面临的挑战，提高服务业的竞争力和创新能力。现代服务科学研究是跨学科的研究领域，涵盖了管理学、信息技术、经济学、心理学等诸多学科领域，旨在提升服务系统的设计、运作和管理效率，满足人们对服务的需求和期望。服务科学的内涵在于深入研究服务的本质、特征和规律，以实现对服务过程的全面理解。与传统的产品导向思维不同，服务科学关注的是人与人之间的互动和价值创造过程，强调服务设计、交付和管理的系统性，侧重于用户体验、服务质量和效率的提升。

服务科学目前的研究热点主要包括以下几个方面：首先，服务创新和设计是服务科学的关键研究领域。如何通过创新的方式开发新型服务，满足不断变化的用户需求，提高服务质量和用户体验，是目前的热点问题。这包括从用户需求的理解、服务过程的设计到服务交付的优化，通过技术和创新方法实现服务的不断改进和升级。其次，数据驱动的服务决策成为研究的重要方向。随着服务业的多样化升级，服务过程中产生的数据量不断增大，如何有效利用这些数据进行分析和决策成为关注的焦点。人工智能和机器学习等技术可以帮助我们挖掘服务过程中的信息，洞察用户需求和行为，并根据数据做出更加智能和有效的决策。再次，服务运营和优化也是重要的研究方向。如何提高服务供应链的效率、降低成本并优化服务的交付过程，是服务科学关注的关键问题。该方向旨在研究集成供应链管理、运营研究、质量管理等领域的方法和技术，通过优化服务的运作流程和关键环节，提高服务效率，实现服务过程的持续优化和改进。最后，用户行为和需求研究也是服务科学研究的重要方向之一。了解用户的行为习惯、需求和偏好，为设计和提供个性化服务提供依据。心理学、社会学等学科的理论和方法可以用于研究用户行为和需求的驱动因素，帮助我们更好地理解用户需求和定制服务。

服务科学的研究不仅具有学科意义，也有重要的实践价值。通过深入了解用户需求和行为，服务科学可以指导服务设计和交付过程，提供个性化的服务解决方案，满足用户的多样化需求，从而提升服务质量和用户体验，增强服务行业的竞争力。服务科学的研究成果可以用于指导企业和组织的战略决策，通过分析市场趋势、竞争环境和用户需求，为企业和组织制定合适的发展战略和业务模式，达到优化资源配置、提高效率和创新能力的效果。此外，服务科学的研究还可以促进经济发展和社会福祉的提升，推动服务业的转型升级。特别是在医疗服务、金融服务、交通运输等领域，服务科学的研究可以提高服务质量和效率，改善人们的生活质量，推动社会福祉的提升。

除了服务创新与设计、数据驱动的服务决策、服务运营和优化以及用户行为和需求研究等研究热点之外，现代服务科学领域还有五个方面的重要研究值得关注，这五个方面也将成为未来研究的热点内容。

其一，智能服务与服务产业转型。首先，智能服务是服务产业转型的重要动力。随着科技的发展，人工智能、物联网、大数据等新一代技术迅猛兴起。这些技术的应用使得服务产业能够实现更高效、个性化的服务，进一步提升用户体验。智能服务能够通过自动化和智能化的手段减少人力成本，提高服务效率和质量，从而推动服务产业的转型与升级。其次，智能服务打破了传统服务的时间和空间限制。随着以智能终端为基础的移动互联网的普及，人们可以随时随地获取所需的服务。智能服务的平台化模式让服务提供者和用户之间的连接更加便捷和高效。例如，通过在线预订、移动支付和即时通信等工具，用户可以即时获取服务，并实现服务的个性化和定制化。智能服务的兴起使得传统的线下服务向线上迁移，加速了服务产业的数字化和互联网化转型。再次，智能服务推动了服务内容的创新和升级。随着人工智能和大数据技术的发展，智能服务能够挖掘和分析海量的数据，准确把握用户需求和行为，从而提供更加个性化、精准的服务。例如，基于用户数据的推荐系统可以为用户提供个性化的商品推荐和服务方案，满足用户的多样化需求。智能服务还能够通过智能化设备与用户进行交互，实现更加智能化、人性化的服务体验，推动服务内容的创新和升级。最后，智能服务给服务产业的转型带来了挑战和机遇。一方面，智能服务在加速服务产业转型的同时，容易使服务企业陷入智能鸿沟。随着智能服务在服务产业的普及，依赖传统服务的数字弱势群体在各服务领域的基本保障可能会缺失，这意味着服务产业在逐步推进智能服务的同时，需要注意不同群体的获得感和参与感。另一方面，智能服务为服务从业者和企业提供了更多的发展机会。通过积极应用智能技术，服务从业者可以提高自身的竞争力和创新能力，从而在服务市场中获得更多的机会。

其二，数字效率与服务产业升级。首先，数字效率利用技术工具和数字化平台提高了服务产业的生产效率。通过数字化技术，服务产业能够实现业务流程的自动化和专业工作的智能化，有效提高服务产业业务的运行效率和员工的工作效率。例如，通过实施 ERP（enterprise resource planning，企业资源计划）系统、物联网技术和大数据分析，服务企业可以更加高效地管理和协调各项业务，实现资源的优化配置和利用。数字驱动的决策模式也可以帮助服务企业的管理者制定更科学的决策，在提升管理能力和水平的同时达到降本增效的目的。其次，数字效率提供了智能化的服务交付方式。随着移动互联网的快速发展，用户对于便捷、高效的服务交付方式的需求不断增加。服务企业可以利用数字技术将传统的线下服务转变为线上服务，通过各种移动应用和平台为用户提供全天候、无地域限制的服务。例如，通过在线预约、移动支付和即时通信等工具，用户可以随时随地方便地获得所需的服务，从而提高服务的效率和便利性。再次，数字效率推动了服务企业的创新和升级。数字化技术为服务企业提供了丰富的数据资源，服务企业可以通过大数据挖掘和分析来了解用户的需求、行为和偏好，从而提供个性化、定制化的服务。服务企业可以基于用户数据进行精准的市场定位，开展精细化的产品和服务设计，并实施有针对性的营销策略。数字效率还推动了服务企业的业务模式创新，如共享经济模式的兴起，通过数字平台将供需双方连接起来，实现资源共享和利用效率的提升。最后，数字效率给服务企业的升级带来了机遇和挑战。数字化技术的广泛应用促进了服务业网络化、平台化和智能化，使服务企业不断发展新领域、新业态和新模式，在实现降本增效和丰富服务供给的同时，为企业带来新的收入点。然而，数字化转型也对服务企业提出了新的要求。服务从业者需要不断学习和适应数字化技术，提升自身数字素养和技能，以适应快速变化的市场环境。服务企业还需要加强信息安全和隐私保护，确保数字化过程的可信度和可靠性。

其三，绿色服务与服务产业节能。首先，绿色服务强调减少资源消耗与环境污染。服务产业在提供各类服务过程中会消耗能源、产生废弃物等，不可避免地会对环境造成一定程度的影响。绿色服务通过采用环境友好的技术和管理方法，减少资源的使用和能源的消耗，降低废弃物的产生和排放，以实现对环境的最小化损害。例如，服务产业可以推广使用节能灯具、绿色建筑等绿色设施，降低能源的消耗量；在交通运输领域，低排放和电动交通工具可以作为首选，以此减少对大气环境的污染。其次，绿色服务鼓励推广可持续发展的实践。可持续发展要求服务产业在满足当前需求的基础上，不损害未来世代的需求和权益。因此，在可持续发展理念下，绿色服务强调在服务设计、运营和管理中考虑生态环境、社会公益和经济效益的协调。例如，通过推广循环经济理念，服务产业可以实现资源的最大化利用和循环回收，减少对自然资源的消耗；通过主动承担社会责任，服务产业可以参与环保公益活动，推动生态环境保护、促进社会进步。再次，绿色服务促进企业的绿色转型和创新。在服务产业中，通过使用绿色技术和方法，企业可以实现节能减排，提高资源利用效率。这不仅有助于企业降低运营成本，还可以使企业获得可持续竞争优势。例如，通过采用智能化的能源管理系统，服务企业能够监测和控制能源的使用情况，减少能源消耗。此外，绿色服务还鼓励企业进行绿色产品和服务创新，以满足消费者对环保和可持续发展的需求。这种绿色创新不仅可以为企业带来新的商机和市场份额，同时也有助于推动整个服务产业的绿色转型和创新。最后，绿色服务为服务产业提供了机遇和挑战。一方面，绿色服务的发展为服务产业提供了新的增长点和竞争优势。在越来越多元化的社会价值架构中，服务企业环保意识的树立不仅能够满足越来越多消费者对绿色产品和服务的需求，还可以增加企业社会形象的美誉度。另一方面，绿色服务也对服务企业提出了新的要求和挑战。想要以绿色服务为核心竞争力，服务企业需要不断进行绿色技术的开发与改造。不同于一般性创新，绿色服务创新仍处于初级探索阶段，这就意味着服务企业在保持环保敏感性的同时，需要投入更多的资源去实现绿色转型，提高节能减排水平。

其四，协同效应与服务产业联动。首先，协同效应强调不同服务产业之间的合作与互动。服务产业涵盖了众多领域，如旅游、餐饮、金融、教育、医疗等，各个领域之间存在着相互联系和相互依赖的关系。协同效应是指通过促进不同服务产业之间的合作，实现资源共享、优势互补，从而提高整个服务产业链的效率和效益。例如，一个旅游目的地的成功，依赖于交通、酒店、餐饮、景区等多个服务产业的联动，各个产业的协同合作能够提供更完善的旅游服务和体验。其次，协同效应促进服务供应链的优化和协调。服务产业的供应链是由多个环节组成的，包括产品设计、生产、分销、服务等。协同效应主要是通过增强不同环节之间的合作与协调、促进供应链的整体优化和效率提升来实现的。例如，通过信息技术和物流管理系统的应用，服务产业的供应链可以实现及时的信息共享和物资调配，提高产品的交付速度和服务质量，从而提升整个供应链的效率和协同效应。再次，协同效应推动服务创新和增值。不同服务产业之间的联动和合作能够激发创新和创造力，促进新产品、新服务的开发与推广。不同产业的交叉合作和资源共享可以带来新的创意和新的商业模式。例如，通过餐饮和电影院的联动，可以提供电影餐厅的服务，为消费者营造独特的观影体验。在服务越来越同质化的背景下，不同服务产业之间的协同可以实现服务的差异化和品牌价值的提升，有助于提高市场竞争力。最后，协同效应为服务产业联动提供了机遇和挑战。一方面，协同效应提供了服务产业之间合作与发展的机会，通过联动合作，可以开拓新的市场和客户群体。另一方面，协同效应也对服务企业提出了新的要求。服务从业者需要具备跨界合作和团队合作的能力，积极寻找合作伙伴，建立互信和共赢的合作关系。服务企业需要加强管理、组织和沟通能力，推动内部各部门和外部合作伙伴的协同合作，实现协同效应的最大化。

其五，商业模式与服务科技创新。首先，商业模式与服务科技创新相互依赖。商业模式是指企业在市场上运营和获取利润的方式，服务科技创新是指利用科技手段和工具来改进服务方式和提升服务效率。通过科技创新，企业可以重新设计和优化自身商业模式来更好地满足市场需求，提供更高质量、更高效率的服务，以实现市场竞争力的提升和利润的最大化。其次，商业模式与服务科技创新相互促进。服务科技创新提供了新的技术和工具，可以改变服务的提供过程和方式，商业模式则为服务科技创新提供了市场需求和商业化的平台。商业模式的设计和创新可以激发服务科技创新的需求，通过商业模式的优化和调整，将服务科技创新应用到市场中，创造价值和利润。例如，通过物联网技术的应用，企业可以实现对设备和产品的智能化管理和监控，提供更精准的服务。商业模式的创新则可以将智能化服务打包销售，并提供增值服务，实现利润的增加。再次，商业模式的变革需要依赖于服务科技创新的支持。随着科技的快速发展和进步，服务产业也在不断进行转型和变革。商业模式的创新需要利用最新的科技成果和技术手段，以满足消费者对高质量服务和便利性的需求。例如，随着移动互联网技术的普及，传统的线下服务模式逐渐向线上平台和移动应用迁移，通过移动互联网技术和大数据分析，企业可以实现精准营销和个性化服务。这种商业模式的变革又能够进一步推动服务科技创新的发展，形成良性循环。最后，商业模式与服务科技创新对企业的竞争力和可持续发展具有重要影响。通过开展服务科技创新，企业可以在市场上提供独特的价值主张，创造差异化的竞争优势。商业模式的创新可以使企业在市场上获得更高的市场份额和盈利能力，提升竞争力。同时，服务科技创新也需要商业模式的支持和落地，只有优化和调整商业模式，服务科技创新才能真正实现商业化和可持续发展。

　　智能服务、数字效率、绿色服务、协同效应和商业模式是推动服务产业转型的重要因素。这五个方面密切关联，共同构建了服务科学研究的基石。智能服务借助人工智能和数据分析技术推动服务业向高品质和多样化升级，为服务产业带来新的机遇和挑战；数字效率利用数字化技术优化服务过程中的信息流、物流和资金流，提高了服务产业的生产效率和服务质量；绿色服务可以实现经济增长与环境保护的双赢，引导服务产业向可持续发展方向转型；协同效应加强服务产业内外部的协作与合作，实现资源的优化配置；商业模式与服务科技创新相互促进，为服务产业打造市场竞争力。该书将通过以上五个方面的深入探讨，提升现代服务科学研究的实践价值。

汪寿阳　冯耕中　孙少龙

2024 年秋

# 序 言 一

服务业已成为国民经济的重要组成部分。服务业的蓬勃发展提供了丰富的就业机会，且服务业在国内生产总值（gross domestic product，GDP）中所占比重日益增加，已成为各国经济结构中不可或缺的一环。然而，在服务业发展过程中，必将面临诸多考验，如效率、品质、可持续性等问题。这些问题亟待解决，只有经过深入探讨、研究，才能找到解决之道。

20世纪后半叶，经济领域发生了深刻的变革，制造业与服务业的融合成为新的趋势。两者之间的互动日益密切，彼此相互依存、渗透并相互支持。制造业逐渐向服务化转型，采纳更多的工业化服务方式，形成了制造业服务化的新态势。与此同时，服务业也融入了更多的工业化元素，推动了服务业的工业化发展。

进入21世纪，服务经济已成为全球经济的主流，服务业在国内生产总值中的比重显著上升，其中制造服务业占据了七成。以罗尔斯·罗伊斯公司为例，其服务型收入超过总收入的一半。然而，我国的制造企业多集中在产业链的低端，服务需求局限于低端领域，高端服务需求不明显。因此，国家应加快服务业的发展，提升服务业在国民经济中的比重，以适应全球产业竞争的新趋势。

"十二五"规划以来，现代服务业这个崭新的概念逐渐登上了历史的舞台。现代服务业是以现代科学技术特别是信息技术为主要支撑，建立在新的商业模式、服务方式和管理方法基础上的服务产业。它既包括随着技术发展而产生的新兴服务业态，也包括运用现代技术对传统服务业的改造和提升。随着移动互联网、云计算、大数据以及人工智能等现代信息技术的迅速发展和广泛应用，传统的服务业正在被重新定义。电子商务、在线教育、远程医疗和智能物流等产业迅速崛起，极大地丰富了市场的服务内容，同时也提高了服务的可达性和个性化水平。这些新兴的服务业通过技术的力量，有效地降低了交易成本，提升了产业效率，加速了服务业的全球化和无界化发展。

传统制造服务业主要围绕着生产制造过程提供相关的服务，如物流、仓储、维修等。这些服务往往与具体的生产环节紧密相连，呈现出较强的依赖性和局限性。随着科技的进步和市场的变化，传统制造服务业逐渐暴露出一些问题，如服务效率不高、服务质量不稳定、创新能力不足等。现代服务业以信息技术和现代化管理理念为支撑，提供高效、便捷、个性化的服务。它涵盖了金融、教育、医疗、文化等多个领域，具有高技术含量、高附加值、高人力资本含量等特点。现代服务业的发展不仅推动了经济结构的优化升级，也提高了人们的生活质量和幸福感。

　　传统制造服务业向现代服务业的转变，主要体现在以下三个方面。一是服务内容的拓展。现代服务业不再局限于传统的生产环节服务，而是拓展到产品研发、设计、营销等全产业链环节，提供全方位的服务。二是服务方式的创新。借助信息技术，现代服务业实现了服务的线上化、智能化和个性化，提高了服务效率和质量。三是产业融合的加深。现代服务业与制造业、农业等其他产业深度融合，形成了新的产业链和价值链，推动了产业的整体升级。

　　从传统服务业到制造服务业，从制造服务业再到现代服务业，这两次转变反映了全球经济发展趋势和技术进步的深刻影响。但是，我国的现代服务业发展同样面临着严峻的挑战。技术创新与行业应用之间的脱节、人才短缺与技能不匹配、服务质量不均等问题都是我们未来应该重点考虑并着手解决的。

　　传统制造服务业到现代服务业的转变是一个复杂而深远的过程，涉及多个层面和维度的变革。研究这一转变不仅有助于我们深入理解经济发展的趋势和规律，也为企业的创新发展提供了重要的指导。因此，我们应该加强对这一领域的研究和探索，为现代服务业的发展贡献智慧和力量。当前正是机遇和挑战并存的时代，需要以更为系统性的思维来探讨和解决服务业发展中所面临的复杂问题。

中国工程院院士

西安交通大学管理学院名誉院长、教授、博士生导师

# 序 言 二

当今时代，服务经济已经成为现代社会的主要推动力之一，服务业在 GDP 中所占的比重不断增加，并且在促进就业和创新方面发挥着越来越重要的作用。现代服务科学研究的重要性就在于深入理解和推动服务经济的发展，以满足人们日益增长的需求，并促进经济的可持续增长。首先，服务经济与现代社会密不可分。随着工业化和技术进步的不断推进，传统的制造业模式已经无法满足人们多样化、个性化的需求。相比之下，服务业对于人们的个性化需求更加敏感和灵活。服务经济侧重于提供各种有价值的服务，如金融、医疗、教育和娱乐等，为人们的日常生活和经济活动提供支持。因此，研究服务经济的发展对于理解和适应现代社会的需求至关重要。其次，服务科学具有一些核心特点和优势。服务科学是一门跨学科的研究领域，汇集了经济学、管理学、信息技术、社会学等多个学科的理论和方法。它关注服务的交付、组织和创新等方面，致力于提高服务效率和质量。服务科学的核心特点包括服务的不可分性、异质性和变动性，这在理论和实践上给服务研究带来了挑战。此外，服务科学研究还有助于可持续发展，它强调资源的合理利用、创新的推动和满足用户需求的持续性。服务科学的这些特点和优势使其成为推动经济和社会发展的重要领域。进一步，服务创新对经济发展至关重要。随着经济结构转型和科技进步的推动，创新已经成为国家竞争力和经济增长的重要驱动力。服务创新是现代服务科学研究的核心内容之一，它涉及服务产品化、过程优化、技术应用和商业模式创新等方面。通过服务创新，企业可以提供更高质量、更有效率、更具创意的服务，满足不断变化的需求。同时，服务创新还可以带动产业转型和升级，推动经济的可持续发展。大量研究和实践案例已经证明了服务创新在提高企业竞争力和促进经济增长方面的重要性。现代服务科学研究有助于理解和适应服务经济与现代社会的关系，发掘服务科学的核心特点和优势，凸显服务创新对于经济发展的重要性，并借助相关研究和案例支持论证。未来，随着技术和社会的不断变革，服务科学的研究将更加重要，为推动经济、社会和环境的持续发展提供理论支持和实践指导。

服务科学的发展与社会经济发展密切相关。服务科学是一门跨学科的研究领域，它的发展对于推动社会经济增长和提高人们生活质量具有重要意义。首先，服务经济已经成为现代社会经济的重要组成部分。随着经济结构的转变和技术的发展，传统的制造业模式已经无法满足人们日益增长的多样化需求。相比之下，服务经济更注重提供各种有价值的服务，如金融、医疗、教育和娱乐等。服务经济将人的需求置于核心位置，强调创造独特的价值和满足个性化需求。服务科学致力于研究服务经济的运作机制、创新方式和管理策略，为社会经济的转型和发展提供理论指导和实践支持。其次，服务科学的发展有助于提高经济效益和创新能力。通过研究和应用服务科学的理论和方法，可以优化服务过程、提升服务质量，并有效管理服务供应链和资源配置。服务科学还鼓励创新思维和商业模式的转变，推动不同行业和领域的服务创新。服务创新可以提高企业竞争力，增加就业机会，并推动相关产业链的升级和优化，促进社会经济的可持续发展。此外，服务科学的发展还推动着社会价值的提升。服务科学致力于优化服务交付和用户体验，关注服务的社会效益和影响。例如，通过服务科学的研究和实践，可以提供更智能化、个性化的医疗服务，改善人们的健康状况和生活质量；可以优化城市交通服务，提高出行效率和减少能源消耗；可以推动教育服务的创新，满足不同学习需求和促进人力资源的发展。服务科学的发展有助于实现社会经济的可持续发展目标，为社会创造更大的价值和福祉。服务科学的发展与社会经济发展密切相关，它不仅促进了服务经济的崛起，也提升了经济效率、创新能力以及社会价值。未来，随着科技的迅猛发展和社会需求的不断变化，服务科学的研究和应用将更加重要，为社会经济的持续发展做出更大的贡献。

服务科学的发展与社会治理体系的完善密切相关。服务科学研究的核心在于提高服务质量、优化服务结构和创新服务模式，为社会治理体系的构建和进步提供重要支撑。首先，服务科学的发展有助于优化公共服务的交付和管理。社会治理体系的目标之一是提供高效、便捷和可持续的公共服务，以满足人们日益增长的需求。通过研究服务科学的理论和方法，可以全面分析和优化公共服务，在保障公共利益的前提下，提高服务效率和质量。例如，在城市治理中，服务科学研究可以提供运输、教育、医疗等领域的服务优化策略和管理机制，为城市居民提供更好的公共服务体验。其次，服务科学的发展有助于提高社会参与和治理效能。传统的社会治理模式往往依赖于垂直管理和指令控制，缺乏对社会参与和民意的充分考虑，而服务科学强调了服务用户的参与和价值共创。通过引入服务科学的理念和方法，可以促进政府、企业和社会组织之间的合作，实现资源的共享和协同，提高社会治理的效能和公众满意度。例如，通过服务科学的研究和应用，政府可以更好地与社会组织和市民合作，在城市治理中实现共商共治和普惠共享。此外，服务科学的发展还有助于提升社会治理的智能化和创新能力。随着数字技术和人工智能的不断发展，服务科学结合了大数据分析、智能算法等技术方法，推动了社会治理的智能化和创新。通过服务科学的研究，可以应用智能化的技术手段提升相关部门在社会监控、风险评估、决策支持等方面的能力。例如，在公共安全领域，服务科学的研究可以应用智能视频监测、数据分析等技术，提高治安预警和应急响应的效能。服务科学的发展与社会治理体系的完善密切相关，它为优化公共服务的交付和管理提供了理论和方法支持，提升了社会参与和治理效能，并推动了社会治理的智能化和创新能力。服务科学的研究和应用将进一步提升社会治理体系的现代化水平，为建设更加和谐、稳定和可持续的社会提供了有力的支持。服务科学的发展为社会治理体系提供了更多的选择和灵活性，使其能够更好地适应社会变革和发展的需求。

服务科学的发展与环境治理的可持续密切相关。服务科学研究致力于提高资源配置效率、发扬环保观念和推进信息建设，为环境治理的可持续性提供了重要支持。首先，服务科学的发展有助于提高资源利用效率和环境保护水平。传统模式下，资源浪费和环境污染是不可忽视的问题。通过研究服务科学的理论和方法，可以优化服务供应链和资源配置，减少资源的浪费。例如，在城市管理中，服务科学的研究可以提供智能交通管理、能源管理等方面的方法和工具，降低能源消耗和环境污染。同时，服务科学也鼓励服务创新和智能技术的应用，以提供更环保、可持续的服务解决方案。其次，服务科学的发展有助于推动循环经济和绿色发展。循环经济是一种以资源循环利用为基础的经济模式，其目的是最大限度地减少资源消耗和废弃物排放。服务科学的研究和应用可以促进循环经济的实现。例如，通过研究服务供应链管理和回收利用的策略，可以实现废弃物的有效回收和再利用；通过推动共享经济的发展，可以减少资源的重复购买和浪费。服务科学的发展鼓励创新思维和商业模式的转变，推动经济向绿色发展的方向转变。此外，服务科学的发展也有助于提高环境信息的获取和共享能力。环境治理需要准确、及时的环境数据和信息支撑。通过研究服务科学的理论和方法，可以建立环境数据的监测、分析和共享平台，实现环境信息的集成和共享。例如，在城市环境治理中，服务科学的研究可以应用物联网技术和大数据分析方法，实现城市环境数据的智能监测和分析，以提供决策支持和环境风险预警。服务科学的发展与环境治理的可持续密切相关，它为优化资源利用效率、推动循环经济和绿色发展、提高环境信息的获取和共享能力提供了理论和方法支持。服务科学的研究和应用将进一步推动环境治理的可持续发展，为建设资源节约型、环境友好型的社会提供有力的支持。

关于现代服务业发展的方方面面，希望该书的出版能给读者带来更为详细的解读，提供更为全面的理解。

陕西省政协副主席

民建中央常委、陕西省委会主委

2024 年 11 月

# 前　　言

在当今全球化与信息化交织的时代背景下，现代服务业作为经济增长的重要引擎，正逐渐成为国家竞争力的重要标志。本书旨在通过系统梳理现代服务业发展的统计框架、指标体系、数据维度以及评估方法，全面揭示现代服务业的发展特征、趋势及其政策效应，为现代服务业的健康发展提供理论支撑和实践指导。

本书围绕现代服务业的发展评价进行了全面而深入的探讨。全书共分为数据篇、技术篇、政策篇和案例篇四大板块。数据篇构建了现代服务业发展评价的统计框架和指标体系，为后续研究提供了数据支撑；技术篇则基于不同数据源和方法，探讨了现代服务业发展评估的多种途径；政策篇深入分析了政策在现代服务业发展中的作用及其协同效应；案例篇则从实际案例出发，展示了现代服务业在不同区域和产业中的发展特征和实践经验。整个框架既有理论深度，又有实践指导意义，旨在为现代服务业的健康发展提供科学的决策依据和实践参考。

数据篇部分，我们构建了现代服务业发展评价的统计框架，明确了数据类型、数据来源和数据统计框架。通过对现代服务业水平测度的指标体系的构建，我们选取了具有代表性的指标，并构建了完整的指标体系，为后续的评价工作提供了坚实的基础。此外，我们还从现代服务业整体发展程度、重点行业发展水平以及发展环境等多个维度，对现代服务业发展的数据进行了深入分析。

技术篇部分，我们基于现有统计数据、文献调研以及经典案例，分别探讨了现代服务业发展评估的不同方法。通过对不同方法的比较和分析，我们发现了各种方法的优势和局限性，并提出了相应的改进策略。这些评估方法不仅有助于我们更准确地把握现代服务业的发展现状，还能为政策制定者提供科学的决策依据。

政策篇部分，我们深入分析了现代服务业发展转型的政策供给、政策的协同效应以及政策效应。通过对国家总体政策、行业政策以及个别省份政策的梳理和分析，我们揭示了政策在现代服务业发展转型中的重要作用。同时，我们还通过案例研究，探讨了政策协同效应和政策效应的具体表现，为政策优化提供了有益的参考。

案例篇部分，我们从区域和产业两个视角出发，选取了一系列现代服务业发展的经典案例。通过对这些案例的深入剖析，我们揭示了现代服务业在不同区域和不同产业中的发展特征、延伸方向以及政策影响。这些案例不仅丰富了我们对现代服务业发展的认识，也为其他地区的现代服务业发展提供了可借鉴的经验。

在撰写本书过程中，我们力求做到内容全面、逻辑严密、数据准确；参考大量国内外相关文献和统计数据，力求使研究成果具有科学性和实用性；同时，注重理论与实践相结合，力求使本书既具有理论价值，又具有实践指导意义。

　　然而，现代服务业发展是一个复杂而动态的过程，涉及众多因素和变量。因此，本书的研究只是一个起点，而非终点。我们期待在未来的研究中，能够继续深入探索现代服务业发展的内在规律和机制，为现代服务业的健康发展贡献更多的智慧和力量。

　　我们感谢所有为本书撰写做出贡献的作者和编辑人员，感谢他们的辛勤付出和无私奉献。同时，我们也要感谢广大读者对本书的关注和支持，希望本书能够为现代服务业的发展研究和实践工作提供有益的参考和借鉴。让我们携手共进，推动现代服务业的繁荣发展，为构建现代化经济体系、实现高质量发展贡献力量！

　　在本书的研究和写作过程中，我们得到了许多同行与朋友的鼓励、支持与帮助，他们包括清华大学柴跃廷教授，浙江大学尹建伟教授，对外经济贸易大学陈进教授，西安交通大学郭菊娥教授、王志教授等。以及课题组成员西安交通大学郑春旭、高嘉慧、王林涛、赵二龙、杜宗娟、姜怡雯、王洁，西安邮电大学王婷婷、李嘉宝。本书的研究工作得到了国家重点研发计划"文化科技与现代服务业"重点专项的青年科学家项目（2022YFF0903000）和西安交通大学重大成果专项（出版基金）项目（SK2024075）的资助。

　　书中难免存在不足之处，恳请专家和广大读者批评指正。

孙少龙　于西安交通大学管理学院

王树斌　于西安邮电大学经济与管理学院

冯耕中　于西安交通大学管理学院

汪寿阳　于中国科学院数学与系统科学研究院

2024 年 10 月

# 目　录

# 数据篇

## 客观整理现代服务业评价的业界数据特征和类型

# 第1章 现代服务业发展评价的统计框架

## 1.1 数 据 类 型

现代服务业的数据统计主要从现代服务业综合、分行业、公司三个层面出发，从时间和空间两个维度对产业规模、投入和产出等社会经济指标展开分析。因此，在对现代服务业发展评价之前，首先需要明确研究目的，在此基础上选择研究所需的数据类型。例如，研究的主要目的是分析区域之间现代服务业的发展差异，可以选择区域层面的截面数据。现有数据可以总结为以下几种数据类型。

（1）时间序列数据。时间序列数据主要反映现代服务业发展的变化趋势和变化程度。在统计年限内，现代服务业的相关社会经济指标均会在时间维度进行统计，区别在于有些社会经济指标可以在季度、月度等进行细分，而有些社会经济指标只有在年度层面才具有统计性价值。

（2）区域层面数据。区域层面数据也称截面数据，主要反映在同一时间节点上不同地区现代服务业发展的特点和差异，通过对区域层面数据的分析也可以得到区域间的差异来源。大部分的社会经济指标都会在区域层面上进行统计，如不同地区或城镇的服务业增加值、服务业就业人数、服务业企业数量等。

（3）行业层面数据。基于现代服务业的分类，相关统计年鉴会对不同的行业数据进行统计。行业层面数据主要反映了现代服务业分行业的特点和发展情况，如交通运输业、金融业、教育、住宿和餐饮业、旅游业等行业的就业人数、费用支出、营业收入等。对行业层面的数据进行分析不仅可以得到各行业的异质性发展模式，还可以用于比较不同行业对现代服务业的发展贡献。

（4）企业层面数据。企业层面数据主要反映分行业企业的经营规模、业务范围、盈利情况等，如分行业的上市企业数量与地区分布、企业规模、企业盈利情况等。这里的企业层面不仅仅指具有营利性质的公司，还包括每个行业特有的组织机构，如文娱行业的文化机构和艺术表演馆、教育行业的学校、医疗行业的医疗卫生机构等。

（5）经济指标数据。经济指标数据是较为直观的统计性数据，从现代服务业综合和分行业两个层面进行数据分析都离不开经济指标数据。它主要反映现代服务业对整体经济的贡献和影响，如GDP、贸易额、利润总额等；也可以用于反映现代服务业在整体经济中的重视度，如政府财政支持力度等。与分行业的经济指标相比，现代服务业综合的经济指标相对较少。

（6）社会指标数据。社会指标数据主要反映现代服务业对社会生产、生活和环境的影响与贡献，如服务业客户满意度、服务业社会责任履行情况等。由于现代服务业具有智力要素密集度高、产出附加值高、资源消耗少、环境污染少等特点，研究现代服务业社会影响的指标也逐渐增加。

在研究中，我们可以针对不同的研究内容和研究角度选择合适的数据类型。这些数据类型和特征可以用于对现代服务业及其分行业发展进行综合评价和分析，有助于揭示现代服务业及其分行业发展的潜在问题和瓶颈，指导现代服务业政策的制定和实施。

## 1.2 数 据 来 源

1.1 节中所提到的数据，可以从以下渠道获取。

（1）国家统计局①。国家统计局承担着组织领导和协调全国统计工作，确保统计数据真实、准确、及时的责任。其制定统计政策、规划、全国基本统计制度和国家统计标准，起草统计法律法规草案，制定部门规章，指导全国统计工作。主要提供中国宏观经济数据，包括 GDP、各行业增加值、就业人数、出口和进口等数据。提供农林牧渔业、工业、建筑业、批发和零售业、住宿和餐饮业、房地产业、租赁和商务服务业、居民服务和其他服务业、文化体育和娱乐业、装卸搬运和其他运输服务业、仓储业、计算机服务业、软件业、科技交流和推广服务业、社会福利业等的统计调查数据，综合整理和提供地质勘查、旅游、交通运输、邮政、教育、卫生、社会保障、公用事业等全国性基本统计数据。统计调查能源、投资、消费、价格、收入、科技、人口、劳动力、社会发展基本情况、环境基本状况，综合整理和提供资源、房屋、对外经贸、对外经济等全国性基本统计数据。

（2）中国服务外包研究中心（China Outsourcing Institute，COI）②。中国服务外包研究中心是商务部直属正司（局）级公益二类事业单位，致力于打造服务贸易、数字贸易、服务外包、电子商务等服务经济领域的国家级专业研究机构和学术信息中心，是建设推动落实商务部相关领域决策任务的高效执行机构，是商务部仅有的一家专注服务业开放领域的科研机构。中国服务外包研究中心主要开展服务外包、服务贸易、数字贸易和电子商务等相关领域的研究，从事服务外包、服务贸易、数字贸易和电子商务等相关领域信息采集、整理与加工，为政府决策、区域规划和企业发展提供相关咨询服务，建立服务外包、服务贸易信息分析系统及信息发布平台，定期发布服务外包、服务贸易景气指数，编制年度国家服务外

---

① 国家统计局官方网站：http://www.stats.gov.cn/sj/。
② 中国服务外包研究中心官方网站：http://www.coi.org.cn/。

包、服务贸易、数字贸易和电子商务等相关领域的发展报告，开展国家服务外包、服务贸易、数字贸易和电子商务等相关领域的学术交流，开展商务领域国际交流合作及国内外投资促进活动。其研究成果主要以 COI 动态、中国服务外包发展报告、每周信息综报、政策法规等形式呈现。

（3）国家信息中心（国家电子政务外网管理中心）①。其以开发信息资源、服务科学决策为使命，面向政府和社会，积极提供决策支持服务、信息技术服务和信息内容服务。国家信息中心（国家电子政务外网管理中心）主要承担宏观经济监测预测与国民经济和社会发展等重大问题研究工作；开展信息化战略规划、顶层设计与制造业等产业的决策咨询；开展大数据决策支持、发展战略、总体规划及核心算法模型等研究；承担信息安全政策咨询、风险评估、等级保护、安全监测、数据安全服务及相关理论研究等。能够提供关于信息化发展的数据，涉及战略性新兴产业、共享经济、智慧城市等领域，包括互联网普及率、电子商务交易额、数字经济规模等相关数据。

（4）中国质量认证中心（China Quality Certification Centre，CQC）②。中国质量认证中心的产品认证业务主要有国家强制性产品认证、CQC 标志认证、国家推行自愿性产品认证（良好农业规范认证、有机产品认证等）等认证业务，同时也是国家授权开展节能、节水（"节"字标）和环保产品认证工作的第三方认证机构。涉及家用电器、汽车、安全玻璃、医疗器械、电线电缆、玩具等 22 大类的158 种产品。中国质量认证中心主要提供关于服务质量的数据，包括企业质量认证情况、服务质量评估、各行业企业质量认证情况等。

（5）人力资源和社会保障部③。其负责就业、失业和相关社会保险基金预测预警和信息引导，拟订应对预案，实施预防、调节和控制，保持就业形势稳定和相关社会保险基金总体收支平衡。人力资源和社会保障部会定期发布人力资源和社会保障事业发展统计数据与公报，主要提供就业和社会保障相关数据，包括就业失业人数、人均工资、社会保障基金、养老保险、失业保险、工伤保险、人事争议仲裁、劳动保障监察等相关数据。

（6）中国经济网④。作为最大的专业数据信息提供机构，中国经济网整合了多个大型统计数据库系列。其中，中国经济网统计数据库涵盖了宏观经济、产业经济、行业经济、区域经济以及世界经济等各个领域，主要子库包括宏观月度库、综合年度库、行业月度库、海关月度库、城市年度库。中国经济网产业数据库涵盖了机械、汽车、电子通信、医药、石油化工等 10 多个产业集群，将时间序列和

---

① 国家信息中心（国家电子政务外网管理中心）官方网站：http://www.sic.gov.cn/。
② 中国质量认证中心官方网站：https://www.cqc.com.cn。
③ 人力资源和社会保障部官方网站：http://www.mohrss.gov.cn/。
④ 中国经济网官方网站：http://www.ce.cn/。

截面报表、上下游产业链数据、行业与企业数据按照分析研究人员的使用习惯集成。主要产业板块为机械制造、石油化工、电子通信、能源、钢铁、房地产、医药卫生、交通运输、旅游、汽车、商贸、宏观经济。

以上统计单位有针对性地将相关数据进行汇编，形成统计年鉴，有助于研究人员寻找综合性的指标数据，具体包括以下统计年鉴。

（1）《中国统计年鉴》。《中国统计年鉴》为综合性统计年鉴，涵盖的指标类别较多，如各行政区国民经济和社会发展等综合性指标，人口自然增长率等人口指标，GDP 等国民经济核算指标，就业人员和职工工资、价格指数、人均主要食品消费量等人民生活水平指标，中央和地方财政指标，资源环境和能源相关指标，进出口总额等对外贸易指标，农业、工业和建筑业等行业和各区域的社会经济指标等。

（2）《中国区域经济统计年鉴》。《中国区域经济统计年鉴》反映了中国区域经济与社会发展的相关情况，包括以经济区域、省、自治区、直辖市、地级城市和县级城市为统计主体的经济与社会发展数据，该统计年鉴同样是一项综合性较强的统计年鉴，统计指标较多，如人口的城乡构成、出生率、死亡率和自然增长率，GDP 和地区生产总值，居民消费水平和消费构成，水资源、森林资源、土地资源和湿地资源等自然资源总量及利用量，农产品、畜产品和水产品等产品产量等。

（3）《中国城市统计年鉴》。《中国城市统计年鉴》反映了中国地级以上城市和县级城市经济和社会发展情况，包括全国城市行政区划和城市分布情况，人口数量，建成区面积及水资源总量、绿地面积及建成区绿化覆盖面积、工业颗粒物排放量、污水及生活垃圾处理率等资源环境数据，地区生产总值及其构成、一般公共预算收支状况、商品房销售面积、对外经济贸易数据等经济发展数据，研发投入与产出等科技创新数据，劳动力就业人数、人均收入等人民生活数据，学校数量、在校学生数量、文化体育设施数量、医院床位数、公共汽车和出租车拥有量、公路运输量、煤气及液化石油气供应及利用量等公共服务数据。

（4）《中国城市建设统计年鉴》。《中国城市建设统计年鉴》反映了中国城乡市政公用设施建设与发展状况，包括城市市政公用设施水平，城市人口数和建设用地面积，城市维护建设财政性资金收支数据，城市市政公用设施固定资产投资数据，城市供水量、城市节约用水量、城市燃气供应量和使用量、城市集中供热等居民生活数据，城市轨道交通数量、城市道路和桥梁数量等居民出行数据，城市排水量和污水处理率、城市市容环境卫生情况等环境卫生数据，城市园林绿化面积等绿色生态环境数据。

（5）《中国农村统计年鉴》。《中国农村统计年鉴》收录了全国和各省农村相关社会经济统计数据，包括按人口平均的主要农产品产量、各地区社会消费品零售额及占全国的比重、各地区城乡居民收入和消费水平、主要农产品供需数量等综合性数据，乡村人口数量和就业人员数量、农村居民家庭户主文化程度等农村基本数据，耕地面积量、农业机械拥有量、农村电力和水利建设量、灌溉面积、化肥施用量、塑料薄膜、柴油和农药使用量等农业生产条件数据，可再生资源利用率、农作物受灾面积等农业生态与环境数据，农林牧渔业总产值及增加值，主要农产品种植面积与产量，农产品生产者价格指数和农村居民消费指数，海关进出口主要农产品数量和金额，农产品成本与收益额，乡村学校数量、卫生室数量、养老机构数量等农村文化、教育、卫生及社会服务数据，国有农场数量及其主要产品产量等数据。

（6）《中国文化和旅游年鉴》。《中国文化和旅游年鉴》前身是《中国旅游年鉴》，反映了中国旅游业供给要素等相关内容，包括以全国、分地区和主要城市的旅游企业为统计主体的旅游企业发展数据，如全员劳动生产率、从业人数、人均实现利润、人均固定资产原价、利润率等，还包括全国星级饭店的综合统计数据和全国各星级饭店的发展数据，如饭店规模、客房数、床位数、客房出租率、营业收入、营业税金及附加、登记注册类型等。

（7）《中国科技统计年鉴》。《中国科技统计年鉴》主要统计反映我国科技活动情况的数据，包括以全社会、企业、研究与开发机构和高等学校、高技术产业为主体的科技活动统计数据，如研发人员全时当量、研发费用内部支出、研发项目数、新产品销售额和科技贡献进步率等，还包括国家重点研发计划和国家自然科学基金资助项目经费等国家科技计划统计数据，国内外专利申请数、授权数和有效数等科技活动成果数据，地质勘查工作人数和费用等综合技术服务部门与科协活动数据，国际关于研发项目数量和研发费用总额等方面的比较数据等。

（8）《中国价格统计年鉴》。《中国价格统计年鉴》反映了中国各类价格指数，包括各种价格总指数，各种价格定基指数，工业生产者出厂价格指数、购进价格指数、流通领域重要生产资料市场价格指数等工业生产者价格指数，居民消费和食品零售价格指数、居民消费价格月度指数、城市和农村居民消费价格分类指数等流通消费价格指数，不同价格统计标准下的大中城市商品住宅销售价格指数等。

（9）《中国火炬统计年鉴》。《中国火炬统计年鉴》反映了中国火炬计划、技术市场、全国生产力促进中心等相关内容，包括以国家高新技术产业开发区内企业、全国高新技术企业、众创空间、国家大学科技园、国家火炬计划软件产业基地和创新型产业集群为统计主体的发展数据，如从业人数、工业总产值、出口创汇、科研人员全时当量、科技活动经费支出、孵化器数量、在孵企业从业人数、场地面积、总收入和上缴税额、众创空间数量、创业导师人数、享受财政资金支持额等，还包括输出技术和吸纳技术的合同交易额和合同数等全国技术市场的发展数据，咨询服务项次、提供信息条数和培训服务人次等全国生产力促进中心的发展数据。

（10）《中国高技术产业统计年鉴》。《中国高技术产业统计年鉴》针对高科技产业企业的数据展开统计，主要提供高科技产业企业的从业人数和主营业务总额等生产经营数据、研发人员全时当量和专利产出等研发数据、固定资产投资数据、高技术产业出口总额及其占制造业出口的比重等国际比较数据。

（11）《中国环境统计年鉴》。《中国环境统计年鉴》收录了全国各省区市地区环境各领域的基本数据信息和分年度环境统计数据，包括国土面积、岛屿面积、海域面积、海洋深度等自然状况数据，各类型土地面积，主要山脉的山峰高程、雪线高程和冰川面积，主要河流的流域面积、河长和年径流量，水资源总量、供水总量、水质评价结果、工业废水排放量和处理率等水环境数据，主要海洋产业增加值、海洋原油产量、海水直接利用量等海洋环境数据，工业废气排放总量等大气环境数据，工业固体废物产生量、倾倒丢弃量、综合利用量、贮存量、处置量和综合利用率等固体废物数据，自然保护区数、面积及占比、累计除涝面积等自然生态数据，造林总面积、林业用地面积、森林覆盖率等林业数据，灾害起数、人员伤亡、直接经济损失等自然灾害及突发事件数据，环境污染治理投资总额等环境投资数据，城市供水普及率、城市污水排放量、城市污水处理率等城市环境数据，农村改水累计受益人口、受益率、卫生厕所普及率等农村环境数据。

（12）《中国卫生健康统计年鉴》。《中国卫生健康统计年鉴》前身为《中国卫生和计划生育统计年鉴》《中国卫生统计年鉴》，反映了中国卫生健康事业发展情况和居民健康状况，包括医疗卫生机构数、公立医院数、民营医院数等医疗卫生机构数据，卫生人员数、性别、年龄、学历、职称构成等卫生人员数据，医疗卫生机构床位数、房屋建筑面积等卫生设施数据，卫生总费用、政府卫生支出及占比、医疗机构收入与支出等卫生经费数据，医疗卫生机构诊疗人次数、病床使用率、平均住院日等医疗服务数据，基层医疗卫生机构医疗服务量、社区及乡镇卫生服务机构数、人员数等基层医疗卫生服务数据，中医类医疗机构诊疗人次、出院人数等中医院服务数据，5 岁以下儿童和孕产妇死亡率等妇幼保健与计划生育数据，各地区预期寿命、居民两周患病率等人民健康水平数据，居民高血压患病率及治疗率等疾病控制和公共卫生数据，居民主要疾病死亡率及构成等居民病伤死亡原因数据，各类致病因素食源性疾病暴发量等食品安全与卫生健康监督数据，城乡居民基本医疗筹资总额、全国基本医保收入与支出等医疗保障数据，流动人口数、性别比、人口密度与抚养比等人口指标数据。

# 1.3　数据统计框架

《中国统计年鉴》是我国最全面、最具权威性的综合性统计年鉴，各省级行政区也会针对本省的情况进行数据统计，形成各省级行政区的统计年鉴。本节分别将《中国统计年鉴》和各省级行政区的统计年鉴中有关现代服务业的指标进行摘选，形成相应的统计框架，并对每个统计框架进行横向和纵向比较，得出各统计年鉴之间的统计差异。

### 1.3.1 《中国统计年鉴》的统计框架

《中国统计年鉴》是一部系统收录了全国和各省、自治区、直辖市经济和社会各方面的统计数据及多个重要历史年份和近年全国主要统计数据，全面反映中国经济和社会发展情况的资料性年刊，其统计框架如表 1-1 所示。

表1-1 《中国统计年鉴》统计框架（现代服务业版）

| 专题 | 主要内容 | 统计调查方法和口径 |
| --- | --- | --- |
| 综合 | 国民经济和社会发展的总量、速度、比例和效益指标；法人单位数 | — |
| 国民经济核算 | GDP、增加值及指数；主要行业贡献率及对GDP 增长的拉动；投入产出表 | 2018 年以前的 GDP 采用的是经济普查数据 |
| 就业和工资 | 城镇非私营单位就业人员数、工资总额和平均工资；城镇私营单位就业人员平均工资 | 劳动工资统计采用全面调查和抽样调查相结合的方法；劳动力调查采用抽样调查方法 |
| 价格 | 居民消费价格指数；商品零售价格指数；进出口商品价格指数 | 居民消费、商品零售价格指数采用抽样调查的方法取得；进出口商品价格指数是采用"单位价值法"编制的，进口价格指数的计算按到岸价格计算，出口价格指数的计算按离岸价格计算 |
| 人民生活 | 全国、城镇、农村居民人均支出；全国、城镇、农村居民消费支出 | 住户收支与生活状况调查综合采用分层、多阶段、与人口规模大小成比例和随机等距抽样相结合的方法；城镇住户调查采用分层随机抽样的方法；农村住户调查是以各省（自治区、直辖市）为总体，直接抽选调查村，在抽中村中抽选调查户 |
| 财政 | 一般公共预算支出；政府性基金收入与支出；国有资本经营收入与支出 | — |
| 资源和环境 | 河流流域面积；水资源情况；供水用水情况；废水中主要污染物排放量；废气中主要污染物排放量；固体废物处理利用量；空气质量；城市生活垃圾清运和处理情况；城市噪声监测情况；突发环境事件情况；城镇环境基础设施建设投资情况；工业污染治理投资完成情况 | — |
| 能源 | 能源消费总量；石油、煤炭和电力消费量 | — |

续表

| 专题 | 主要内容 | 统计调查方法和口径 |
|---|---|---|
| 固定资产投资 | 按建设性质、隶属关系、登记注册类型、控股情况分固定资产投资增长率；实际到位资金增长率 | 全面调查；1997 年起，固定资产投资的统计起点提高到 50 万元；2006 年起，城镇和工矿区私人建房投资改为按项目统计，起点为 50 万元；2011 年起，除房地产开发投资、农户投资外，固定资产投资项目统计起点提高到 500 万元 |
| 对外经济贸易 | 服务进出口总额；外商直接投资；外商投资企业年底登记注册情况；对外直接投资 | 对外直接投资调查方法是全面调查 |
| 运输、邮电和软件业 | 我国交通运输业和邮政、电信、软件业发展的基本状况以及企业信息化和电子商务应用情况 | — |
| 住宿、餐饮业和旅游 | 限额以上住宿和餐饮业基本情况、经营情况、财务状况；连锁餐饮业经营情况；旅行社、星级饭店基本情况；入境、出境旅游人数，国内居民旅游人数，以及国际、国内旅游收入；入境外国游客分组构成 | 限额以上住宿和餐饮业法人企业、个体经营户，以及餐饮业连锁总店（总部）资料采用全面调查方法取得；限额以下法人企业和个体经营户资料采用抽样调查方法推算。旅游数据中国际、国内旅游收入和国内旅游人数等指标采用抽样调查方法推算，其余数据均为全面调查统计取得 |
| 金融业 | 金融机构金融活动情况；存贷款利率调整情况；直接融资情况；保险业务情况 | — |
| 房地产 | 房地产开发企业土地开发和购置情况、投资总规模及完成情况、实际到位资金情况、房屋建筑面积和造价情况、房屋新开工面积情况、商品房销售情况以及资产负债和经营情况 | 全面调查 |
| 科学技术 | 全社会以及规模以上工业法人单位、政府属性研究机构、高等学校的研究与试验发展（research & development，R&D）活动情况；规模以上工业法人单位创新活动开展情况；国内外专利申请和授权情况；高技术企业研发活动情况；科技论文收录情况；高新技术产品进出口贸易情况；技术市场交易情况；高新区企业主要经济指标；科协系统科技活动情况；测绘、地震、气象和质量监督等综合技术服务部门业务机构及业务活动情况等 | R&D 活动情况和创新活动情况采用全面调查取得；科协、专利、测绘、地震、气象和产品质量监督资料采用抽样等多种调查方法取得 |
| 教育 | 学校数、在校生数、招生数、毕业生数、教职工数、专任教师数、教育经费总投入及国家财政性教育经费等 | — |
| 卫生和社会服务 | 主要反映卫生、社会服务、残疾人事业的发展情况 | — |
| 文化和体育 | 全国及各地区图书、期刊、报纸、音像制品的出版、印刷以及引进和输出版权情况；全国及各地区广播影视宣传、覆盖、技术等方面的情况；全国及各地区艺术表演团体、公共图书馆、群众文化机构、博物馆以及国家档案馆等单位的机构、人员、经费和业务活动情况；全国及分地区规模以上文化及相关产业企业主要情况；全国体育系统机构人员情况；运动员获世界冠军、创世界纪录情况 | — |

| 专题 | 主要内容 | 统计调查方法和口径 |
|---|---|---|
| 公共管理、社会保障和社会组织 | 公共管理内容包括历届全国人大代表和政协委员情况，公安机关刑事案件立案情况和治安案件查处情况，交通事故情况，人民检察院办案情况，人民法院审理案件和收结案情况，司法部门律师、公证、调解工作情况及人社部门劳动人事争议仲裁情况；群众组织的内容主要包括工会组织情况；社会保障的内容主要包括社会保险基金收支情况，基本养老保险情况、失业保险情况、基本医疗保险情况、工伤保险情况、生育保险参保及享受待遇情况等 | — |

## 1.3.2　各省级行政区域统计年鉴的统计框架

《中国统计年鉴》是政府数据的集成，无法包含所有数据。各省级行政区的统计年鉴是系统反映该省当年及重要年份国民经济和社会发展综合情况的资料性年刊。二者相互配合，不仅全面地反映了中国发展状况，还为国内研究提供了大量可用数据。

由于各地区的资源和发展水平不同，在进行统计工作时，各地区会以自身发展情况为基础，重点突出本地特色发展产业。本节以东中西地区划分为基础，以地区的某一省级行政区统计年鉴为代表，绘制详细的统计框架，该地区的其他省级行政区以此作为对比进行说明。其中，东部地区以北京市为代表，其统计年鉴的统计框架如表 1-2 所示。

**表1-2　《北京统计年鉴》统计框架（现代服务业版）**

| 专题 | 主要内容 | 统计调查方法和口径 |
|---|---|---|
| 综合 | 全市社会经济发展的主要指标以及"十四五"时期监测指标，法人及产业活动单位数，私营个体、非公经济、中小微型企业基本情况等 | 对门类名称、顺序和范围进行了调整 |
| 国民经济核算 | 地区生产总值、部分新兴产业增加值、各行业增加值 | 地区生产总值是统计部门根据统计资料、财政决算资料、行政管理部门的行政记录资料和部门财务资料采用不同方法核算的数据 |
| 人口与就业 | 就业部分包括分三次产业的常住就业人口数据、法人单位从业人员及工资情况、城镇非私营单位在岗职工人数及工资情况 | 劳动工资统计采用全面调查和抽样调查相结合的方法；劳动力调查采用抽样调查方法 |
| 价格指数 | 居民消费价格指数、商品零售价格指数、固定资产投资价格指数、住宅销售价格指数 | 居民消费、商品零售价格指数的资料采用抽样调查的方法取得；固定资产投资价格调查采用重点调查、典型调查和非传统数据替代相结合的方法；新建商品住宅销售面积、金额等资料直接采用当地房地产管理部门的网签数据；二手住宅销售价格调查为非全面调查，采用重点调查与典型调查相结合的方法 |

续表

| 专题 | 主要内容 | 统计调查方法和口径 |
|---|---|---|
| 人民生活 | 全市、城镇和农村居民的人均消费支出情况 | 城乡居民生活状况调查方法和方案由国家统计局统一制定,采用抽样调查的方法,按对全市及分区居民主要收支指标有代表性的原则在全市城乡住户中抽取样本,并按一定的周期对样本进行轮换以保证其代表性。对抽中的住户采用日记账和问卷相结合的方式采集数据 |
| 财政与税收 | 一般公共预算支出;北京市税收收入情况 | — |
| 能源、资源和环境 | 北京市能源生产与消费情况、万元地区生产总值能耗、能源平衡表、能源消费弹性系数和北京地区用电量情况、气象情况、水资源情况、排水及节水情况、园林绿化及森林情况 | 第二、三产业限额以上法人单位能源消费统计采取全面调查,限额以下法人单位能源消费情况根据普查年度数据资料推算,农林牧渔业、居民生活能源消费统计根据农林牧渔中间消耗和能源供应部门的能源供应资料核算 |
| 城市公用事业 | 历年城市公用事业基本情况,水、气、热等供应及消费情况,城市公交、出租车情况,市政主要设施情况 | |
| 固定资产投资和房地产开发 | 北京市固定资产投资、房地产开发情况 | 全面调查;1997 年起,固定资产投资的统计起点提高到 50 万元;2006 年起,城镇和工矿区私人建房投资改为按项目统计,起点为 50 万元;2011 年起,除房地产开发投资、农户投资外,固定资产投资项目统计起点提高到 500 万元 |
| 对外经济贸易 | 服务进出口总额;外商直接投资;外商投资企业年底登记注册情况;对外直接投资 | 对外直接投资调查方法是全面调查 |
| 第三产业 | 第三产业主要指标及全市比重、规模以上第三产业主要指标、规模以上第三产业企业财务状况以及会展活动情况 | 规模以上第三产业包括除公共管理和社会组织、国际组织以外的各行业限额以上的法人单位 |
| 交通运输邮电业 | 客货运输情况、机动车保有量、邮电电信业务总量、铁路民航主要技术经济指标 | 邮政电信资料包括邮政和基础电信运营企业为社会公众提供的各类邮政和电信服务,不含专用网业务资料;民用汽车包括在公安交通管理部门已注册登记领有民用车辆牌照的全部汽车 |
| 批发和零售业、住宿和餐饮业 | 住宿和餐饮业经营情况,限额以上批发和零售业、住宿和餐饮业财务状况,连锁企业基本情况 | 限额以上批发和零售业、住宿和餐饮业单位采用全面调查;连锁企业、商品交易市场采取全数调查 |
| 旅游业 | 旅游人数及其在京花费情况、星级饭店经营及接待住宿者情况、旅行社接待及出境旅游情况、A级及以上重点旅游景区活动情况等 | 星级饭店、旅行社、A 级及以上和重点旅游景区有关数据通过全面调查取得 |
| 金融业 | 北京市金融机构信贷收支情况、证券市场交易情况、保险业务情况、上市公司基本情况 | — |

续表

| 专题 | 主要内容 | 统计调查方法和口径 |
|---|---|---|
| 科技 | R&D 人员情况，R&D 经费情况，R&D 项目（课题）情况，研究机构情况，规模以上工业企业 R&D 活动基本情况，限额以上信息传输、软件和信息技术服务业企业 R&D 活动基本情况，规模以上高技术制造业主要科技指标，高等学校科技活动情况、研究与开发机构研发活动、专利申请及授权情况等 | — |
| 教育 | 学校数、在校生数、招生数、毕业生数、教职工数、专任教师数、教育经费总投入及国家财政性教育经费等 | — |
| 卫生和社会服务 | 主要反映卫生、社会服务、残疾人事业的发展情况 | — |
| 文化和体育 | 文化部分主要包括公共图书馆、文化馆、档案馆、博物馆、广播、电影、电视、新闻出版以及文化产业发展等情况。体育部分主要包括体育场地情况、运动员和裁判员情况、运动员获奖情况以及体育彩票等 | — |
| 公共管理、社会保障和社会组织 | 社会活动参与部分主要包括历届北京市人大代表和政协委员人数及议案情况、妇联组织和工会组织等情况；公检法司部分主要包括公安机关、法院、检察院的收案、结案情况，交通事故、安全生产情况，以及司法局提供的律师、公证、调解工作等情况；社会保障部分主要包括社会保障相关待遇标准和参加社会保障情况；妇女与儿童发展规划监测资料主要包括妇女的就业、妇女参与决策和管理、教育、健康、法律保护等情况及儿童的健康等情况 | — |

　　《北京统计年鉴》相较于《中国统计年鉴》将人口与就业统计专题进行合并、财政与税收专题进行合并、固定资产投资与房地产开发专题进行合并，增加了城市公用事业专题，将第三产业、旅游业单独作为一项统计专题，其他内容与《中国统计年鉴》基本一致。

　　《天津统计年鉴》相较于《北京统计年鉴》的统计专题有一定差距，与《中国统计年鉴》相近，将资源环境与公共设施合并、固定资产投资和房地产合并为同一个统计专题，增加了规模以上服务业、批发与零售统计专题。

　　《河北统计年鉴》将能源与环境合并为同一个统计专题，其他与《中国统计年鉴》的统计专题基本一致。

　　《辽宁统计年鉴》将服务业作为单独的统计专题，其他与《中国统计年鉴》的统计专题基本一致。

　　《上海统计年鉴》与《北京统计年鉴》的统计专题相近，将对外经济贸易和旅游合并为同一统计专题，扩大旅游业统计专题为服务业专题。

《江苏统计年鉴》与《中国统计年鉴》统计专题基本保持一致，缺少服务业专题统计内容，指标相较于《中国统计年鉴》更加细化。

《浙江统计年鉴》与《中国统计年鉴》统计专题比较相似，将财政、金融和保险合并为同一统计专题，增加了教育、科技、专利、测绘和标准计量专题以及档案、司法、社会福利和工会组织专题，但所包含内容与其他省份相近，只是分区不同，更加细化。

《福建统计年鉴》与《江苏统计年鉴》的统计专题基本一致。

《山东统计年鉴》综合了《中国统计年鉴》和《北京统计年鉴》的统计专题，包含了城市建设和服务业的统计专题，将对外经济和旅游合并为同一专题，将就业、工资和社会保障划分为同一统计专题。

《广东统计年鉴》与《上海统计年鉴》统计专题相似，将金融业的统计专题改为财政、银行和保险统计专题，将住宿餐饮和旅游业划分为同一统计专题，缺少城市建设等统计专题。

《广西统计年鉴》与《中国统计年鉴》统计专题相似，缺少金融业、房地产业、服务业和软件业统计专题。对公共管理、社会保障方面的统计有一定的局限性。

《海南统计年鉴》与《中国统计年鉴》统计专题相近，将旅游业单独作为一个统计专题，其他部分基本一致。

中部地区以湖北省为代表，其统计年鉴的统计框架如表1-3所示。

表1-3　《湖北统计年鉴》统计框架（现代服务业版）

| 专题 | 主要内容 | 统计调查方法和口径 |
|---|---|---|
| 综合 | 国民经济和社会发展总量、速度、比例与效益指标；地区生产总值及其指数；法人单位数 | |
| 就业和工资 | 就业人数；城镇单位就业人员数；在岗人数及平均工资；在岗女职工人数 | 对一套表法人单位采用全面调查的方法，对非一套表法人单位采用抽样调查的方法。2020年、2021年非一套表法人单位不含5人以下的单位 |
| 固定资产投资 | 固定资产投资增幅；施工生产项目个数；改建和技术改造投资增幅；房地产开发投资主要指标及构成、开发面积及造价、开发经营情况、开发企业基本情况；商品房屋销售情况；各个市、州的投资情况 | 全面调查：1997年起，固定资产投资的统计起点提高到50万元；2006年起，城镇和工矿区私人建房投资改为按项目统计，起点为50万元；2011年起，除房地产开发投资、农户投资外，固定资产投资项目统计起点提高到500万元 |
| 对外经济贸易和旅游 | 外商直接投资；湖北旅游总收入；国内收入与国内游客；外汇收入与入境游客；接待入境旅游者天数 | — |
| 能源 | 全社会综合能源、煤炭、石油、电力消耗量 | — |
| 财政和金融 | 财政支出；金融机构人民币信贷收支；保险业保费收入 | — |

续表

| 专题 | 主要内容 | 统计调查方法和口径 |
|---|---|---|
| 价格 | 居民消费价格指数；商品零售价格指数 | 居民消费、商品零售价格指数的资料采用抽样调查和重点调查相结合的方法取得与编制 |
| 人民生活 | 全省、城镇、农村居民人均可支配支出；全省、城镇、农村居民生活消费支出 | 2013 年调查样本为全新抽取样本，且与往年城镇居民、农村居民抽选总体、方法不同，调查范围更广，统计口径发生变化。本年鉴 2013 年起为新口径数据，2013 年以前为按新口径回溯计算数据 |
| 城市概况 | 主要城市金融机构存贷款余额、贸易、外经情况；主要城市邮电、电力情况；主要城市文教、卫生情况 | — |
| 资源与环境 | "三废"排放和处理综合利用情况 | — |
| 服务业 | 主要年份规模以上服务业企业财务状况主要指标；分类型规模以上服务业财务状况指标；分行业规模以上服务业企业财务状况指标；分地区规模以上服务业企业财务状况指标 | |
| 运输、邮电和软件业 | 交通运输业和邮政、电信发展的基本状况，服务业及企业信息化和电子商务情况 | — |
| 国内贸易 | 按地区分社会消费品零售情况；批发与零售业连锁经营情况；住宿和餐饮业连锁经营情况 | |
| 科技和教育 | 各级各类教育基本情况，主要包括各级各类的学校数、建筑面积、在校生数、招生数、毕业生数、教职工数和专任教师数等；科技活动情况，科技成果及科技人员情况，专利申请和授权，规模以上工业企业 R&D 活动发展情况等 | |
| 卫生与社会服务 | 卫生机构、床位及人员数，农村合作医疗情况等 | — |
| 文化和体育 | 文化事业机构、人员数；公共图书馆发展情况、藏书及分类情况；图书、报纸、期刊出版情况；文化、文物事业经费支出及基本建设情况；体育竞赛成果情况、新建健身场地设施情况 | — |
| 公共管理及其他 | 工会组织情况、提供住宿的社会服务床位数、社会救助情况、社会保险基本情况等 | — |

《山西统计年鉴》将人口、劳动工资和社会保障进行合并，但具体统计指标与《湖北统计年鉴》指标基本一致；固定资产投资所包含的主要内容相对较少，仅包含固定资产投资增长速度及占比，民间投资、基础设施投资、文化产业投资相关内容；《山西统计年鉴》将住宿、餐饮业和旅游业合并，文化、体育、卫生、环保合并，不包含公共管理、软件业相关内容，没有单独分析国内贸易相关内容。

《内蒙古统计年鉴》统计专题与《湖北统计年鉴》接近，但各专题的相关指标明显减少。缺少国内贸易相关统计专题，且未将服务业单独列为统计专题。

《吉林统计年鉴》增加了城市公共事业和环境保护专题，没有单独将服务业作为统计专题，缺少国内贸易统计专题、软件业相关统计内容，其他统计专题与《湖北统计年鉴》基本一致，但各专题所包含内容都有所减少。

《黑龙江统计年鉴》增加了住房和房地产专题，将文化、体育、卫生和社会服务合并为一个专题，其他内容与《湖北统计年鉴》基本一致，具体专题内容侧重点有所不同，专题下统计指标稍有不同。

《安徽统计年鉴》缺少软件业和服务业的统计专题，将旅游业作为独立的统计专题进行统计，剩下内容与《湖北统计年鉴》一致。

《江西统计年鉴》增加了房地产开发、服务业、金融业统计专题，增加了一些社会福利相关内容，其他部分与《湖北统计年鉴》基本一致。

《河南统计年鉴》增加了国民经济核算的统计专题，将房地产业单独划分为一个统计专题，并将金融业之外的服务业单独列为一个统计专题（包含租赁和商务服务业、科学研究和技术服务业、教育三个门类，以及物业管理、房地产中介服务、房地产租赁经营和其他房地产业四个行业小类），其他统计内容与《湖北统计年鉴》基本一致，可能在分类上存在差别。

《湖南统计年鉴》也增加了国民经济核算统计专题，缺少国内贸易统计专题，将对外经济、旅游和开发区统计内容合并，其他统计内容与《湖北统计年鉴》相近，但具体指标有所减少。

西部地区以陕西省为代表，《陕西统计年鉴》的统计框架如表1-4所示。

**表1-4　《陕西统计年鉴》统计框架（现代服务业版）**

| 专题 | 主要内容 | 统计调查方法和口径 |
|---|---|---|
| 行政区划和自然资源 | 水利资源情况 | — |
| 综合 | 国民经济和社会发展总量、速度、比例与效益指标；法人单位数 | — |
| 国民经济核算 | 地区生产总值增加值及指数 | 2018 年以前的国内生产总值采用的是经济普查数据 |
| 就业和工资 | 就业人数；城镇非私营单位就业人员数、工资总额和平均工资；城镇私营单位就业人员平均工资；社会保障基本情况 | 对一套表法人单位采用全面调查的方法，对非一套表法人单位采用抽样调查的方法。2020 年、2021 年非一套表法人单位不含 5 人以下的单位 |
| 固定资产投资 | 固定资产投资增长速度及占比；民间投资、基础设施投资、文化产业投资；房地产开发投资主要指标及构成、开发面积及造价、开发经营情况、开发企业基本情况；商品房屋销售情况 | 全面调查；1997 年起，固定资产投资的统计起点提高到 50 万元；2006 年起，城镇和工矿区私人建房投资统计起点改为 50 万元；2011 年起，除房地产开发投资、农户投资外，固定资产投资项目统计起点提高到 500 万元 |
| 能源 | 能源消费总量；用电总量 | — |
| 财政、金融和保险 | 财政支出；金融机构人民币信贷收支；证券业主要情况；保险业保费收入 | — |

续表

| 专题 | 主要内容 | 统计调查方法和口径 |
|---|---|---|
| 价格指数 | 居民消费价格指数；商品零售价格指数 | 居民消费价格指数、商品零售价格指数采用抽样调查和重点调查相结合的方法编制 |
| 人民生活 | 全省、城镇、农村居民人均可支配支出；全省、城镇、农村居民生活消费支出 | 2013 年调查样本为全新抽取样本，调查范围更广，统计口径发生变化。2013 年起为新口径数据，2013 年以前为按新口径回溯计算数据 |
| 环境和城市 | 环境保护事业发展情况主要包括供水、用水情况以及工业废水和生活污水的排放及治理情况；城市空气质量和废气排放及处理情况；工业固体废物的产生、处理及利用情况；城市生活垃圾清运及处理情况；城市道路交通和区域环境噪声监测情况；造林及自然保护基本情况；地质、地震、海洋、森林灾害及突发环境事件情况；环境污染治理投资等情况。城市公用事业基本情况主要包括城市建设、供水、供气、供热、市政设施、城市绿化、环境卫生等情况 | — |
| 运输、邮电和软件业 | 交通运输业和邮政、电信发展的基本状况，服务业及企业信息化和电子商务情况 | — |
| 批发和零售业、住宿和餐饮业 | 社会消费品零售总额，限额以上住宿和餐饮业基本情况、连锁经营情况等 | 限额以上企业是指年主营业务收入 200 万元及以上的住宿和餐饮业企业（单位） |
| 对外经济贸易和旅游 | 外商投资情况；旅游业发展情况、总收入和总人数；入境旅游人数；国际旅游情况；主要星级饭店基本情况 | — |
| 教育、科技和文化 | 各级各类教育基本情况，主要包括各级各类的学校数、在校生数、招生数、毕业生数、教职工数和专任教师数等；科技活动情况，科技成果及科技人员情况，专利申请和授权，规模以上工业企业 R&D 活动发展情况等；文化艺术、文物、图书馆、新闻出版、广播、电影、电视等文化事业的机构、人员及业务活动开展情况等 | — |
| 体育、卫生和其他 | 体育部分主要包括体育系统职工人数、群众体育活动开展情况及运动竞技成绩等；卫生部分主要包括卫生机构、床位及人员数，农村合作医疗情况等；社会福利部分主要包括各种社会福利事业的机构数、收养救济人数、婚姻登记状况等 | — |
| 水利 | 水利建设投资，水利工程供水，水库，灌区，灌溉面积，水土保持，农村水电装机等 | — |

　　《四川统计年鉴》与《陕西统计年鉴》在统计专题和内容上基本保持一致，增加了国内贸易、专利的统计专题。

　　《宁夏统计年鉴》与《陕西统计年鉴》在统计专题和内容上基本保持一致，在固定资产投资方面缺少民间投资、基础设施投资、文化产业投资等指标，在能源方面缺少有关现代服务业的具体指标数据。

《云南统计年鉴》将批发和零售业、住宿和餐饮业的相关指标融合到城乡市场消费专题，并将房地产业作为单独的专题进行统计分析。在固定资产投资方面缺少民间投资、基础设施投资、文化产业投资等指标，在能源方面缺少有关现代服务业用电总量的具体指标数据。

《贵州统计年鉴》的统计专题相对来说较为详细，对外经济贸易、旅游业、财政税收、金融业、教育、科学技术等均作为单独的统计专题分析。具体来说，在综合部分，《贵州统计年鉴》包含的综合性指标更多，包括各项现代服务业的国民经济和社会发展指标、比例和全国占比；国民经济核算部分，缺少了地区生产总值指数；在就业人员和职工工资部分增加了非私营女性就业人员数和在岗职工人数、私营企业户数和城乡个体工商户数；在固定资产投资方面缺少民间投资、基础设施投资、文化产业投资等指标；在运输和邮电部分缺少服务业及企业信息化和电子商务情况。

《广西统计年鉴》的统计专题和《陕西统计年鉴》基本保持一致，将旅游业和住宿餐饮业合并为一个统计专题。具体地，在综合部分，增加了各项现代服务业的国民经济和社会发展指标、比例和全国占比；在就业人员和职工工资部分增加了非私营女性就业人员数；在固定资产投资方面缺少民间投资、基础设施投资、文化产业投资等指标，增加了基本建设投资项目和新增固定资产、更新改造投资增长速度。

《青海统计年鉴》和《贵州统计年鉴》的统计专题相似度较高，国民经济核算部分包含地区生产总值指数，运输和邮电部分包含服务业及企业信息化和电子商务情况。

甘肃、新疆、内蒙古和重庆的统计年鉴基本上和上述统计年鉴的专题和内容保持一致。

### 1.3.3　中国统计年鉴和各省级行政区统计年鉴的对比分析

《中国统计年鉴》和各省级行政区统计年鉴的差别主要体现在以下几点[1]。

#### 1. 整体架构的不一致

《中国统计年鉴》正文部分的架构是"综合经济—产业—社会"模式。以《中国统计年鉴 2011》说明：全书以"综合"开篇，国民经济核算也可归于此部分；随后的内容先按"宏观综合性领域"分列，包括人口、就业人员和职工工资、固定资产投资、对外经济贸易、能源、财政、价格指数、人民生活、城市概况、资源和环境等专题；又按"产业"分列，包括农业，工业，建筑业，运输和邮电，批发和零售业，住宿、餐饮业和旅游业，金融业等专题；最后按"社会发展"分列，包括教育和科技、卫生和社会服务、文化和体育、公共管理及其他等专题。各省级行政区统计年鉴正文虽均不同程度地涉及以上部分，却始终没有形成一个较为清晰的整体架构。以 2010 年省级行政区统计年鉴为例，北京市将对外经济贸易列在产业内，位于"批发和零售业、住宿和餐饮业"专题和"旅游业"专题之间；浙江省将工业和能源合并，城市建设和环境保护列在"财政、金融和保险"专题与"教育、科技、专利、测绘和标准计量"专题之间，使得宏观综合性领域与产业出现交叉。经对比，目前各省级行政区统计年鉴均不同程度地存在专题排列无序现象，并没有统一的架构模式。

### 2. 统计口径的不一致

就某一指标而言，由于统计口径不统一，全国总数据与省级行政区数据加总之和存在偏差。统计口径包括统计方式、统计范围等，在此以 GDP 为例说明。目前中国 GDP 采取分级核算制，每年各省级行政区地区生产总值加总之和都远大于全国，增速也快于全国。《中国统计年鉴 2010》记载，2009 年全国 GDP 为 340 506.87 亿元（保留两位小数），而各省级行政区年鉴数据显示地区生产总值加总之和为 365 303.69 亿元，二者相差约 24 796.82 亿元。国家统计局原局长李德水曾对外表示，2004 年地区生产总值平均增速超出全国 3.9%。原局长马建堂也表示，2009 年全国 GDP 初步测算增幅为 8.7%，但地区生产总值总量加起来，其增速比 8.7% 要高得多。造成这种不一致的原因如下：就统计范围来说，随着市场经济的发展，跨地区经营企业越来越多，尽管统计制度不允许重复统计，但由于种种原因，在异地子公司所在地已统计了其生产经营活动的同时，公司总部所在地一般也并不愿意剔除该子公司的生产经营活动，这就导致地方数据有放大趋势，而全国数据显然不会出现这种情况。就统计方式来说，首先，GDP 核算需要大量基础数据，国家和地方都存在资料缺口，需要采用不同的推算方法来解决。由于不同地区经济发展差异较大，很难制定统一的推算标准，只能制定推算的原则和幅度区间，因此，全国和地方使用的基础资料不完全一致。其次，在获得初始数据后，国家还需要从各个角度评估主要基础数据，对不符合实际情况或明显异常的基础数据做适当修正（多数是下调），而地方虽然也进行评估，但掌握的尺度一般比国家的要宽松。

### 3. 数据的不一致

即使是对于统计口径并无明显差异的指标，全国总数据与各省级行政区年鉴数据加总之和仍然存在着偏差，甚至误差较大。例如，在能源专题中，《中国统计年鉴 2010》显示，2009 年全国石油消费量为 38 384.5 万吨，而各省级行政区数据加总后总消费量为 40 988.79 万吨。又比如，在对外经济贸易专题中，各省级行政区统计年鉴 2009 年实际利用外资直接投资数据加总额为 1551.30 亿美元，而《中国统计年鉴 2009》全国数据仅为 900.33 亿美元，两者相差近一半。显然，这需要给出说明和解释。

### 1.3.4　不同省级行政区统计年鉴的对比分析

目前中国各省级行政区统计年鉴都是根据自身社会、经济实际情况与需要发行的。虽然近年来国家统计局在省级行政区年鉴基本内容方面给出了一个框架，但由于该框架过粗，目前各省级行政区年鉴仍然呈现各自为政的局面，统计内容差别较大，部分数据难以完整获得。缺少了数据支撑的坚强大厦，省级行政区间横向比较分析难以进行，区域经济、社会发展研究举步维艰。在这里，有些不一致并不是必然的，通过国家统计部门制定可行的、统一的统计标准可得到有效避免。各省级行政区统计年鉴的不一致主要表现为以下几个方面。

**1. 内容设置的不一致**

以 2010 年各省级行政区统计年鉴为例，在内容设置上，部分省级行政区仅包括正文而无附录，如上海、山西；部分省级行政区包括正文和附录，如辽宁、江苏；部分省级行政区除正文、附录外还附加了其他项目，而附加项目又有所不同，如北京加入全国经济普查主要数据报告，天津加入国民经济和社会发展统计公报，内蒙古加入政府工作报告，陕西加入 2009 年大事记，等等。

**2. 整体架构的不一致**

前文分析了《中国统计年鉴》与各省级行政区年鉴整体架构的不一致，而就各省级行政区年鉴而言，正文部分专题排序并不统一，导致整体架构存在明显的差异。前文中北京与浙江的对比事实上也说明了这一点，在此不再赘述。

**3. 统计专题的不一致**

这种不一致首先表现为某些相同专题排列组合的不一致（进一步表现为专题名称的不一致）。比较 2010 年各省级行政区统计年鉴，以对外经济贸易和旅游业为例，天津将二者合并，命名为"对外经济贸易和旅游"，黑龙江将二者合并，命名为"对外贸易和旅游业"，北京将二者分别单列，山西将对外经济贸易单列，旅游业与住宿、餐饮并列，等等。

其次表现为不同省级行政区统计年鉴包含的专题的不一致，集中体现在社会发展部分。以《中国统计年鉴》社会专题为标准，除基本的教育、科技、文化、卫生外，北京有社区、政法等，浙江有专利、测绘、标准计量、工会组织等，上海有法律、公证等。

最后表现为不同省级行政区年鉴特色专题设置的不一致（这里把各省级行政区自设的专题定义为特色专题）。例如，福建有海峡西岸经济区主要经济指标；贵州有扶贫与开发；重庆有三峡工程重庆库区移民情况；内蒙古有盟市资料，等等。

以上不一致在一定程度上可以说是必然的。各省级行政区面临的自然、社会条件不同，经济、社会发展状况必然有所差异，可以且应当在适度范围内对专题做适当调整。当然，这也绝不意味着这些不一致应当任其发展而毫无规则，适度规范的操作仍然是必要甚至是必需的。例如，各省级行政区统计专题的组合必须遵循一定的原则而不可任意行之；特色专题设置及统计内容要符合一定的标准等。但是，目前年鉴中还存在着另一种不一致，即仅针对同一专题，不同省级行政区有不同的命名名称。以农业为例，就有北京的"农业及农村经济"，天津、山西等的"农村经济"，上海、辽宁等的"农业"三种名称。这种非必然的不一致可通过标准化予以纠正。

### 4. 指标内容的不一致

这种不一致表现在同一专题下设的指标体系内容存在差异。例如，某些经济指标数据在部分省级行政区统计年鉴有统计而在其他省级行政区无统计。仍以对外经济贸易专题为例，按国别（地区）分的外贸进口或出口总值是一项重要的贸易数据，其与 GDP 的比值可用于度量进口或出口综合集中度，而后者又可用以衡量贸易安全。对比 2010 年各省级行政区统计年鉴，除海南、西藏、内蒙古外，其余省级行政区均统计了该数据，但是，对这些省级行政区来说，该指标在统计形式、统计内容上也并不完全一致。就形式而言，多数省级行政区将进口或出口额列入同一表中，如北京、安徽、湖南；少数省级行政区以两张表分列，如陕西。就内容而言，贵州只有分大洲数据，其余省级行政区虽都有分国别数据，但统计的国家也存在着很大差异，由于不同省级行政区不可能与每个相同国家都有贸易，这种不一致是必然的。尽管如此，还存在着如下问题：各省级行政区未能全面地提供一些重要地区的贸易数据。以欧盟为例，欧盟已连续 7 年保持中国第一大贸易伙伴的地位，目前已成为中国最大的进口来源地，中欧的经贸合作是中欧全面战略伙伴关系的重要引擎和坚实基础。在此经济背景下，与欧盟的贸易数据理应在每个省级行政区统计表中都有所体现。然而现状是，仅少数省级行政区会将欧盟数据单独统计，如山西、山东；大多数省级行政区统计了欧盟内一些国家的贸易数据，如云南、黑龙江，且不说统计在列的国家少之又少，仅就同省来说，年与年间贸易国家还存在很大差别：去年某省与某国曾有过贸易，今年却没有任何统计，究竟是没有贸易了还是本身取消统计了呢？

总地说来，由于中国幅员广阔，经济社会情况复杂，各省级行政区统计年鉴不可能做到完全一致。如今亟须做的是国家统计部门应着力规范各省级行政区统计年鉴主体内容。同时，仍要给各省级行政区留出一定的余地，使之更符合其发展情况和客观需要。无论如何，规范化和差异化应达到这样的目的：各省级行政区统计年鉴的不一致应保持在适度、可接受的范围内。同样地，这一准则也适用于《中国统计年鉴》和各省级行政区统计年鉴的不一致问题。

# 第 2 章　现代服务业水平测度的指标体系

为全方位、多维度地反映新兴经济发展情况，分析和评价全国和各地在加快发展新兴经济与激发经济发展新动能方面的潜力、进展和成效，国家统计局按照可测算、可操作的要求，从新兴经济发展的基础、潜力、动力、进展和成效等方面提出了反映新兴经济的统计指标体系，包括知识能力、经济活力、创新驱动、数字经济、转型升级和发展成效等 6 个方面 42 个指标。现代服务业是新兴经济的重要产业引擎，在评价现代服务业水平时，我们需要将新兴经济统计指标体系作为评价基础，在保证指标体系全面性的同时，凸显现代服务业的发展特色。

## 2.1　指标体系的构建原则

现代服务业发展水平指标体系的设计要遵循以下原则。

（1）科学性原则。指标体系应充分反映现代服务业发展的内涵，准确地理解和把握现代服务业发展的实质。指标的选择要以经济理论、生产者服务比重上升规律、生产服务要素依赖演变规律、生产者服务地理集中与集聚规律、生产者服务外化与外包规律等现代服务业发展基本规律为基础，指标权重的确定、计算与合成以定性和定量相结合的分析方法为依据。通过多指标的筛选与合成，以代表性较强的综合性指标，客观、准确地反映现代服务业发展的状况，揭示各地区现代服务业发展的差异及其原因，发掘各地区现代服务业存在的比较优势，为产业的合理布局提供支持。

（2）综合性原则。现代服务业所包含的行业众多、门类庞杂，涉及范围较广，各个行业之间的差异较大，因此，在选取指标时，必须要遵循综合性原则。既要综合客观评价指标和主观评价指标，又要尽量用综合性较强的指标完成评价的任务。每个指标的选取力求能够综合反映现代服务业的发展水平。

（3）可操作性原则。构建现代服务业发展水平指标体系的目的在于指导实践。因此，要充分考虑指标的可操作性及指标的可量化性，并兼顾数据的可获得性及可靠性，减少指标评价的实施成本。要尽可能减少使用抽象的非财务性指标，如客户满意度、客户保持程度等。除此之外，指标的计算方法应当明确，不要过于复杂，在指标设置上也要体现少而精的原则。

（4）层次性原则。指标体系的层次性构成是基本要求。构成指标群，形成不同的指标层，有利于全面清晰地反映研究对象。现代服务业发展水平评价指标体系是一个复杂、多层次的指标体系。评价指标体系的设计应能够反映各层指标间的决定关系。指标体系中的指标都要明确自身内涵并按照层次递进的关系组成层次分明、结构合理、相互关联的整体。这样才能从宏观、中观和微观不同层面反映测量指标的水平状态以及强弱。

（5）客观性原则。客观反映现代服务业的发展水平，必须充分考虑各地在基础条件、创新能力、产业水平和社会效应方面的不同。数据的真实性和可靠性是进行测量与评价的前提条件。为此，所用数据必须是官方机构或权威机构所发布的，这样才能保证评价的精确性。

（6）目的性原则。目的性原则指的是评价指标设计必须紧密与现代服务业的发展特色相关。评价指标体系的构建要合乎研究目的，指标内容要与研究目的所涵盖的内容相对应；指标体系也要具有一定的导向性，能够反映评价对象的优势与劣势，从而指引评价对象朝着正确的方向努力。

（7）可量化原则。确保评价指标的选取要能够使用可量化的数据进行反映和测量。在明确各个指标的含义，确定统一的统计口径如时间、单位等的基础上，充分利用现有的统计资料，并且确保数据来源公正、可靠、具有权威性，以官方发布的统计数据（如《中国统计年鉴》、《中国文化文物和旅游统计年鉴》、各省统计数据等）为主，同时确保数据能够直接查到或者通过计算间接得到，以保证评价的可操作性。

（8）可区分原则。各指标的选取要具有代表性，并且要有独立性。各指标要能够全面系统地代表其所研究内容，使指标体系尽可能全面、客观地反映各地区的文旅融合发展指数。各指标内涵要清晰明了，相互之间不重叠、不矛盾。不同层级的指标之间层次分明，保持包含关系或上下级关系，而同层级指标之间界限分明、相互独立，确保全面性的同时也要使指标体系不冗余。

（9）可比较原则。以横向和纵向比较为基础，不同时期或不同对象之间需要具有可比性。横向比较为同一时期不同对象之间的比较，根据各对象之间的共性确定指标体系，由不同对象指标值的差异来对对象进行比较，如根据不同地区的指标值来比较各地区文旅融合发展指数。纵向比较为同一对象不同时期的比较，同一对象在不同时期的指标值要有可比性，由此可反映该指标随时间变动的情况，也可对指标的稳定性进行探讨。

## 2.2 指标选取

本书借鉴以往研究中的评价模型，从现代服务业整体发展程度、现代服务业重点行业发展水平、现代服务业发展环境三个方面构建现代服务业发展的评价指标体系。

## 2.2.1　现代服务业整体发展程度

分析整体发展状况，主要是从宏观角度分析一个区域的现代服务业发展状况。庞大的产业规模是一个城市高水平现代服务业发展状况最直观的体现。现代服务业的发展具有显著的区域极化效应，现代服务业发展程度越高的城市，对其行业发展所需的各种经济要素的吸引力也越强，从而加剧地区区域内经济要素集聚。经济要素的不断集聚，反过来又降低了现代服务业企业获取经济要素的成本，由此实现现代服务业的良性循环。因此一个城市现代服务业的整体发展程度，不仅直接反映了其现代服务业所处的阶段和水平，还为预测该城市现代服务业未来的发展趋势提供了重要依据。现代服务业整体发展程度主要通过经济指标、质量指标、创新指标、人才和技能指标、竞争力指标、可持续发展指标、社会指标、国际化指标、主观评价指标反映出来，具体如下所示。

1. 经济指标

经济指标主要用于评估现代服务业对经济增长的贡献。现代服务业对经济增长的贡献可以从不同维度进行评估，如现代服务业占 GDP 比重、现代服务业增加值等。此外，现代服务业对就业率和劳动生产率的提高也有很大的帮助。经济指标能够直观地反映现代服务业的经济效益。

2. 质量指标

质量指标主要用于评估现代服务业的服务质量。发展现代化经济、为企业和个人提供更好的服务是发展现代服务业的主要目的，评价现代服务业发展水平的重要切入点就是现代服务业为企业和个人所提供的服务水平，因此现代服务业的服务质量对于客户体验和服务企业的声誉具有至关重要的影响。评估现代服务业的服务质量可以从客户满意度、服务水平、服务态度等多个方面入手。现代服务业的质量指标反映了现代服务业提供服务的水平和质量，进而影响市场竞争力。

3. 创新指标

创新指标主要用于评估现代服务业的技术创新能力，现代服务业是一个高度创新的领域，创新能力是评估现代服务业的重要指标。创新指标包括 R&D 人员和资金投入、论文发表数量、专利申请或获得数量、新产品项目数等多个方面。现代服务业的创新能力对于企业和产业的可持续发展至关重要。创新指标主要关注现代服务业的创新能力，包括研发投入、创新成果、专利数量等。这种评价体系主要衡量服务业的创新水平和创新贡献，旨在评估服务业在技术和知识创新方面的能力及其对行业的贡献。

### 4. 人才和技能指标

人才和技能指标主要包括就业人数及占比、本科及以上人员占比、人才引进费用和技能培养费用，可以反映现代服务业的人才和技能水平。

### 5. 竞争力指标

竞争力指标主要用于评估现代服务业的市场竞争力。现代服务业的市场竞争力直接影响企业的发展和产业的整体发展。竞争力指标可以从市场份额、市场规模、行业集中度等方面评估现代服务业的市场竞争力。通过分析市场竞争力，可以发现现代服务业的潜在优势和劣势，有助于制定更加精准的发展战略。竞争力指标主要关注现代服务业的竞争力，包括企业法人单位数占全部法人单位数的比重、产业集中度。这种评价体系主要衡量服务业的市场竞争力和核心竞争力，评价服务业在市场竞争中的地位和优势。

### 6. 可持续发展指标

现代服务业的可持续发展指标是评估现代服务业的重要指标。可持续发展指标可以从环境保护、社会责任、资源利用效率等方面入手，如绿色研发投入、能源消费总量，废水、废气中主要污染物排放量等指标。现代服务业应该积极承担社会责任，遵守环境保护和可持续发展的原则，建立可持续发展的经营模式。

### 7. 社会指标

社会效益是指现代服务业对社会的贡献程度，如提高人民生活水平、促进社会公平与和谐、满足社会需求等指标。社会效益的重要性在于它反映了现代服务业对于社会全面发展的贡献程度，是评价现代服务业的重要指标。社会指标主要关注现代服务业对社会的贡献和影响，如城乡居民可支配收入、居民文化休闲消费支出比重、城市建成区绿化覆盖率等。这种评价体系主要衡量服务业对社会的正向作用和贡献，用于评价现代服务业发展对社会的影响和效益。

### 8. 国际化指标

国际化指标主要包括对外直接投资净额或存量、外商直接投资合同项目、外商直接投资实际使用金额等，可以反映现代服务业的国际化水平和竞争力。

### 9. 主观评价指标

现代服务业的发展会影响人们生活的方方面面，通过获得现代服务业对人们生活质量的影响的主观数据，可以从侧面反映并评价现代服务业的发展。例如，现代服务业会在健康、收入、消费、教育、社会保障、文化休闲等方面影响人们的生活体验，那通过测量对现代教育方法和手段的满意程度、对参保流程和参保制度的满意度、对现代服务行业的消费服务满意度、对现代服务业改善生活质量的总体评价等主观性指标，可以补充完善对现代服务业的评价。

综合以上指标，可以对现代服务业的发展程度进行全面的评估和分析，并为制定发展战略提供科学依据。

### 2.2.2　现代服务业重点行业发展水平

现代服务业是相对于传统服务业而言，为适应现代人和现代城市发展的需求，而产生和发展起来的向专业化和价值链高端延伸的生产性服务业、向高品质和多样化升级的生活性服务业，同先进制造业、现代农业深度融合的服务业（是具有高技术含量和高文化含量的服务业）。国家统计局于 2023 年发布的《现代服务业统计分类》将现代服务业定义为伴随信息技术和知识经济的发展而产生，利用现代科学技术和现代管理理念，推动生产性服务业向专业化和价值链高端延伸、推动生活性服务业向高品质和多样化升级、加强公益性基础性服务业发展所形成的具有高技术含量、高人力资本含量、高附加价值等特征的经济活动。由此可见，现代服务业是由多种行业构成的，从现代服务业的主要行业的发展水平来看，各个行业的发展速度和规模不一，各有特色。根据国家统计局发布的《国民经济行业分类》（GB/T 4754—2017），现代服务业的重点行业包括以下 11 个行业，可以归纳为四大类，如表 2-1 所示。

表2-1　现代服务业的主要类别

| 类别 | 行业名称 | 具体描述 |
| --- | --- | --- |
| 基础服务业 | 信息传输、软件和信息技术服务业 | 包括电信和其他信息传输服务业、计算机服务业、软件业等 |
| 生产和市场服务业 | 金融业 | 包括银行业、保险业、证券业、信托业、风险投资业等 |
| | 交通运输、仓储和邮政业 | 包括公路、铁路、航空、水运、快递、物流、仓储等 |
| | 科学研究和技术服务业 | 包括研究与试验发展、专业技术服务业、科技交流和推广服务业等 |
| 个人消费服务业 | 教育 | 包括高等教育、职业教育、培训、在线教育等 |
| | 文化、体育和娱乐业 | 包括新闻出版业，广播、电视、电影和音像业，文化艺术业，体育，娱乐业等 |
| | 房地产业 | 包括房地产的投资与开发、物业管理和房地产的经纪服务 |
| | 住宿和餐饮业 | 包括旅游观光、酒店、餐饮、休闲娱乐等 |
| 公共服务业 | 公共管理、社会保障和社会组织 | 包括医疗服务、养老服务、福利事业等 |
| | 卫生和社会工作 | 包括医疗服务等 |
| | 水利、环境和公共设施管理业 | 包括生态保护和环境治理业、公共设施建设和管理等 |

立足我国现代服务业发展客观实际，国家统计局 2023 年将符合现代服务业相关特征的经济活动进行再分类，同时，将近年来出现发展苗头且未来发展前景良

好、符合现代服务业特征的经济活动纳入现代服务业范围，将现代服务业范围确定为：01 信息传输、软件和信息技术服务业，02 科学研究和技术服务业，03 金融业，04 现代物流服务业，05 现代商贸服务业，06 现代生活服务业，07 现代公共服务业，08 融合发展服务业等 8 个大类。由此可知，现代服务业既包括随着技术发展而产生的新兴服务业态，也包括运用现代技术对传统服务业的改造和提升。

现代服务业的发展本质上来自社会进步、经济发展、社会分工的专业化等需求。对现代服务业重点行业发展水平进行评价，可以了解现代服务业的组成结构、行业占比和行业贡献度等。在上述 11 个重点行业中，除了文化、体育和娱乐业以及公共服务业，我们可以对剩下的 7 个重点现代服务行业的发展特色进行分析。2.2.1 节列举了基本评价指标，可以评价 7 个重点行业的经济和社会发展水平。除此之外，各行业也具有其代表性指标，如下所示。

（1）信息传输、软件和信息技术服务业发展水平：电话用户数及普及率、互联网用户数及普及率、域名数。

（2）金融业发展水平：金融开放度、社会融资总规模中直接融资的比重、数字金融覆盖广度、数字金融使用深度、普惠金融数字化程度、不良贷款率。

（3）交通运输、仓储和邮政业发展水平：运输线路里程、客运量与货运量、汽车和民用运输船舶拥有量、港口码头泊位数、邮政业务总量。

（4）科学研究和技术服务业发展水平：高校与科研机构数量。

（5）教育发展水平：毛入学率、师资与人均事业费、教育水平结构。

（6）房地产业发展水平：房地产价格、房地产市场供给、房地产开发投资。

（7）住宿和餐饮业发展水平：国内旅客数及其消费、入境游客数及其增长速度、旅行社数量、国际旅游收入及其增长速度。

要想现代服务业发展良好，就必然要求构成现代服务业的各具体服务产业协调发展。现代服务业的各具体服务产业之间存在着紧密而不可分割的关联，实质上是一种分工协作关系。良好的产业间协作关系，可增强产业链的匹配性，降低交易成本，改善资源配置，从而达到"1+1>2"的效果。

### 2.2.3　现代服务业发展环境

现代服务业发展环境是服务业发展的基础。从现代服务业当前所处的阶段来看，现代服务业的发展水平和方向在很大程度上是由现代服务业的发展环境决定的，基础设施、地理位置、资源环境、运输条件等都会影响现代服务业的发展水平。因此，在评价现代服务业的发展水平时，不仅仅要考虑现代服务业整体发展状况和具体行业当前的发展水平，还要考虑现代服务业发展所处的环境。本书从政策环境、市场环境、基础资源环境、人口环境、城市化环境及技术环境六个方面来分析促进现代服务业发展的环境因素，具体分析如下所示。

（1）政策环境：政策支持力度、政府补助、政府采购的相关项目等。

（2）市场环境：市场化程度、市场增长率、市场需求与消费偏好、市场容量、市场规范化程度等。

（3）基础资源环境：自然资源禀赋状况、基础设施建设等。

（4）人口环境：人口数量与密度、普通高等学校在校学生数、城市拥有高等学校数、就业水平与收入水平、教育事业经费支出占地方财政支出比重等。

（5）城市化环境：城市化水平、城市规划与建设、城市管理水平等。

（6）技术环境：研发费用总额、国家对科技开发的投资和支持重点、技术转移和技术商品化速度、知识产权保护情况等。

## 2.3　指标体系的构建

基于 2.2 节对现代服务业各评价指标的具体分析，我们可以总结出现代服务业发展的评价指标体系。该指标体系分为三层结构，其中，一级指标为发展程度、重点行业发展水平、发展环境，与这三个一级指标相对应的二级指标为每个方面的下行影响因素。因此我们得到指标体系的基本构成情况，如表 2-2 所示。

**表2-2　现代服务业发展的评价指标体系**

| 一级指标 | 二级指标 | 三级指标 |
|---|---|---|
| 发展程度 $A1$ | 经济指标 $B1$ | 现代服务业增加值 $C1$ |
| | | 现代服务业增加值占 GDP 比重 $C2$ |
| | | 现代服务业贡献率 $C3$ |
| | | 现代服务业对 GDP 的拉动 $C4$ |
| | | 固定资产投资 $C5$ |
| | 质量指标 $B2$ | 客户满意度 $C6$ |
| | | 服务态度 $C7$ |
| | | 服务水平 $C8$ |
| | 创新指标 $B3$ | R&D 人员和资金投入 $C9$ |
| | | 论文发表数量 $C10$ |
| | | 专利申请或获得数量 $C11$ |
| | | 新产品项目数 $C12$ |
| | | 新产品销售额 $C13$ |
| | | 技术引进合同金额 $C14$ |
| | | 技术消化吸收与改造费用 $C15$ |
| | 人才和技能指标 $B4$ | 就业人数及占比 $C16$ |
| | | 本科及以上人员占比 $C17$ |
| | | 人才引进费用 $C18$ |

续表

| 一级指标 | 二级指标 | 三级指标 |
|---|---|---|
| 发展程度 A1 | 人才和技能指标 B4 | 技能培养费用 C19 |
| | 竞争力指标 B5 | 企业法人单位数 C20 |
| | | 法人单位数占全部法人单位数的比重 C21 |
| | | 产业集中度 C22 |
| | 可持续发展指标 B6 | 绿色研发投入 C23 |
| | | 能源消费总量 C24 |
| | | 废水、废气中主要污染物排放量 C25 |
| | | 环境污染治理投资 C26 |
| | 社会指标 B7 | 城乡居民可支配收入 C27 |
| | | 居民文化休闲消费支出比重 C28 |
| | | 城市建成区绿化覆盖率 C29 |
| | | 恩格尔系数 C30 |
| | 国际化指标 B8 | 对外直接投资净额或存量 C31 |
| | | 外商直接投资合同项目 C32 |
| | | 外商直接投资实际使用金额 C33 |
| | | 进口金额及同比 C34 |
| | | 出口金额及同比 C35 |
| 重点行业发展水平 A2 | 信息传输、软件和信息技术服务业发展水平 B9 | 电话用户数及普及率 C36 |
| | | 互联网用户数及普及率 C37 |
| | | 域名数 C38 |
| | 金融业发展水平 B10 | 金融开放度 C39 |
| | | 社会融资总规模中直接融资的比重 C40 |
| | | 数字金融覆盖广度 C41 |
| | | 数字金融使用深度 C42 |
| | | 普惠金融数字化程度 C43 |
| | | 不良贷款率 C44 |
| | 交通运输、仓储和邮政业发展水平 B11 | 运输线路里程 C45 |
| | | 客运量与货运量 C46 |
| | | 汽车和民用运输船舶拥有量 C47 |
| | | 港口码头泊位数 C48 |
| | | 邮政业务总量 C49 |
| | 科学研究和技术服务业发展水平 B12 | 高校与科研机构数量 C50 |
| | 教育发展水平 B13 | 毛入学率 C51 |
| | | 师资与人均事业费 C52 |
| | | 教育水平结构 C53 |
| | 房地产业发展水平 B14 | 房地产价格 C54 |
| | | 房地产市场供给 C55 |

续表

| 一级指标 | 二级指标 | 三级指标 |
|---|---|---|
| 重点行业发展水平 A2 | 房地产业发展水平 B14 | 房地产开发投资 C56 |
| | 住宿和餐饮业发展水平 B15 | 国内旅客数及其消费 C57 |
| | | 入境游客数及其增长速度 C58 |
| | | 旅行社数量 C59 |
| | | 国际旅游收入及其增长速度 C60 |
| 发展环境 A3 | 政策环境 B16 | 政府补助 C61 |
| | | 政策支持力度 C62 |
| | | 政府采购的相关项目 C63 |
| | 市场环境 B17 | 市场化程度 C64 |
| | | 市场增长率 C65 |
| | | 市场需求与消费偏好 C66 |
| | | 市场容量 C67 |
| | | 市场规范化程度 C68 |
| | 基础资源环境 B18 | 自然资源禀赋状况 C69 |
| | | 基础设施建设 C70 |
| | 人口环境 B19 | 人口数量与密度 C71 |
| | | 普通高等学校在校学生数 C72 |
| | | 城市拥有高等学校数 C73 |
| | | 就业水平与收入水平 C74 |
| | | 教育事业经费支出占地方财政支出比重 C75 |
| | 城市化环境 B20 | 城市化水平 C76 |
| | | 城市规划与建设 C77 |
| | | 城市管理水平 C78 |
| | 技术环境 B21 | 研发费用总额 C79 |
| | | 国家对科技开发的投资和支持重点 C80 |
| | | 技术转移和技术商品化速度 C81 |
| | | 知识产权保护情况 C82 |

注：C1、C2、C3、C4、C16、C70、C71、C72、C73、C74、C75、C79、C80、C81、C82 来源于《中心城市现代服务业发展实证研究》[2]；C5、C38 来源于《数字经济行业效率：测算方法、演进趋势及影响机制》[3]；C6、C7、C8、C27、C28、C29、C30 来源于《中国省域旅游经济发展水平评价研究》[4]；C9、C10、C11、C22、C61、C77 来源于《"互联网+"战略下信息技术服务业创新效率评价研究——以北京、上海、广东三地为例》[5]；C12、C13、C14、C15、C17、C18、C19、C23、C24、C25、C26、C31、C32、C33、C34、C35 来源于《高质量发展评价指标体系构建与实证研究》[6]；C20、C21、C36、C37 来源于《我国新兴服务业发展报告》[7]；C39、C40、C41、C42、C43、C44 来源于《金融业与制造业高质量耦合协同发展：机制、测度与影响因素》[8]；C45、C46、C47、C48、C64 来源于《交通基础设施、交通运输业与区域经济增长——基于省域数据的空间面板模型研究》[9]；C49、C57、C58、C59、C60、C62、C63、C65、C68、C69、C76、C78 来源于《城市旅游竞争力评价初探》[10]；C50 来源于《科学研究和技术服务拉动效应的区域差异研究——基于各省投入产出流量表数据分析》[11]；C51、C52、C53 来源于《我国各省份教育发展水平比较分析》[12]；C54、C55、C56、C66、C67 来源于《房地产市场、银行信贷与经济增长——基于面板数据的经验研究》[13]；主观评价指标因缺少具体的文献支持，未体现在表中，研究者可根据自己的研究目标设置该类指标

# 第3章 现代服务业发展评价的数据维度

数据维度是指数据之间形成特定关系，表达多种数据含义的一个很重要的基础概念。通过对现代服务业发展评价的数据维度分析，我们可以更加全面、直观地了解学者从哪些维度来研究评价现代服务业。现有文献对现代服务业的研究主要从三个层面出发：现代服务业的整体发展程度、现代服务业重点行业的发展水平、现代服务业发展环境。

## 3.1 现代服务业整体发展程度的数据维度

现有文献从不同角度构建现代服务业整体发展程度的评价指标体系，从区域层面分析现代服务业的发展水平，如关长海和赵国杰[14]从成长能力、比较优势、公共环境、基础条件、服务业发展水平五个维度对现代服务业竞争力进行评价。赵惠芳等[15]认为现代服务业发展水平应该包括宏观环境、发展规模、增长速度、产业结构和发展潜力五个方面，并选取了人均 GDP 等 19 个指标，利用主成分分析法（principal component analysis，PCA）对中部六省 2005 年的现代服务业发展水平进行了评价。李宝仁等[16]将现代服务业发展水平归纳为发展水平、成长能力、基础条件、公共环境和比较优势五个一级指标及相应的 23 个二级指标，并利用层次分析法（analytic hierarchy process，AHP）和因子分析法对我国 2005 年各省份的现代服务业进行评价。在此基础上，钟云燕[17]进一步地从新兴化程度、信息化程度、知识化程度、现代化程度四个维度对现代服务业进行分析。冯华和王智毓[18]从发展规模、产业结构、增长速度、经济效益等四个方面构建我国服务业发展评价指标体系，实证结果表明各省区市的服务业发展水平与区域经济发达程度、城市化水平、市场化水平及经济发展模式等因素有关。申志刚[19]从现代服务业的资产规模、收入水平、利润水平、人员数量和企业数量等维度来分析北京商务中心区（Beijing Central Business District，北京 CBD）现代服务业总体现状。钱力和曹巍[20]选取了 14 个指标，从发展规模、发展结构、发展速度以及发展效益四个维度利用因子分析法评价了长江经济带现代服务业发展水平。张海波[21]从发展基础、经济贡献和增长潜力等维度构建了湖北省现代服务业发展水平综合评价指标体系。除此之外，部分文献将重点行业的发展水平作为衡量现代服务业发展的指标，如吕宏康[22]对现代服务业发展水平的评价研究从以下四个维度展开：发展程度、重点行业发展水平、现代服务业提供服务的水平、现代服务业发展环境。

任英华等[23]从总体现状、各行业发展水平和发展潜力三个方面出发，选取了 43
个指标,利用层次分析法和因子分析法对湖南省 2006 年现代服务业发展水平进行
了评价。余美蓉[24]从发展规模、发展潜力、行业专业化程度、现代服务业发展环
境四个维度来对现代服务业进行分析研究。孙小娇[25]从发展规模、主要行业的发
展水平、服务水平、当前所处环境四个方面来评价现代服务业发展水平的高低。
邓泽霖等[26]从发展水平、增长潜力、基础条件和专业化程度四个方面出发，选取
了 18 个指标构建了现代服务业发展水平的综合评价指标体系，并利用因子分析法
对我国各省区市的现代服务业发展做出评价。为了更加全面、客观地衡量我国现
代服务业发展状况，韩悦[27]结合创新、协调、绿色、开放、共享五大新发展理念，
确定现代服务业高质量发展评价的数据维度分别为：绿色共享、开放创新、协调
发展、质量效率。与此类似，张怡和熊常伟[28]以"创新、协调、绿色、开放、共
享"五大新发展理念为指导，从数量规模、经济效益、创新潜能、绿色生态、和
谐生活等五个维度出发对现代服务业高质量发展进行评价。袁峰和陈俊婷[29]从现
代服务业发展环境、发展规模、发展速度、发展潜力四个方面构建现代服务业高质
量发展评价指标体系，旨在为区域现代服务业高质量发展的政策制定提供参考依
据。洪国彬和游小玲[30]从现代服务业生态系统角度出发，结合迈克尔·波特的优势
竞争理论及对现代服务业的实地调研，将现代服务业指标体系按照现代服务业发展
基础、现代服务业发展环境、现代服务业发展规模、现代服务业发展潜力等四个方
面归纳分析。关于现代服务业的发展评价，由于研究侧重点不同，现有文献的实证
结果较为丰富，但多数研究都旨在了解现代服务业的整体发展水平和影响因素。

## 3.2　现代服务业重点行业发展水平的数据维度

现代服务业是由多种行业构成的，各个行业的发展速度、规模和特色不同。
对此，荣薇[2]认为对于现代服务业发展的评价，不仅需要从宏观角度进行总体判
断，还需要从微观角度对构成现代服务业的各个新兴服务产业的发展状况及其产
业间的协调情况进行更为深入、细致的了解。目前研究较多的行业为旅游业、信
息服务业、金融业、房地产业、教育、交通运输业、科学研究和技术服务业。关
于旅游业的研究，苏伟忠等[10]从四个角度对城市旅游竞争力进行评价，即城市旅
游竞争业绩评价、城市旅游竞争潜力评价、城市旅游环境支持力评价和城市旅游
综合竞争力评价。其中，城市旅游竞争业绩通过现在的旅游收入、旅游接待量和
旅游企业的经济效益来进行评价，用于反映城市旅游业未来的竞争态势；城市旅
游竞争潜力从旅游资源条件、旅游资金来源和旅游技术人才三个方面来评价，用
于反映旅游业竞争力的后续能力；城市旅游环境支持力从城市社会经济环境、自
然环境和其他环境三个方面来评估；城市旅游综合竞争力从城市旅游竞争业绩、

竞争潜力和环境支持力进行综合评价。吴儒练[31]从旅游创新、产业协调、开放活力、绿色发展、惠民共享五个维度对旅游业高质量发展进行评价和分析研究。范浩亮[4]从旅游经济增长数量（产业规模、增长速度）、旅游经济增长质量（产业结构、资源配置、增长潜力）、旅游经济外部效益（经济效益、社会效益、生态效益）三个维度对旅游经济发展水平进行评价。张建伟[32]以"创新、协调、绿色、开放、共享"为核心内容的新发展理念作为评价旅游经济高质量发展的五个数据维度。旅游经济创新发展是引领发展的第一动力，主要聚焦旅游经济发展的动力问题，更加注重质量与效益；旅游经济协调发展是持续健康发展的内在要求，主要解决旅游经济发展的不平衡问题，更加注重均衡与全面；旅游经济绿色发展是永续发展的必要条件和人民对美好生活追求的重要体现，主要解决人与自然关系和谐问题，更加注重环保与和谐；旅游经济开放发展是国家繁荣发展的必由之路，解决旅游经济发展内外联动问题，更加注重优化与融入；旅游经济共享发展是中国特色社会主义的本质要求，解决旅游经济社会公平正义问题。徐爱萍[33]从经营效率质量、市场结构质量、经济运行质量和社会可持续发展四个方面来综合梳理旅游业高质量发展水平。其中，经营效率质量主要反映了在旅游业高质量发展过程中，旅游企业经营过程中对资源、人力、物力等要素的配置效率；市场结构质量体现为旅游业高质量发展过程中旅游产业市场发展的高级化与合理化程度；经济运行质量直接反映了旅游业高质量发展过程中旅游产业的总量规模以及增长的稳定性和适度性；社会可持续发展表现为旅游业发展过程中社会共享旅游发展结果的公平性程度。

关于信息服务业，陶思远[34]从产出规模、产业效益、产业结构和自身潜力四个维度对信息服务业发展水平进行衡量。其中，产出规模可以反映该行业的总体经济规模，反映其在宏观经济中的地位和社会中的经济地位；产业效益是指各地区信息服务业经济发展水平的真实发展状况；产业结构衡量信息服务业的经济发展水平，反映一个地区信息服务业所处的发展阶段并预测未来的发展能力；自身潜力是评价一个行业的发展水平。关于金融业，刘明和王燕芳[8]构建了包含金融集聚、对外开放、结构优化、金融数字化与普惠化以及金融稳健五个子系统在内的金融业高质量发展系统指标体系。其中，金融集聚子系统注重金融资源的集聚，采用金融行业的区位熵指数来度量；对外开放子系统包括"走出去"与"引进来"的双向开放，采用金融开放度指标衡量；结构优化子系统中直接融资占总规模的比重，代表了与高技术产业匹配的金融资本供给，是金融结构优化的表现；金融数字化与普惠化子系统是传统金融与新兴技术融合后产生的一种新型金融模式，包含数字金融覆盖广度、使用深度及普惠金融数字化程度等三个维度；关于金融稳健子系统，选取反映银行资产质量的不良贷款率衡量。关于房地产业，许宪春等[35]从房地产开发投资、房地产生产和房地产消费三大领域系统完整地定量分析房地产经济对我国国民经济增长的作用。王善迈等[12]结合我国教育发展现状，构建了由教育机会水平、教育投入水平、教育公平水平 3 个二级指标和 18 个三级指标构成的教育发展指数。其中，教育机会水平的影响因素为经济发展水平、人口和教育成本分担；教育投入水平的影响因素为经济发展水平和人口；教育公平水平的影响因素为城乡经济发展差异和省份内财政分权。关于交通运输业，叶昌友和王遐见[9]认为我国交通基础设施主要由铁路、公路、民航和水运等四大块构成，但我国交通运输主要由铁路和公路完成，交通基础设施采用实物形式，考虑到区域面积的不同，我们采用铁路密度和公路密度表示各地区交通基础设施发展。我国交通运输业测度指标为公路货运周转量和铁路货运周转量。除此之外，部分研究分析了行业之间的关系，如司海恩和陈晖[11]基于 2012 年全国各省区市 42 个部门的投入产出流量表数据，分析科学研究和技术服务部门的投入对其他产业部门的产出情况，计算 Leontief 逆矩阵得出其他行业对科学研究和技术服务的总需求，以此定量计算出科学研究和技术服务投入对其他行业的总体拉动效果；通过对其他 41 个部门行业的拉动系数，分析不同行业对科学研究和技术服务的需求程度，在此基础上进一步分区域分析各省区市其他产业部门对科学研究和技术服务的需求程度。

## 3.3　现代服务业发展环境的数据维度

现代服务业发展是在经济高质量发展的背景下展开的，对经济高质量发展进行分析可以更全面、准确地了解现代服务业的发展环境。李坤[36]将经济高质量发展概括为在实现经济增长的同时不断提高经济效率，优化经济结构，培育经济增长新动能，保持经济平稳快速增长，并增加社会投资、提高人口素质，使经济发展的成果能够带动社会进步、促进文化繁荣、改善生态环境的新发展方式，并从经济增长、经济结构、经济稳定性、创新能力、社会福利、文化繁荣、资源环境七个维度构建经济高质量发展综合评价指标体系，对经济高质量发展水平进行测度。在此基础上，邹颖[37]把高质量发展分为宏观高质量发展、中观高质量发展和微观高质量发展。其中，微观层次是高质量发展的基础和动力，包含质量变革、效率改革、动力改革；中观层次是高质量发展的支撑和主体，包含产业升级、结构优化、区域协调；宏观层次是高质量发展的目标和导向，包含经济发展、民生发展、绿色发展。它们之间既相辅相成，又相互独立，共同形成了高质量发展的理论体系和总体框架。王亚男[38]从经济稳定发展、创新驱动水平、协调发展水平、生态环境水平、对外开放水平、共享发展水平六个维度来对经济高质量发展进行分析测度。肖轶伦[39]从质量、效率、动力三个维度评价经济高质量发展水平。韩英[40]对经济高质量发展水平的研究是从动力转换、质效提升和成果共享三个维度来展开的。动力转换包括创新驱动、消费驱动、服务驱动、数字驱动；质效提升包括经济稳定、生产效率、生活质量、结构协调、资本环境成本；成果共享包括教育资源、医疗资源、社会保障、基础设施。进一步地，朱佳[41]以五大新发展理念为指导，构建了包括创新发展、协调发展、绿色发展、开放发展、共享发展为目标层的国家中心城市经济高质量发展评价指标体系；依据国家中心城市经济高质量发展要求和赋予的时代意义，从高质量发展、城市创新、城市协调、绿色城市、城市开放发展、共享城市角度查阅文献，确定准则层指标；在准则层指标的架构上选择最优指标，确定指标层指标。与此类似，鲁朝云和刘国炳[42]明确经济高质量发展不仅包括经济发展质量、效能等要素，而且涉及动力、融合、生态、开放、民生等方面，现代服务业高质量发展充分体现了五大新发展理念，具有生产要素投入少、资源配置效率高、资源环境成本低、经济社会效益好等特点。在此基础上，其从投入效率和产出质量两个维度出发，从产业规模、技术结构、组织绩效三个方面，立足新发展理念中的"创新、协调"，精选评价现代服务业的指标。赖如强[43]从新发展理念出发形成对高质量发展的评价维度。其中，创新发展包含创新投入、创新产出、创新基础、经济效率；协调发展包含人员收支、产业协同、经济运行；绿色发展包含节能减排、资源消耗、污染排放、排放强度、环境治理；开放发展包含经济开放、招商引资、国际化水平、市场化水平、进出口质量、外资利用、企业出口；共享发展包含社会贡献、公共服务、收入福利、共享水平、就业情况。李晓楠[6]结合高质量发展的六个基本内涵，即创新为第一动力、协调为内生特点、绿色为普遍形态、开放为必由之路、共享为根本目的、金融稳定为运行环境保障，从发展活力、发展效益、发展环境三个维度来进行分析评价。发展活力主要考察经济的增长状况，主要包括经济总量的增长速度、创新活动的投入与产出情况、对外开放的活跃程度；发展效益主要考察高质量发展的内在质量提升水平，主要包括产业结构的合理性、经济发展的高效性和发展成果的共享性情况；发展环境主要考察高质量发展环境的可持续性情况，具体由生态环境和金融环境的运行状况构成。其中，衡量生态环境运行状况的相关指标主要包括环境污染物的排放情况、对恶化环境的治理情况和对城市垃圾的处理情况；衡量金融环境运行状况的相关指标主要包括国家的外债率、银行的资产利润率、资本充足率以及不良贷款率等情况，以期客观考察我国金融体系的稳定性和抗风险能力。

　　在新发展理念提出之前，对于现代服务业的评价维度主要是从成长能力、比较优势、公共环境、基础条件、服务业发展水平或者规模、效益、结构、发展程度、重点行业发展水平、服务水平和发展环境等维度开展的。不同研究对于现代服务业发展评价的数据维度有很大的差异，存在重叠交叉以及不够全面的问题。在明确高质量发展之后，我国总体上确立了以新发展理念的五个维度为引领的数据分析维度，受到了各地的广泛认可与应用。因此，在构建现代服务业发展的评价指标时，可以将新发展理念作为指导理论，结合具体情况尽可能全面综合地选取评价指标。

# 数据篇参考文献

[1] 顾海兵, 翟敏. "统计年鉴" 系统: 对比与差异[J]. 首都经济贸易大学学报, 2012, 14(2): 116-118.

[2] 荣薇. 中心城市现代服务业发展实证研究[D]. 天津: 河北工业大学, 2011.

[3] 姜卫民, 郑琼洁, 巫强. 数字经济行业效率: 测算方法、演进趋势及影响机制[J]. 财经问题研究, 2022, (3): 34-43.

[4] 范浩亮. 中国省域旅游经济发展水平评价研究[D]. 湘潭: 湘潭大学, 2020.

[5] 晁一方, 黄永春, 彭荣. "互联网+" 战略下信息技术服务业创新效率评价研究: 以北京、上海、广东三地为例[J]. 科技管理研究, 2021, 41(3): 117-124.

[6] 李晓楠. 高质量发展评价指标体系构建与实证研究[D]. 杭州: 浙江工商大学, 2020.

[7] 董明月. 我国新兴服务业发展报告[J]. 调研世界, 2011, (12): 17-19, 48.

[8] 刘明, 王燕芳. 金融业与制造业高质量耦合协同发展: 机制、测度与影响因素[J]. 上海经济研究, 2022, (12): 93-112.

[9] 叶昌友, 王遐见. 交通基础设施、交通运输业与区域经济增长: 基于省域数据的空间面板模型研究[J]. 产业经济研究, 2013, (2): 40-47.

[10] 苏伟忠, 杨英宝, 顾朝林. 城市旅游竞争力评价初探[J]. 旅游学刊, 2003, (3): 39-42.

[11] 司海恩, 陈晖. 科学研究和技术服务拉动效应的区域差异研究: 基于各省投入产出流量表数据分析[J]. 科技创业月刊, 2021, 34(9): 23-25.

[12] 王善迈, 袁连生, 田志磊, 等. 我国各省份教育发展水平比较分析[J]. 教育研究, 2013, 34(6): 29-41.

[13] 李宏瑾. 房地产市场、银行信贷与经济增长: 基于面板数据的经验研究[J]. 国际金融研究, 2005, (7): 30-36.

[14] 关长海, 赵国杰. 基于生态群落的现代服务业与装备制造业融合发展研究: 以东北老工业基地为例[J]. 经济纵横, 2008, (2): 106-108.

[15] 赵惠芳, 王冲, 闫安, 等. 中部省份现代服务业发展水平评价[J]. 统计与决策, 2007, (21): 83-85.

[16] 李宝仁, 李鲁辉, 李晓晨. 我国区域间现代服务业综合实力比较研究: 基于组合评价模型的分析[J]. 北京工商大学学报(社会科学版), 2008, (5): 5-10.

[17] 钟云燕. 现代服务业的界定方法[J]. 统计与决策, 2009, (6): 168-169.

[18] 冯华, 王智毓. 我国科技服务业与经济增长关系的实证研究[J]. 软科学, 2018, 32(2): 6-10.

[19] 申志刚. 北京 CBD 现代服务业发展研究[D]. 北京: 首都经济贸易大学, 2012.

[20] 钱力, 曹巍. 长江经济带现代服务业发展水平评价[J]. 蚌埠学院学报, 2016, 5(4): 70-75.

[21] 张海波, 张毅, 沈怡杉. 湖北省现代服务业发展水平评价[J]. 统计与决策, 2018, 34(11): 95-99.

[22] 吕宏康. 现代服务业发展水平的评价指标体系研究[D]. 大连: 东北财经大学, 2011.

[23] 任英华, 邱碧槐, 朱凤梅. 现代服务业发展评价指标体系及其应用[J]. 统计与决策, 2009, (13): 31-33.

[24] 余美蓉. 长三角城市群现代服务业与城市化协调发展研究[D]. 徐州: 江苏师范大学, 2017.

[25] 孙小娇. 中国现代服务业发展水平的区域差异研究[D]. 沈阳: 辽宁大学, 2018.

[26] 邓泽霖, 胡树华, 张文静. 我国现代服务业评价指标体系及实证分析[J]. 技术经济, 2012, 31(10): 60-63, 105.

[27] 韩悦. 我国现代服务业高质量发展水平评价及影响研究[D]. 长春: 吉林财经大学, 2021.

[28] 张怡, 熊常伟. 我国现代服务业高质量发展评价体系的构建及实证分析[J]. 西华师范大学学报(自然科学版), 2023, 44(6): 622-627.

[29] 袁峰, 陈俊婷. "一带一路"中国区域现代服务业发展水平评价: 基于面板数据及突变级数法的分析[J]. 华东经济管理, 2016, 30(1): 93-99.

[30] 洪国彬, 游小玲. 信息含量最大的我国现代服务业发展水平评价指标体系构建及分析[J]. 华侨大学学报(哲学社会科学版), 2017, (1): 79-92.

[31] 吴儒练. 旅游业高质量发展与乡村振兴耦合协调测度、演化及空间效应研究[D]. 南昌: 江西财经大学, 2022.

[32] 张建伟. 西藏旅游经济高质量发展路径研究[D]. 拉萨: 西藏大学, 2021.

[33] 徐爱萍. 我国旅游业高质量发展评价及影响因素研究[D]. 上海: 华东师范大学, 2021.

[34] 陶思远. 辽宁省现代信息服务业发展水平评估研究[D]. 大连: 东北财经大学, 2010.

[35] 许宪春, 贾海, 李皎, 等. 房地产经济对中国国民经济增长的作用研究[J]. 中国社会科学, 2015, (1): 84-101, 204.

[36] 李坤. 中国经济高质量发展水平测度研究[D]. 武汉: 中南财经政法大学, 2019.

[37] 邹颖. 重庆市高质量发展评价指标体系构建及应用研究[D]. 重庆: 重庆工商大学, 2020.

[38] 王亚男. 中国经济高质量发展统计测度研究[D]. 北京: 对外经济贸易大学, 2021.

[39] 肖轶伦. 我国经济高质量发展指标体系中的制度质量指标研究[D]. 武汉: 武汉大学, 2021.

[40] 韩英. 产业转型升级对经济高质量发展影响的统计研究[D]. 北京: 首都经济贸易大学, 2021.

[41] 朱佳. 国家中心城市经济高质量发展水平测度研究[D]. 西安: 西安理工大学, 2020.

[42] 鲁朝云, 刘国炳. 现代服务业高质量发展评价指标体系构建及应用[J]. 大连海事大学学报(社会科学版), 2019, 18(5): 64-70.

[43] 赖如强. 高质量发展指数评价研究: 中国石油化工行业的实证分析[D]. 北京: 北京化工大学, 2021.

# 技术篇

## 客观收集整理现代服务业发展评估的逻辑方法

# 第4章　基于现有统计数据的现代服务业发展评估方法

## 4.1　主要数据来源

在现代服务科技发展的评价理论与实践中，了解官方数据是评估现代服务业发展的重要组成部分。本节将介绍一些关于现代服务业的官方数据来源。官方数据来源主要涵盖多种统计年鉴，其中包括《中国统计年鉴》《中国高技术产业统计年鉴》《中国科技统计年鉴》《中国文化和旅游年鉴》《中国区域经济统计年鉴》《中国价格统计年鉴》《中国国土资源统计年鉴》《中国卫生健康统计年鉴》《中国环境统计年鉴》《中国农村统计年鉴》《中国城市统计年鉴》等。

这些年鉴涵盖了许多方面的官方数据，如国民经济核算、人口和就业、固定资产投资、财政、银行和保险、对外经济贸易、农业、工业、建筑业、运输邮电、教育、科技和文化、卫生和计划生育、环境以及旅游等。这些数据可以为评估现代服务业发展提供基础数据支持，并且可以用于制定政策和指导决策。

除了官方数据来源外，还有其他一些数据来源，如行业协会发布的数据报告、咨询公司发布的市场研究报告、海关数据等。这些数据来源也可作为评估现代服务业发展的参考资料。

## 4.2　数据分析方法及其应用

根据国家统计局 2022 年发布的《服务业释放主动力　新动能打造新引擎——党的十八大以来经济社会发展成就系列报告之五》，可以看出现代服务业在中国正快速发展。该文章主要利用服务业增加值作为评估服务业发展水平的指标。自2012 年至 2021 年，我国服务业增加值从 244 856 亿元增长至 609 680 亿元，按不变价计算，2013～2021 年年均增长 7.4%。与此同时，这一增长率比 GDP 和第二产业增加值年均增速分别高 0.8 个百分点和 1.4 个百分点。

此外，在服务业就业人员增加比重、服务业固定资产投资、服务业法人单位总数等方面也表现出了蓬勃的发展态势。这些数据显示出现代服务业在中国的经济和社会发展中扮演着越来越重要的角色。

进一步地，根据国家统计局 2019 年发布的《生产性服务业统计分类（2019）》和《生活性服务业统计分类（2019）》，我们可以更明确地定义现代服务业，并基于官方数据如统计年鉴等对不同行业的现代服务业发展水平进行简要的分析和比较。这些数据和信息有助于我们更好地理解中国现代服务业的发展趋势和特点，以及为未来的规划和决策提供有力的依据。

# 4.3　文旅融合发展指数评价指标体系

随着中国文化和旅游业的快速发展，文旅融合已经成为推动中国文化和旅游业持续增长的重要力量。考虑到文旅融合是一个包含多个领域和元素的复杂概念，需要制定合适的评价指标体系来进行评估。本节介绍的文旅融合发展指数评价指标体系是根据国内外学者关于服务业发展的相关理论，参考相关评价体系，并结合中国现代服务业的实际情况进行调整的。

## 4.3.1　构建方法

本体系结合前期的研讨成果，从产业融合发展的基本理论出发，参考国内相关领域的评价指标体系，从三级指标层进行评价设计，即先从文旅融合的基础条件、创新能力、产业水平和社会效应四个维度进行一级综合层指标设计；然后结合文化和旅游产业发展的特点，对四个一级指标层进行二级项目层指标及三级因子层指标的设计。本体系对影响文化和旅游融合发展的四大综合层指标进行设计，主要采取的方法有以下三种[1]。

一是理论分析法。通过对文旅融合发展的内涵与外延进行界定，选择那些能够反映文旅融合发展指数的主要维度，遵循"有资源、有创新、有产业、有效益"四大标准来确定基础条件、创新能力、产业水平和社会效应四大维度；从省域及城市文旅融合发展来看，这些方面基本可以得到概括和体现，并且可以进一步在项目层得到具体体现。

二是归纳分析法。结合相关分析的做法，从文化产业和旅游产业发展的实际出发，进一步对四大维度指标进行分项设计。①基础条件，包括资源基础、政府支持、基本保障三个方面；②创新能力，包括项目平台、人才智库两个方面；③产业水平，包括发展规模、产业绩效、资金投入三个方面；④社会效应，包括社会反响、文化传播两个方面。

三是专家咨询法。通过征询相关专家意见，经过多轮研讨，吸收专家的合理建议，结合数据来源及可得性，最后对因子层指标进行确定。

## 4.3.2　多指标综合评价方法选择

多指标综合评价方法是运用多指标、多主体同时进行定量评价和比较的一种方法，各评价指标权重不同会直接导致评价对象优劣顺序的改变，因此，指标权重确定的合理性与准确性直接影响评价结果的可靠性[2]。根据权重确定方法的不同，多指标综合评价方法主要分为主观赋权法和客观赋权法两大类。其中，主观赋权法是根据主观经验和指标重要程度人为给出各评价指标的权重，再对指标进行综合评价。客观赋权法是根据指标自身的作用和影响确定其权重，进而构建综合评价模型来评价指标的方法[3]。

相对指数法、专家打分法与层次分析法属于主观赋权法。相对指数法是将一系列指标变成可比的指数形式，然后进行简单加总或加权加总来分析的一种方法，但是这种方法假定各个维度在文化和旅游融合发展中的作用是相同且恒定不变的，并且无法剔除各指标之间可能存在的高度相关性。专家打分法是征询有关专家的意见，对专家意见进行统计、处理、分析和归纳，依靠专家的经验进行权重赋值的方法，这种方法主观性较强，受人为因素影响较大[4]。层次分析法是根据研究者对各指标重要程度的主观认识进行权重赋值的方法，通过两两比较标度值，把人们依靠主观经验来判断的定性问题定量化[5]。

熵值法、主成分分析法与因子分析法属于客观赋权法。熵值法是利用熵值判断某个指标的离散程度，离散程度越大，该指标对综合评价的影响越大。因此，可以根据各项指标的变异程度，利用信息熵这个工具，计算出各个指标的权重，为多指标综合评价提供依据[6]。主成分分析法和因子分析法通过降维，把多个具有相关性的指标转换成较少的彼此不相关的综合指标，这样既可以减少收集信息的工作量，在尽可能多地保留原有数据所含信息的前提下实现对统计数据的简化，又可以使各综合指标代表的信息不重叠。这两种方法都可以避免主观赋权法存在的指标相关性以及赋权主观性等弊端，是被广泛应用的指标合成方法。相比较而言，主成分分析法在应用上侧重于信息贡献影响力的综合评价，而因子分析法侧重于成因清晰性的综合评价。主成分分析法的目的在于信息浓缩、权重计算以及综合得分计算，若希望进行排名比较，计算综合发展力或竞争力，可以采用主成分分析法。因子分析法在主成分分析法的基础上，增加了一项因子旋转功能，将原始变量分解为公共因子和特殊因子两个部分，对新产生的主成分变量及因子变量计算得分，从而实现降维。但是，通过因子分析法所得出的公共因子没有具体的经济含义，故采用该方法无法清晰地刻画与描述各评价指标对文旅融合发展指数的影响程度。主成分分析法的权重是根据数据自身的特征来确定的，各主成分的权重可以反映基础指标对于总指数的贡献大小，主成分分析法可以清晰地揭示各评价指标对文旅融合发展指数的具体贡献水平和影响程度。

总体比较来看，上述方法各有优劣。主观赋权法多为采用主观评分的定性方法，其优点在于能够有效发挥专家和研究人员的经验价值；其缺点是易受人为因素影响，在一些情况下主观判断可能会产生一定的偏差，从而夸大或者降低某些指标的作用，而且运用此方法需要获取较多信息，成本较高。客观赋权法从定量分析的角度，重视指标数据本身的特征，避免了主观判断造成的不利影响。主成分分析法有两个优点。一是可以根据主成分的方差贡献率客观地确定权重，避免权重确定的主观性，使评价结果更客观合理。二是在尽可能降低信息损失量的前提下，对多个原始指标变量进行变换，形成相互独立的少数主要分量，克服了评价指标的多重共线性，消除了评价指标之间的相关影响，简化了数据结构。主成分分析法的缺点是它只能在多个观察对象间进行排序，发现它们的相对位置以及相对差距，无法测量其与目标的绝对差距。

本体系采用主成分分析法，分两步对我国 31 个省区市的文旅融合发展指数进行评价。第一步是采用标准化方法处理各项基础指标数据，将处理后的数据输入协方差矩阵，以此来确定各因子指标的权重，提取出主成分变量。第二步是以特征值、方差贡献率、成分矩阵和标准化后的数据计算各省区市指数得分并进行排序，进而分别对我国东部、中部、西部及东北地区的文旅融合发展指数进行评价[7]。

### 4.3.3　评价模型的构建

主成分分析法利用降维的思想，将具有一定线性相关性的多个指标进行线性组合，形成一组新的互不相关的综合指标来代替原来的指标。通常数学上的处理方法是对数据矩阵做正交变换，以获得原指标变量的线性组合 $F_i$。如果将选取的第一个线性组合记为 $F_1$，即第一个综合指标，$F_1$ 应尽可能多地反映原来指标的信息。可以用 $F_1$ 的方差 $\mathrm{Var}(F_1)$ 来表示 $F_1$ 包含的信息，$\mathrm{Var}(F_1)$ 越大，表示 $F_1$ 包含的信息越多，因此在所有线性组合中选取的 $F_1$ 应该是方差最大的，故称 $F_1$ 为第一主成分。如果第一主成分不足以反映原来 $p$ 个指标所包含的信息，再考虑选取第二个线性组合 $F_2$，即第二主成分。为了有效地反映原始信息，$F_1$ 已有的信息就不需要再出现在 $F_2$ 中，用数学语言表达就是要求 $\mathrm{Cov}(F_1, F_2) = 0$。依此类推可以构造出第三个、第四个……第 $p$ 个主成分。

假设有 $n$ 个样本，$p$ 项指标变量，得到原始数据矩阵：

$$X = \begin{bmatrix} x_{11} & x_{12} & \cdots & x_{1p} \\ x_{21} & x_{22} & \cdots & x_{2p} \\ \vdots & \vdots & & \vdots \\ x_{n1} & x_{n2} & \cdots & x_{np} \end{bmatrix} \quad (4\text{-}1)$$

即 $X = (X_1, X_2, \cdots, X_p)$，且协方差矩阵为 $\sum$。由于指标的量纲往往不同，因此在计算前要消除指标量纲的影响，将原始数据标准化（为方便，原始数据经过标准化处理后仍用 $X$ 表示）。主成分分析的模型为

$$\begin{cases} F_1 = u_{11}X_1 + u_{21}X_2 + \cdots + u_{p1}X_p \\ F_2 = u_{12}X_1 + u_{22}X_2 + \cdots + u_{p2}X_p \\ \qquad\qquad\qquad \vdots \\ F_p = u_{1p}X_1 + u_{2p}X_2 + \cdots + u_{pr}X_p \end{cases} \tag{4-2}$$

其中，$u_{ij}(i=1,2,\cdots,p;\ j=1,2,\cdots,r)$ 为 $X$ 的协方差矩阵 $\sum$ 的特征值所对应的特征向量 $u_i$ 的第 $j$ 个分量；$X_1,X_2,\cdots,X_p$ 为原始数据经过标准化处理后的值。式（4-2）满足：①每个主成分的系数平方和为 1，即 $u_{1j}^2 + u_{2j}^2 + \cdots + u_{pj}^2 = 1\ (j=1,2,\cdots r)$；②主成分之间相互独立，无重叠的信息，即 $\mathrm{Cov}(F_i,F_j)=0,\ i \neq j,\ i,\ j=1,2,\cdots,p$；③主成分的方差依次递减，重要性依次递减，即 $\mathrm{Var}(F_1) \geqslant \mathrm{Var}(F_2) \geqslant \cdots \geqslant \mathrm{Var}(F_p)$。

基于以上条件确定的综合变量 $F_1,F_2,\cdots,F_p$ 分别称为原始指标变量的第一个、第二个……第 $p$ 个主成分。在实际研究工作中，通常挑选前几个方差最大的主成分，以达到简化问题的目的。

主成分分析法通常有以下六个步骤。

第一步：对原始数据进行无量纲化处理。

在多指标评价体系中，由于各评价指标的性质不同，往往会出现各个指标变量的量纲和数值的量级不同的情况。如果直接用原始数据进行分析，就会突出数值水平较高的指标在综合分析中的作用，相对削弱数值水平较低指标的作用，造成选取主成分时过分偏重那些具有较大方差或数量级的指标。本体系中的评价指标体系的各项基础指标分别具有不同的量纲和量级，无法直接进行综合分析。因此，需要对原始数据进行无量纲化处理。

目前常见的无量纲化处理方法主要有极值化方法、标准化方法、均值化方法以及标准差化方法，而研究中最常使用的是标准化方法（Z-score 法）。标准化方法使各指标的均值均为 0，标准差均为 1，反映了各指标之间的相互影响，消除了由于量纲不同、自身变异或者数值相差过大所引起的误差。原始数据进行标准化处理后，各指标处于同一数量级，适合进行综合对比评价。除了标准化方法外，在多指标综合评价中也有可能会用到均值化方法来进行无量纲化处理，经过均值化方法处理的各指标数据作为输入所形成的协方差矩阵，既可以反映原始数据中各指标在变异程度上的差异，也可以反映各指标相互影响程度的差异。但是，使用均值化方法有个前提，即所有数据均应大于 0，否则不适合采用该种方法，而文旅融合发展指数评价数据不满足这一条件。基于上述考虑，本体系选择采用 SPSS 软件中的标准化方法对原始数据进行无量纲化处理。标准化方法处理公式为

$$y_{ij} = \frac{x_{ij} - x_j}{\sqrt{\mathrm{Var}(x_i)}}, \quad (i=1,2,\cdots,n; j=1,2,\cdots,p) \tag{4-3}$$

其中，$\bar{x}_j = \dfrac{1}{n}\sum_{i=1}^{n} x_j$；$\mathrm{Var}(x_j) = \dfrac{1}{n-1}\sum_{i=1}^{n}(x_j - \bar{x}_j)^2$，$(j=1,2,\cdots,p)$。

第二步：计算相关系数矩阵。

经过标准化处理的数据的协方差矩阵与原始数据的相关系数矩阵 $R$ 相等。相关系数矩阵 $R = (r_{ij})_{p \times p}$，其中，$r_{ij}$ 为第 $i$ 个指标与第 $j$ 个指标的相关系数。

$$r_{ij} = \frac{\sum_{k=1}^{n}(x_{ij} - \overline{x}_i)(x_{ii} - \overline{x}_j)}{\sqrt{\sum_{i=1}^{n}(x_{ki} - \overline{x}_i)^2(x_{ki} - \overline{x}_j)^2}} \tag{4-4}$$

其中，$i, j = 1, 2, \cdots p$。

第三步：计算特征值与特征向量。

首先，求解特征方程 $|\lambda E - R| = 0$，计算获得相关系数矩阵 $R$ 的系列特征值 $\lambda_1 \geqslant \lambda_2 \geqslant \cdots \geqslant \lambda_p \geqslant 0$ 及对应的特征向量 $u_i(i = 1, 2, \cdots, p)$，$u_{ij}$ 为特征向量 $u_i$ 的第 $j$ 个分量，满足 $\| u_i \| = 1$，即 $\sum u_{ij}^2 = 1$。

第四步：计算主成分的方差贡献率及累计方差贡献率。

主成分 $F_i$ 的方差贡献率 $b_i = \dfrac{\lambda_i}{\sum_{k=1}^{p} \lambda_k}$，$(i = 1, 2, \cdots, p)$，表明主成分 $F_i$ 的方差在总样本方差中的比重，即主成分 $F_i$ 的权重，这个值越大，说明主成分 $F_i$ 所携带的 $X_1, X_2, \cdots, X_p$ 的原始信息量越多。$a_i = \dfrac{\sum_{k=1}^{i} \lambda_k}{\sum_{k=1}^{p} \lambda_k}$，$(i = 1, 2, \cdots, p)$，为主成分 $F_1, F_2, \cdots, F_i$ 的累计方差贡献率，表示前 $i$ 个主成分累计提取了多少的原始信息。

第五步：确定主成分的个数。

一般选取累计方差贡献率 $\alpha_m (m \leqslant p)$ 达到 80% 时的前 $m$ 个变量 $F_1, F_1, \cdots, F_m$ 作为第一个、第二个……第 $m$ 个主成分，代替原来的 $p$ 个指标变量。这样既减少了变量的个数，又便于对实际问题进行分析和研究。本体系采用主成分分析法对 2015～2019 年中国 31 个省区市的文旅融合发展指数进行综合评价。在提取项目层 $C$ 的主成分时，根据累计方差贡献率达到 80% 左右来确定主成分的个数。考虑到逐层提取主成分会导致信息缺失量过大，在提取综合层 $B$ 和文旅融合发展指数 $A$ 的主成分时根据累计方差贡献率达到 100% 提取全部的主成分。

第六步：计算主成分得分。

将标准化后的数据代入主成分分析模型，即 $F_i = u_{1i}X_1 + u_{2i}X_2 + \cdots + u_{pi}X_p$ $(i = 1, 2, \cdots, m)$ 中，得到第 $i$ 个主成分的得分，根据主成分得分的大小就可以分析各样本单位在各个主成分方面的表现。

#### 4.3.4 各层指标权重的确定和得分的计算

主成分分析法是将多个指标进行正交变换得到少量综合指标以反映数据特征的方法，可以解决指标之间存在的相关性问题，实现数据降维。主成分分析借助于一个正交变换，将与其分量相关的原随机向量转化为与其分量不相关的新随机向量，这在代数上表现为将原随机向量的协方差阵变换成对角形阵；在几何上表现为将原坐标系变换成新的正交坐标系，使之指向样本点散布最开的 $p$ 个正交方向，然后对多维变量系统进行降维处理。方差较大的几个新变量就能综合反映原来多个变量所包含的主要信息，并且也包含了自身特殊的含义。在主成分分析过程中，指标权重的大小也包含着重要的信息。

在确定因子层 $D$ 的权重时，假设项目层 $C_k(k=1,2,\cdots,10)$ 包含 $m$ 个 $D$ 层指标数据，在 SPSS 软件中根据累计方差贡献率达到 80% 左右确定主成分的个数为 $n$ 个 $(n \leqslant m)$。成分矩阵 $Z=(z_{ij})_{m \times n}$，$z_{ij}$ 表示第 $i$ 个 $D$ 层指标与第 $j$ 个主成分在成分矩阵中对应的元素，$\lambda_j$ 和 $v_j$ 分别为第 $j$ 个主成分的特征值与方差贡献率，均为利用 SPSS 软件进行主成分分析时的直接输出结果。与因子分析不同，在主成分分析中用到的成分矩阵是未经旋转的成分矩阵，又叫"因子载荷矩阵"，是各个原始变量的因子表达式的系数，表达提取的公因子对原始变量的影响程度。简单地说，通过成分矩阵，即因子载荷矩阵，可以得到原始指标变量的线性组合：

$$
\begin{cases}
X_1 = z_{11}F_1 + z_{12}F_2 + \cdots + z_{1n}F_n + \varepsilon_1 \\
X_2 = z_{21}F_1 + z_{22}F_2 + \cdots + z_{2n}F_n + \varepsilon_2 \\
\quad\quad\quad\quad\quad \vdots \\
X_m = z_{m1}F_1 + z_{m2}F_2 + \cdots + z_{mn}F_n + \varepsilon_m
\end{cases}
\tag{4-5}
$$

其中，$X_i(i=1,2,\cdots,m)$ 为第 $i$ 个 $D$ 层指标变量；$z_{i1},z_{i2},\cdots,z_{in}\ (i=1,2,\cdots,m)$ 分别为变量 $X_i$ 在同一行的因子载荷；$F_i,F_{i+1},\cdots,F_n$ 分别为提取的 $n$ 个主成分。在主成分分析中，成分矩阵中的因子载荷与特征向量之间的关系表达式为：$u_{ij}=\dfrac{z_{ij}}{\sqrt{\lambda_j}}$，$(i=1,2,\cdots,m; j=1,2,\cdots,n; u_{ij}$ 为特征向量 $u_i$ 的第 $j$ 个分量)。项目层 $C_k$ 包含的 $m$ 个 $D$ 层指标的权重 $\beta_i$ 可由以下公式计算得出：$\beta_i=\sum\limits_{i=1}^{n}(\dfrac{z_{ij}v_j}{\sqrt{\lambda_j}})$，$(i=1,2,\cdots,m)$。在得到项目层 $C_k$ 包含的 $m$ 个 $D$ 层指标权重后，项目层 $C_k$ 的得分 $W_k$ 可由标准化后的 $m$ 个 $D$ 层指标数据乘以相应的指标权重计算得出，计算公式为 $W_k=\sum\limits_{i=1}^{m}\beta_i Y_i$，$(k=1,2,\cdots,10; Y_i$ 为 $X_i$ 经过标准化处理后的值)。由此，便计算出了因子层 $D$ 的全部指标权重与项目层 $C$ 的全部指标得分。将计算出的项目层 $C$ 的 10 个指标得分作为 $C$ 层的数据，按照同样的指标权重和指数得分计算方法得出项目层 $C$ 的全部指标权重和综合层

$B$ 的全部指标得分。同样地，将计算出的综合层 $B$ 的 4 个指标得分作为 $B$ 层的数据，便可得到综合层 $B$ 的全部指标权重和文旅融合发展指数 $A$ 的得分。

### 4.3.5 评价指标体系的内容

在数据整理过程中，存在个别指标数据不全或缺失的现象，本节根据指标数据特点进行处理，依据客观规律补齐缺失数据，包括文化及相关产业增加值（$D29$）、文化及相关产业增加值占 GDP 比重（$D30$）、年度文旅项目总投资额（$D32$）、文化产业发展专项资金（$D33$）、旅游产业发展专项资金（$D34$）。其中存在个别年份数据缺失，根据历史数据，针对指标值差异性不大的，采用相邻年份数据补齐缺失数据；$D29$、$D30$ 两个指标缺失 2019 年的数据，根据历史数据，这两个指标数据具有逐年递增的线性关系，因此对这两个指标 2019 年的缺失数据用线性回归法进行预测补全[8]。

1. 指标体系的结构层次

综合层一：基础条件 $B1$，包括资源基础、政府支持、基本保障三个项目层。

资源基础 $C1$：由五个指标构成，包括世界遗产及国家 4A 级及以上景区数量 $D1$，国家级文物保护单位数量 $D2$，国家级非物质文化遗产数量 $D3$，国家级文化产业园区（示范基地）数量 $D4$，国家级历史街区、旅游名镇村数量 $D5$。其中，$D1$ 是由世界遗产（自然、文化、双遗产）、5A 级景区、4A 级景区加总剔除重复项得出的；$D5$ 是由国家级历史街区、国家级旅游名镇村数量加总得出的。这些指标从旅游与文化、自然与人文等多个角度反映一个地区旅游资源和文化基础状况，这些指标可为文化与旅游发展奠定基础，指标越高表示资源越丰富，地区文化和旅游发展的基础条件越好。

政府支持 $C2$：由四个指标构成，包括省级文化和旅游产业政策、法规及制度数量 $D6$、省级文化和旅游部门直属单位数量 $D7$、地方文化机构数量 $D8$、省级审批文化和旅游规划及重点项目数量 $D9$。其中，$D6$ 是由省级文旅产业政策数量、法律法规数量及管理制度数量加总得出的；$D8$ 是由公共图书馆、群众艺术馆、文化馆、文化站、博物馆、艺术表演团体、艺术表演场馆数量加总得出的；$D9$ 是由省级的审批文旅规划、文旅重点项目数量加总得出的。这些指标反映了政府对文旅规划的重视程度，指标值越高表明政府在文旅规划中投入越多，政府扶持力度越大。

基本保障 $C3$：由五个指标构成，包括地方高速公路里程数 $D10$、地方铁路年客运量 $D11$、地方航空年吞吐量 $D12$、地方星级饭店数量 $D13$、地方旅行社数量 $D14$。这些指标反映了一个地区的交通便利情况和运输承载量以及各地的基础设施情况，这些条件为文化旅游发展提供了基础保障，指标值越高表明交通越便利、设施越健全，越有利于文化和旅游的发展。

综合层二：创新能力 B2，包括项目平台、人才智库两个项目层。

项目平台 C4：由四个指标构成，包括国家级文化和科技融合示范基地数 D15、文化领域科技创新项目 D16、地方专利获得数量 D17、地方文化和旅游产业研究经费投入 D18。这些指标反映了文化旅游与科技融合情况，用科技促进文化和旅游发展，为其提供新鲜有力的能量，指标值越高说明文化旅游与科技融合越好。

人才智库 C5：由三个指标构成，包括文化和旅游本专科专业数量 D19、文化和旅游学科硕博士点数量 D20、省部级在册文化和旅游专家智库数量 D21。这些指标反映了高校及研究机构为文化和旅游发展提供的人才保障，指标值越高说明该地区对文化旅游人才培养越重视。

综合层三：产业水平 B3，包括发展规模、产业绩效、资金投入三个项目层。

发展规模 C6：由三个指标构成，包括文化与旅游企业数 D22、文化产业直接就业人数 D23、旅游产业直接就业人数 D24。这些指标反映了地区文化、旅游企业规模及从业状况，指标值越高说明该地区文化与旅游规模越大以及行业解决就业压力的能力越强。

产业绩效 C7：由七个指标构成，包括年均游客数量增长率 D25、旅游业收入 D26、旅游产业产值占 GDP 比重 D27、年人均旅游消费支出增长率 D28、文化及相关产业增加值 D29、文化及相关产业增加值占 GDP 比重 D30、年人均文体娱消费支出增长率 D31。其中，D25 是由当年游客增长数量与上一年游客数量相除得到的；D28 是由旅游收入和游客接待量相除得到人均旅游消费支出，再将其与上一年人均旅游消费支出之差除以上一年人均旅游消费支出得到的。这些指标反映了各地旅游及文化游客量、消费情况和产业的营收状况，指标值越高表明市场环境越好、产业发展越好。

资金投入 C8：由五个指标构成，包括年度文旅项目总投资额 D32、文化产业发展专项资金 D33、旅游产业发展专项资金 D34、地方文化旅游体育娱乐财政支出 D35、地方文化事业费 D36。这些指标反映了政府对文化和旅游的资金投入情况，体现了政府为文旅产业提供的物质保障，指标值越高说明政府对文旅产业的支持力度越强。

综合层四：社会效应 B4，包括社会反响、文化传播两个项目层。

社会反响 C9：由四个指标构成，包括地方文化和旅游景区知名度（百度）D37、省级以上大型文旅活动热度 D38、地方群众文化机构组织文艺活动次数 D39、地方艺术表演团体演出场次 D40。其中，D37 是由 5A 级景区百度搜索指数加总得出的。这些指标反映了各地文化旅游知名度。各地文旅产品及活动的知名度可为吸引游客提供强大动力，指标越高说明文化旅游宣传越到位。

文化传播 C10：由三个指标构成，包括地市级以上博物馆年参观人数 D41、艺术表演观众人次数 D42、地方入境游客数量 D43。这些指标反映了国内外文化传播情况，指标值越高说明该地区文化传播力度越强。

其他未特别说明的指标数据均直接从年鉴和数据库中获得。

2. 评价省域文旅融合发展指数的指标体系

本体系将文旅融合发展指数的评价指标体系分为四个层级，总目标层包括四个综合层，即基础条件 B1、创新能力 B2、产业水平 B3、社会效应 B4；10 个项目层，即资源基础 C1、政府支持 C2、基本保障 C3、项目平台 C4、人才智库 C5、发展规模 C6、产业绩效 C7、资金投入 C8、社会反响 C9、文化传播 C10，以及 43 个因子层指标（表 4-1）。其中，包含政府、企业、研究机构、消费者多个主体。本体系以此指标体系探究 2015～2019 年中国 31 个省区市文旅融合发展指数，其中所有指标均是正向指标，即指标的分值越高说明文旅融合发展指数越好[9]。

表4-1　31个省区市文旅融合发展指数的评价指标体系

| 总目标 A | 综合层 B | 项目层 C | 因子层 D |
|---|---|---|---|
| 文旅融合<br>发展指数 A | 基础条件 B1 | 资源基础 C1 | 世界遗产及国家 4A 级及以上景区数量 D1 |
| | | | 国家级文物保护单位数量 D2 |
| | | | 国家级非物质文化遗产数量 D3 |
| | | | 国家级文化产业园区（示范基地）数量 D4 |
| | | | 国家级历史街区、旅游名镇村数量 D5 |
| | | 政府支持 C2 | 省级文化和旅游产业政策、法规及制度数量 D6 |
| | | | 省级文化和旅游部门直属单位数量 D7 |
| | | | 地方文化机构数量 D8 |
| | | | 省级审批文化和旅游规划及重点项目数量 D9 |
| | | 基本保障 C3 | 地方高速公路里程数 D10 |
| | | | 地方铁路年客运量 D11 |
| | | | 地方航空年吞吐量 D12 |
| | | | 地方星级饭店数量 D13 |
| | | | 地方旅行社数量 D14 |
| | 创新能力 B2 | 项目平台 C4 | 国家级文化和科技融合示范基地数 D15 |
| | | | 文化领域科技创新项目 D16 |
| | | | 地方专利获得数量 D17 |
| | | | 地方文化和旅游产业研究经费投入 D18 |
| | | 人才智库 C5 | 文化和旅游本专科专业数量 D19 |
| | | | 文化和旅游学科硕博士点数量 D20 |
| | | | 省部级在册文化和旅游专家智库数量 D21 |
| | 产业水平 B3 | 发展规模 C6 | 文化与旅游企业数 D22 |
| | | | 文化产业直接就业人数 D23 |
| | | | 旅游产业直接就业人数 D24 |

续表

| 总目标 A | 综合层 B | 项目层 C | 因子层 D |
|---|---|---|---|
| 文旅融合<br>发展指数 A | 产业水平 B3 | 产业绩效 C7 | 年均游客数量增长率 D25 |
| | | | 旅游业收入 D26 |
| | | | 旅游产业产值占 GDP 比重 D27 |
| | | | 年人均旅游消费支出增长率 D28 |
| | | | 文化及相关产业增加值 D29 |
| | | | 文化及相关产业增加值占 GDP 比重 D30 |
| | | | 年人均文体娱消费支出增长率 D31 |
| | | 资金投入 C8 | 年度文旅项目总投资额 D32 |
| | | | 文化产业发展专项资金 D33 |
| | | | 旅游产业发展专项资金 D34 |
| | | | 地方文化旅游体育娱乐财政支出 D35 |
| | | | 地方文化事业费 D36 |
| | 社会效应 B4 | 社会反响 C9 | 地方文化和旅游景区知名度（百度）D37 |
| | | | 省级以上大型文旅活动热度 D38 |
| | | | 地方群众文化机构组织文艺活动次数 D39 |
| | | | 地方艺术表演团体演出场次 D40 |
| | | 文化传播 C10 | 地市级以上博物馆年参观人数 D41 |
| | | | 艺术表演观众人次数 D42 |
| | | | 地方入境游客数量 D43 |

资料来源：《文旅大数据蓝皮书：中国文化与旅游产业发展大数据报告（2021）》

### 3. 评价城市文旅融合发展指数的指标体系

本体系在省域文旅融合发展指数的评价基础上，还充分考虑城市发展的影响及作用，并对城市文旅融合发展指数的指标评价体系进行构建；考虑到城市相关指标的变化及可获得原则，最终确定城市文旅融合发展指数的评价指标体系的构成为 4 个综合层指标、10 个项目层指标、39 个因子层指标（表 4-2）。基于此，本体系可分别对 2019 年 10 个具有代表性的城市文旅融合发展指数进行评价[10]。

**表4-2　城市文旅融合发展指数的评价指标体系**

| 总目标 A | 综合层 B | 项目层 C | 因子层 D |
|---|---|---|---|
| 文旅融合<br>发展指数 A | 基础条件 B1 | 资源基础 C1 | 世界遗产及国家 4A 级及以上景区数量 D1 |
| | | | 国家级文物保护单位数量 D2 |
| | | | 国家级非物质文化遗产数量 D3 |
| | | | 国家级文化产业园区（示范基地）数量 D4 |
| | | | 国家级历史街区、旅游名镇村数量 D5 |
| | | 政府支持 C2 | 省级文化和旅游产业政策、法规及制度数量 D6 |
| | | | 省级文化和旅游部门直属单位数量 D7 |
| | | | 地方文化机构数量 D8 |

续表

| 总目标 A | 综合层 B | 项目层 C | 因子层 D |
|---|---|---|---|
| 文旅融合发展指数 A | 基础条件 B1 | 政府支持 C2 | 省级审批文化和旅游规划及重点项目数量 D9 |
| | | 基本保障 C3 | 地方高速公路里程数 D10 |
| | | | 地方铁路年客运量 D11 |
| | | | 地方航空年吞吐量 D12 |
| | | | 地方星级饭店数量 D13 |
| | | | 地方旅行社数量 D14 |
| | 创新能力 B2 | 项目平台 C4 | 国家级文化和科技融合示范基地数 D15 |
| | | | 文化领域科技创新项目 D16 |
| | | | 地方专利获得数量 D17 |
| | | 人才智库 C5 | 文化和旅游本专科专业数量 D18 |
| | | | 文化和旅游学科硕博士点数量 D19 |
| | 产业水平 B3 | 发展规模 C6 | 文化与旅游企业数 D20 |
| | | | 文化产业直接就业人数 D21 |
| | | 产业绩效 C7 | 年均游客数量增长率 D22 |
| | | | 旅游业收入 D23 |
| | | | 旅游产业产值占 GDP 比重 D24 |
| | | | 年人均旅游消费支出增长率 D25 |
| | | | 文化及相关产业增加值 D26 |
| | | | 文化及相关产业增加值占 GDP 比重 D27 |
| | | | 年人均文体娱消费支出增长率 D28 |
| | | 资金投入 C8 | 年度文旅项目总投资额 D29 |
| | | | 文化产业发展专项资金 D30 |
| | | | 旅游产业发展专项资金 D31 |
| | | | 地方文化旅游体育娱乐财政支出 D32 |
| | | | 地方文化事业费 D33 |
| | 社会效应 B4 | 社会反响 C9 | 地方文化和旅游景区知名度（百度）D34 |
| | | | 地方群众文化机构组织文艺活动次数 D35 |
| | | | 地方艺术表演团体演出场次 D36 |
| | | 文化传播 C10 | 地市级以上博物馆年参观人数 D37 |
| | | | 艺术表演观众人次数 D38 |
| | | | 地方入境游客数量 D39 |

资料来源：《文旅大数据蓝皮书：中国文化与旅游产业发展大数据报告（2021）》

# 第5章 基于文献调研的现代服务业发展评估方法

## 5.1 现代服务业发展水平测度的方法体系

现代服务业是一个多元化和复杂的行业,其发展特征包括信息技术和现代管理的应用、生产性服务业占主体地位、高度密集的知识技术和新业态的出现。随着现代技术变革、产业分工深化和经济社会发展过程相伴随,现代服务业处在工业化高度发展阶段。

现代服务业的发展离不开信息技术和现代化管理理念的支撑,它是采用现代经营方式和组织形式发展起来的信息和知识密集的服务业。现代服务业主要分为四大类:基础服务、生产和市场服务、个人消费服务及公共服务。这些服务领域的发展与经济、政治、文化等因素都有关联[11]。

因此,测度现代服务业的发展水平需要建立一个完整的方法体系,该体系应考虑到服务业的多元化和复杂性。具体来说,这个方法体系应当包括服务业的收入、就业、服务质量、服务行业结构、服务国际竞争力、服务创新能力、服务业环境和政策环境等方面的指标。只有综合考虑这些指标,才能真正测度现代服务业的发展水平,并为制定相应的政策提供依据。针对服务业的研究方法体系主要有以下三种[12]。

### 5.1.1 横截面数据建模

横截面数据建模是一种常用的服务业研究方法,它利用某一时点的横截面数据,通过多元回归、因子分析等统计方法,建立服务业发展的模型,以揭示不同因素对服务业发展的影响。

具体而言,研究人员需要根据服务业的特点和研究目的,选取合适的横截面数据作为研究对象,如行业收入、雇员人数、服务品质等。在建立模型时,需要考虑潜在的影响因素,如经济发展水平、人口规模、技术创新等,以及服务业内部的竞争、政策支持等因素。

例如,研究人员可以利用横截面数据建模方法,探究城市化、消费升级、外来投资等因素对于服务业的促进作用。城市化可以提高人口密度和消费水平,从而刺激服务业的需求增长;消费升级可以推动服务业转型升级,提升服务品质和附加值;外来投资可以带来资金、技术和市场等方面的支持,促进服务业的发展。

同时，研究人员还可以探究其他因素对服务业的影响，如政策支持、人力资本、企业竞争等。

### 5.1.2　时间序列分析

时间序列分析是一种基于历史时间序列数据进行的服务业研究方法。其主要目的是通过分析服务业在不同时间段内的增长趋势和变化情况，揭示服务业发展的规律和趋势，为服务业的发展规划和政策制定提供科学依据。

在进行时间序列分析时，研究人员需要注意选取合适的服务业指标，并保证数据的可靠性和精确性。常用的指标包括服务业增长率、行业收入增长率、就业人数、服务业投资等。此外，为了更全面地分析服务业的发展情况，研究人员还可以结合其他经济指标和社会指标，如 GDP 增长率、人均收入、就业率等。

通过时间序列分析，研究人员可以对服务业的发展状况进行评估，识别服务业的发展优势和劣势，为服务业的发展规划和政策制定提供科学依据。例如，研究人员可以通过对服务业增长率、行业收入增长率等指标的分析，评估服务业的发展状况，并据此调整服务业发展的方向和策略。此外，结合其他经济指标和社会指标，可以更全面地分析服务业发展的影响因素和机制，为服务业的发展提供更深入、更全面的理解。

### 5.1.3　短时间面板数据分析

短时间面板数据分析是一种服务业研究方法，它基于短时间跨度内的面板数据，旨在探究服务业在经济增长中的作用和贡献，以此评估服务业对整个经济的影响。该方法的有效性和可靠性取决于面板数据和服务业指标的选取和分析方法。

在进行短时间面板数据分析时，研究人员应该选择合适的面板数据和服务业指标，考虑到数据的可靠性和精确性。面板数据可以是国家、地区、行业等级别的数据，服务业指标包括服务业增长率、行业收入增长率、就业人数等。此外，为了更全面地分析服务业的作用和贡献，研究人员还可以结合其他经济指标和社会指标，如 GDP 增长率、就业率等。

通过短时间面板数据分析，研究人员可以了解服务业对于经济增长的贡献和影响。例如，研究人员可以通过对服务业对于 GDP 增长的贡献率、服务业对于就业增长的促进作用等指标的分析，评估服务业在经济增长中的作用和贡献。此外，该方法还可以帮助研究人员深入理解服务业发展与经济增长的关系和机制，为服务业的可持续发展和经济的长期发展提供科学依据。但需要注意的是，由于短时间面板数据的特点，结果可能受到时间和样本的限制，因此研究人员应该在分析时充分考虑这些因素。

## 5.2　现代服务业发展水平测度的具体策略

近年来，随着现代技术变革和产业分工深化，现代服务业的发展备受国内外学者广泛关注。然而，由于现代服务业的新兴性和复合性，对其定义和范围尚未形成统一定论。生产性服务业的出现为现代服务业的发展提供了基础，但在对现代服务业进行测度时存在研究对象不明确、研究范围模糊等问题。因此，针对现代服务业的发展特点和测度过程中存在的问题，需要建立具体的测度方法体系。

首先需要明确现代服务业的定义，即依赖于现代科技手段和组织方式，向社会、企业、政府和最终消费者提供服务产品的公司和组织的总称。其次，在构建现代服务业测度方法体系时，需要考虑到服务业的多元化和复杂性，包括服务业的收入、就业、服务质量、服务行业结构、服务国际竞争力、服务创新能力、服务业环境和政策环境等方面的指标。同时，也需要考虑到不同学者在分析现代服务业时所侧重的方面和测度角度的不同，避免评价指标存在片面性、主观性或客观性过强等问题。

针对现代服务业的复杂特征和多元指标，可以采用多种具体的测度方法，如基于统计数据分析的测度方法、基于调查研究的测度方法、基于专家评估的测度方法等。需要根据实际问题、具体情况选择合适的方法，确保测度结果科学准确。同时，也需要不断探索和完善现代服务业测度方法体系，以更好地反映现代服务业的发展水平和特点，并为制定相应的政策提供依据。以下列举九种常用的方法。

### 5.2.1　熵权法

熵权法（entropy weight method）是一种多指标权重确定方法，旨在通过计算指标之间的信息熵来确定各指标在综合评价中的权重，具有科学性和客观性。该方法最初由美国信息科学家香农（Shannon）提出，后经我国学者的研究和发展，成为一种在多指标综合评价中广泛使用的方法。

熵权法的基本思想是，通过计算指标的信息熵，确定各指标的权重，从而避免人为主观性和不确定性的影响。该方法的优点是考虑了指标之间的相互关系和信息量，能够更好地反映各指标在综合评价中的重要性和贡献度，适用于多指标综合评价、决策分析等领域。

具体来说，熵权法首先需要确定指标的取值范围和数据，其次计算每个指标的信息熵，再根据各指标的信息熵和总信息熵，计算出各指标的权重。在计算信息熵时，指标值越分散，其信息熵越大，反之越小。因此，指标之间的差异性越大，其权重越高。

总体而言，熵权法是一种常用的多指标权重确定方法，其优点在于考虑了指标之间的关系和信息量，能够更加客观地确定指标权重。但需要注意的是，该方法的计算过程较为复杂，对于数据的质量和准确性要求较高。

下面是熵权法的主要步骤。

（1）确定指标集合：首先需要明确研究目标和评价指标，选择与目标相关、具有代表性和可度量的指标。

（2）数据标准化：将原始数据进行标准化处理，消除指标之间的量纲和单位的影响，使得各指标之间具有可比性。常用的标准化方法有极差法、标准差法和向量标准化法等。

（3）计算信息熵：计算每个指标的信息熵，用于评估指标的变异性大小，表明指标值的变异程度越大，提供的信息量也就越多，在综合评价中所能起到的作用也就越大。信息熵的计算公式为

$$H(X) = -\sum_{i=1}^{n} p(x_i) \log_p(x_i) \tag{5-1}$$

其中，$p(x_i)$ 为指标 $X$ 第 $i$ 个数据的概率。

（4）计算权重：根据指标信息熵的大小，计算出各指标的权重，以反映指标在评价体系中所占的相对重要性。权重的计算公式为

$$\omega_j = \frac{1 - E_j}{k - \sum E_j} \tag{5-2}$$

其中，$E_j$ 为第 $j$ 个指标的信息熵；$k$ 为指标数目；$\omega_j$ 为指标 $j$ 的权重。

（5）验证权重：对计算得到的权重进行验证，以确保权重计算的准确性和合理性。常用的验证方法有相关系数法、回归分析法和对比分析法等。

（6）应用权重：将计算得到的权重应用于综合评价、决策分析和优化设计等领域，实现多指标的量化分析和有效决策。

在现代服务业中，服务质量评价和企业信用评级是两个重要的领域。在服务质量评价中，使用熵权法可以帮助确定不同指标对服务质量的影响程度，进而制订改进方案。这是因为，在服务质量评价中，常常存在多个指标，如客户满意度、服务效率、服务态度等，这些指标之间可能存在相互作用和依赖关系。使用熵权法可以通过对指标数据的分析，计算每个指标的权重，从而准确地反映指标对服务质量的影响程度。

另外，在企业信用评级中，也可以应用熵权法来确定各项指标的重要性。比如，银行对借贷申请人进行信用评级时，需要考虑多种指标，如还款能力、信用记录、资产负债率等。利用熵权法可以对这些指标进行加权，确定其对信用评级的贡献度，从而更准确地评估申请人的信用状况。

### 5.2.2　TOPSIS 法

TOPSIS 法是一种多属性决策分析方法，全称为"逼近理想解排序法"（technique for order preference by similarity to ideal solution）。该方法通过将候选方案与理想解和反理想解进行比较，从而确定每个方案相对于其他方案的优劣程度。它能够帮助决策者对多个候选方案进行综合评价和排序，并选择最佳方案[13]。

TOPSIS 法基于以下假设：所有属性是正向影响决策结果的，即所有属性值越大越好，而不是越小越好。TOPSIS 法的步骤如下所示。

确定评价对象及评价指标，将它们构成一个评价矩阵。

将矩阵标准化，将各个指标的值按一定规则缩放到同一尺度下，以避免指标单位和量纲的影响。

确定理想解和反理想解，即最佳和最差的综合评价指标值，用于评价各个方案与理想解和反理想解的距离。

计算各个方案与理想解和反理想解的距离，可以使用欧几里得距离、曼哈顿距离、切比雪夫距离等方法。

计算各个方案与理想解和反理想解的相似度，即与理想解的距离与反理想解的距离的比值，用于确定每个方案相对于其他方案的优劣程度。

对各个方案按照相似度进行排序，选择最佳方案。

TOPSIS 法的优点包括简单易用、适用性广、结果易于理解和解释等。但也存在一些局限性，如依赖于指标的选择和权重的确定，对于一些复杂的决策问题可能不够精确。

在现代服务业中，TOPSIS 法可以应用于市场调研、品牌价值评估等领域。具体来说，在品牌价值评估中，TOPSIS 法可以将不同品牌在市场上的各项表现数据进行归一化处理并加权，得到一个综合指标，并根据该指标对品牌进行排名，从而判断品牌的市场竞争力和潜力。这种方法非常适用于现代服务业中的品牌评估，因为现代服务业的竞争非常激烈，每个品牌都需要有独特的卖点和市场优势才能脱颖而出。通过使用 TOPSIS 法，企业可以了解自身品牌在市场上的整体表现，并与其他品牌进行比较，从而更好地把握市场趋势和发展机会。此外，该方法还可以帮助企业制定更科学合理的营销策略，提高品牌知名度和美誉度，为企业的长期发展打下坚实的基础。

### 5.2.3　层次分析法

层次分析法是一种多准则决策方法，可以帮助进行复杂问题的决策和评估。它最早由美国数学家托马斯·L. 萨蒂（Thomas L. Saaty）在 20 世纪 70 年代提出，并得到了广泛应用。

层次分析法是基于分解原理和综合原理进行分析的。分解原理是将一个大问题分解成若干个相对独立、相互联系的子问题，形成一个具有层次结构的模型。综合原理是指通过综合各子问题的结果来得到整体问题的决策结果。

层次分析法的具体步骤如下所示。

确定问题的目标和准则体系。在层次分析法中，首先需要明确决策问题的目标和准则体系。例如，对现代服务业的发展水平进行测度分析，需要确定目标是什么，如提高服务质量、增加就业机会等，以及相应的准则体系，如经济因素、社会因素、环境因素等。

构建层次结构模型。在确定目标和准则体系之后，需要将其转化为一个具有层次结构的模型，从上到下分解成若干个层次，并在每个层次上列出相应的因素或准则。通常，层次结构模型可分为三层：目标层、准则层和备选方案层。

制定两两比较矩阵。为了确定每个准则或因素之间的相对重要性，需要进行两两比较，并制定一个比较矩阵。比较矩阵是一个 $n \times n$ 的矩阵，其中，$n$ 表示有 $n$ 个因素或准则需要比较。在比较矩阵中，对于任意一对因素 $ij$，我们需要给它们打分，以表示 $i$ 相对于 $j$ 的重要性程度。这些分数通常是由专家、决策者或相关人员进行评估得出的。

计算加权平均值和一致性比率。通过对比较矩阵进行计算，可以得到每个因素的权重向量，即每个因素在整个层次结构中所占的相对重要性。这些权重向量通常被用于计算备选方案的得分，以决定最优方案。此外，还需要计算一致性比率（consistency ratio，CR），以检验得出的权重向量是否具有一致性。如果 CR 小于 0.1，则可以认为权重向量是一致的，否则需要重新进行比较矩阵的调整。

计算备选方案得分。根据计算出的权重向量，可以计算每个备选方案的得分，然后选出最优方案。得分计算公式通常为

$$f(i) = \sum w(j) \times a(ij) \tag{5-3}$$

其中，$w(j)$ 为第 $j$ 个因素的权重；$a(ij)$ 为备选方案 $i$ 在准则 $j$ 下所得的评分。

在现代服务业中，消费者需求和市场环境经常发生变化，企业需要通过战略制定来应对这些变化，以保持竞争优势。通过使用层次分析法，企业可以将不同的因素按照其重要程度划分成不同的层次，并且在每个层次上进行比较和评估。例如，企业可以分析客户需求、市场趋势、品牌形象、营销策略等因素的重要性，从而制定出相应的战略规划和目标。通过层次分析法，企业可以更好地理解市场环境和所面对的挑战，并且能够更有效地制定战略和应对措施。此外，该方法还可以帮助企业制订长远的规划，并加强企业内部的沟通和协调，提高组织效率和管理水平。

## 5.2.4　Dagum 基尼系数及组群分解方法

Dagum 基尼系数是一种用于测量经济和收入不平等程度的指标，由意大利经济学家卡米洛·达古姆（Camilo Dagum）于 1997 年提出。Dagum 基尼系数是对基尼系数的改进，可以更准确地反映收入分布的偏斜性。

Dagum 基尼系数的计算方法是先利用组群分解方法将收入分布分解为一些正态分布的组群，然后分别计算每个组群的基尼系数，最终将所有组群的基尼系数加权平均得到 Dagum 基尼系数。

组群分解方法是将总体收入分布拆分成几个子群的方法，这些子群在收入分布中呈现出不同的形状和位置。这种方法可以更好地描述收入分布的非对称性和尾部的厚度，从而更准确地计算基尼系数和 Dagum 基尼系数。

Dagum 基尼系数及组群分解方法的步骤如下所示。

收集数据：收集研究对象的相关数据，如收入、教育程度、年龄等。

计算基尼系数：使用 Dagum 基尼系数公式，计算每个指标的基尼系数。

计算指标权重：使用组群分解方法，计算每个指标的权重。

计算加权基尼系数：将每个指标的基尼系数乘以其权重，再将它们加权求和，得到加权基尼系数。

进行综合评价：将研究对象按照加权基尼系数从小到大排序，排名越靠前的研究对象表现越好，排名越靠后的表现越差。

Dagum 基尼系数及组群分解方法通过对数据进行分析和计算，得出每个指标的权重和加权基尼系数，从而实现对研究对象的综合评价。在现代服务业中，市场竞争非常激烈，企业需要全面了解市场需求和消费者行为，才能制定出更合适的营销策略和产品规划。通过使用 Dagum 基尼系数及组群分解方法，企业可以将不同市场因素按照其相关性进行划分，形成若干个有明显特征的组群，并对每个组群进行单独分析和评估。例如，企业可以将消费者按照年龄、性别、收入等因素进行分组，然后分别分析每个组群的消费特征、偏好和购买力，从而更好地把握市场趋势。通过 Dagum 基尼系数及组群分解方法，企业可以更全面、深入地了解市场需求和消费者行为，找到潜在的市场机会和发展空间。此外，该方法还可以帮助企业制定更科学合理的营销策略和产品规划，提高产品质量和服务水平，增强竞争力和提高市场占有率。

### 5.2.5　核密度估计法

核密度估计法（kernel density estimation，KDE）是一种用于估计概率密度函数（probability density function，PDF）的非参数方法。在统计学中，概率密度函数是用来描述随机变量的取值分布的函数，它描述了随机变量取某个值的概率大小。核密度估计法可以用于估计任意一种概率分布，不需要假设任何分布形式，因此具有很强的灵活性。

核密度估计法的基本思想是对于给定的一组数据样本，通过一定的核函数将每个样本点附近的一定范围内的区域赋予一个权值，然后通过加权平均方法计算出密度估计值。核密度估计法中核函数的形式通常选择高斯核函数（Gaussian kernel function），该函数具有钟形曲线形状，且参数可以灵活调整。

核密度估计法的步骤如下所示。

确定核函数的形式，通常选择高斯核函数。

选择核函数的带宽（bandwidth），用于控制估计出来的概率密度函数的平滑程度。

对于给定的数据样本，以每个样本点为中心，以带宽为半径，计算出每个点的核函数值，即权重。

将每个样本点的核函数值加权平均，得到估计的概率密度函数。

可以通过交叉验证等方法确定最佳的核函数形式和带宽大小。

在现代服务业中，消费者对产品的需求和偏好有着很大的变化和多样性，企业需要了解这些需求和偏好，才能生产出更符合市场需求的产品。通过使用核密度估计法，企业可以对消费者进行调查并收集数据，然后对这些数据进行处理和分析，得到消费者对不同产品因素的偏好程度，如价格、品质、功能等，从而更好地把握市场趋势。通过核密度估计法，企业可以更准确地了解消费者的需求和偏好，找到潜在市场机会和发展空间。此外，该方法还能够帮助企业制定更科学合理的产品策略和营销方案，提高产品的市场占有率和客户满意度。

### 5.2.6　空间马尔可夫链

空间马尔可夫（Markov）链是一种用于空间数据分析的方法，它通过描述和预测某一区域的状态转移过程来分析空间数据的动态变化。

具体来说，空间马尔可夫链方法建立了一个空间自回归模型，通过考虑邻近区域之间的相互作用，将某一区域的状态转移建模为一个马尔可夫过程。这样，就可以利用这个模型来描述和预测某一区域的状态，同时也可以对整个空间的状态变化进行分析和预测。

在应用方面，空间马尔可夫链方法广泛应用于城市规划、土地利用变化、环境变化、经济发展等领域。例如，在城市规划方面，可以使用空间马尔可夫链方法来预测城市扩张的趋势和规模；在土地利用变化方面，可以利用该方法来分析土地利用类型之间的相互转换关系；在环境变化方面，可以使用该方法来分析生态系统的动态变化趋势等。

空间马尔可夫链方法的步骤一般如下所示。

数据预处理：首先需要准备好研究所需的数据，包括空间上相邻单元的数据和时间序列数据等。同时，还需要进行数据的质量控制和异常值处理等预处理工作。

空间自相关分析：通过空间自相关分析方法，如莫兰 I 数（Moran I）、吉尔里 C 数（Geary C）等，检测空间数据的自相关性和空间集聚程度，并确定空间单元的邻域结构。

空间马尔可夫模型构建：根据预处理好的数据和空间邻域结构，建立空间马尔可夫模型。在模型中，每个空间单元的状态由其自身和邻域单元的状态决定，并采用马尔可夫转移矩阵来表示状态之间的转移概率。

模型参数估计：通过最大似然估计或贝叶斯方法等，对空间马尔可夫模型的参数进行估计和拟合。

空间预测：利用已经训练好的空间马尔可夫模型，对未来的空间状态进行预测。在预测过程中，可以使用交叉验证等方法来评估预测结果的准确性和可靠性。

模型评估和应用：最后需要对空间马尔可夫模型进行评估和应用。在评估过程中，可以使用各种评估指标来评价模型的预测性能和拟合程度；在应用过程中，则需要根据具体的问题和研究目的，采取不同的策略和方法来解决问题。

在现代服务业中，随着城市化和经济发展的不断加速，城市规划和交通运输等方面的问题越来越受到关注。通过使用空间马尔可夫链，可以将城市空间分成若干个区域，并对每个区域进行分析和评估。例如，可以分析历史数据，利用空间马尔可夫链预测未来的城市发展趋势，从而提前确定各个区域的发展潜力和优先级别，并制订相应的城市规划和建设计划。通过空间马尔可夫链方法，企业可以更全面地了解城市规划和交通运输等方面的情况，找到潜在发展机会和优先发展区域，为城市的长远发展打下坚实的基础。此外，该方法还可以帮助企业制订更科学合理的规划策略和建设计划，提高城市的发展水平和服务质量。

### 5.2.7　主成分分析

主成分分析是一种常用的多变量数据降维技术。其原理是通过线性变换将原始变量转换为新的、无相关性的变量，使得新变量能够包含原始数据中大部分的信息。

主成分分析可以用于数据可视化、特征提取、数据预处理等领域。在数据可视化方面，主成分分析可以将高维度的数据集降维到二维或三维空间进行展示，从而更好地理解数据之间的关系；在特征提取方面，主成分分析可以去除冗余信息并提取出重要的特征，从而提高机器学习算法的准确性；在数据预处理方面，主成分分析可以减少数据噪声和冗余信息，提高数据的质量。

主成分分析法的步骤如下所示。

对数据进行标准化处理，即将每个变量按照均值为 0，标准差为 1 的方式进行缩放。

计算数据的协方差矩阵。

对协方差矩阵进行特征值分解，得到对应的特征向量和特征值。

选择最大的 $k$ 个特征值对应的特征向量作为新的变量，构成 $k$ 维空间。

将原始数据投影到新的 $k$ 维空间中，即可得到降维后的数据。

在现代服务业发展水平测度方面，主成分分析可以应用于客户满意度调查、市场调研、股票投资策略等领域。例如，在客户满意度调查中，可以通过主成分分析将多个指标如服务质量、产品质量、价格等综合为一个"满意度"指标，从而更全面地评价客户的满意程度。另外，在股票投资策略中，可以利用主成分分析找出影响股票收益率的关键因素，从而制定更科学有效的投资策略。

### 5.2.8　因子分析法

因子分析（factor analysis，FA）法是一种用于探索多变量数据结构的统计技术。其原理是通过寻找能够最大限度地解释数据方差的潜在因子，将原始变量转换为新的、无相关性的变量。

因子分析法的应用非常广泛，特别是在心理学、教育、市场调研等领域。在心理学和教育领域，因子分析法可以用来确定智力、人格、态度等潜在变量；在市场调研中，因子分析法可以用来确定影响消费者决策的关键因素。此外，因子分析法还可以用于数据可视化、特征提取、数据压缩等领域。

因子分析法的步骤如下所示。

对数据进行标准化处理，即将每个变量按照均值为 0，标准差为 1 的方式进行缩放。

构建因子模型，确定各个因子的数量和名称。

估计因子载荷矩阵，即确定每个变量对应的因子权重。

旋转载荷矩阵，使得因子之间更容易解释。

解释因子和命名因子。

在现代服务业发展水平测度方面，因子分析法可以应用于客户满意度调查、市场调研、品牌评价等领域。例如，在客户满意度调查中，可以通过因子分析法将多个指标如服务质量、产品质量、价格等综合为一个或几个潜在因子，从而更全面地评价客户的满意程度。另外，在品牌评价中，可以利用因子分析法找出影响品牌认知和忠诚度的关键因素，从而制定更科学有效的品牌策略。

## 5.2.9 BP 神经网络

BP（back propagation，反向传播）神经网络是一种常见的人工神经网络模型，其主要原理是通过反向传播算法来训练多层前馈神经网络。BP 神经网络可以用于解决分类、回归等问题，并且具有良好的泛化能力和逼近能力。

BP 神经网络在金融风险评估、图像识别、语音识别、自然语言处理等领域都有着重要的应用。在现代服务业中，BP 神经网络通常被用于预测客户行为、分析市场趋势、优化服务流程等方面。

BP 神经网络的步骤如下所示。

初始化神经网络的参数。

输入训练数据。

利用前向传播计算输出结果。

计算误差并利用误差反向传播算法调整权重。

重复以上步骤直到满足停止条件。

在现代服务业发展水平测度尤其是指标赋权方面的应用场景中，BP 神经网络可以用于构建指标体系并计算各个指标的权重。例如，在客户满意度调查中，可以利用 BP 神经网络根据客户反馈的信息构建客户满意度指标体系，并利用训练样本对各个指标的权重进行计算。这样可以更加客观地评价客户满意度，并为企业提供优化服务和管理决策的依据。使用 BP 神经网络进行客观赋权，能够对人为评价结果进行合理修正，降低误差水平，以弥补人为的过失和不足。

以上九种方法包含了传统的评估方法和近年来较为新颖的评估方法，它们各有优劣势，适合在各种不同的应用场景中有针对性地使用。除了这九种方法外，还有专家赋权、GRA（grey relation analysis，灰色关联度分析）模型、CRITIC（criteria importance through intercriteria correlation，指标相关性权重确定法）等多种方法[14]，同样在一些场合下适用于测度现代服务业发展水平，在此不再详细描述。表 5-1 对比了列举的九种现代服务业发展水平测度方法。

**表5-1　九种现代服务业发展水平测度方法对比[7,8]**

| 方法 | 原理简介 | 应用场景 | 优劣势 |
|---|---|---|---|
| 熵权法 | 基于信息熵理论的多指标决策方法。首先对各个指标的取值范围进行标准化，其次计算各个指标在整体中所占的权重，最后将不同指标的得分加权求和得到综合评价结果 | 在现代服务业中，熵权法可以应用于服务质量评价、企业信用评级等领域。例如，在服务质量评价中，可以使用熵权法来确定不同指标对服务质量的影响程度，进而制订改进方案 | 优势：熵权法能够充分考虑各个指标之间的相互关系，有效地避免了传统权重分配方法中容易出现的主观性和片面性问题。劣势：熵权法需要进行复杂的计算，涉及大量的数学理论知识，因此在实际运用过程中可能存在难度较大的问题 |
| TOPSIS 法 | 基于距离度量的多指标决策方法。将不同指标的评价结果归一化后，计算各个评价对象与最佳解和最劣解之间的距离，从而得出每个对象的综合评价结果 | 在现代服务业中，TOPSIS 法可以应用于市场调研、品牌价值评估等领域。例如，在品牌价值评估中，可以使用 TOPSIS 法将不同品牌的市场表现转化为一个综合指标，从而进行排名 | 优势：TOPSIS 法具有计算简单、易于理解和实际应用等优点，同时能够考虑到各个指标之间的相互影响。劣势：TOPSIS 法的结果可能会受到数据归一化方法的影响，并且存在灵敏度分析难题 |
| 层次分析法 | 基于多级结构模型的多指标决策方法。该方法通过构建评价指标与评价对象之间的层次结构，以及各个结构层次之间的权重关系，最终得出每个对象的综合评价结果 | 在现代服务业中，层次分析法可以应用于消费者行为分析、企业战略制定等领域。例如，在企业战略制定中，可以使用层次分析法来确定不同因素的重要程度，并制订适当的战略计划 | 优势：层次分析法能够充分考虑各个因素之间的复杂关系，避免了传统权重分配方法中容易出现的主观性和片面性问题。劣势：层次分析法需要进行复杂的计算，并且可能存在较大的主观性和不确定性 |
| Dagum 基尼系数及组群分解方法 | Dagum 基尼系数及组群分解方法是一种基于收入分配不平等性的多指标测度方法。该方法通过计算不同经济群体之间的收入差距来评估社会经济发展水平，从而得出服务业的发展情况 | 在现代服务业中，Dagum 基尼系数及组群分解方法可以应用于消费者行为分析、市场调研等领域。例如，在市场调研中，可以使用该方法将不同市场因素分成若干组群，并对每个组群进行单独分析 | 优势：Dagum 基尼系数及组群分解方法能够充分考虑各个指标之间的相关性和复杂性，避免了传统权重分配方法中容易出现的主观性和片面性问题，并且在数据分析和决策制定中具有较高的可解释性和实用性。劣势：Dagum 基尼系数及组群分解方法也需要进行复杂的计算，并且需要充分考虑不同指标之间的相互关系，以确保结果的准确性和可靠性 |

| 方法 | 原理简介 | 应用场景 | 优劣势 |
|---|---|---|---|
| 核密度估计法 | 基于概率密度函数的多指标测度方法。该方法通过对指标值进行核密度估计,从而得出各个指标之间的关系及其对服务业发展水平的影响程度 | 在现代服务业中,核密度估计法可以应用于市场调研、消费者行为分析等领域。例如,在消费者行为分析中,可以使用该方法来确定消费者对不同产品因素的偏好程度,并制定相应的产品策略 | 优势:核密度估计法能够有效地避免传统权重分配方法中容易出现的主观性和片面性问题,同时具有良好的解释性和可靠性。劣势:核密度估计法需要进行复杂的计算,并且可能在数据不准确或不完整的情况下影响结果的精度和可靠性 |
| 空间马尔可夫链 | 基于马尔可夫过程的空间分析方法,用于研究地理空间系统中不同状态之间的转移规律和概率。该方法通过将空间区域划分为不同的状态或类别,并考虑相邻区域之间的联系,建立马尔可夫转移矩阵,从而得出各个状态之间的转移概率和稳态分布 | 在现代服务业中,空间马尔可夫链可以应用于城市规划、交通运输等领域。例如,在城市规划中,可以使用该方法来确定不同地区的发展潜力和优先级别,并制定相应的规划策略 | 优势:空间马尔可夫链能够充分考虑空间因素对不同指标的影响,同时具有较高的可解释性和实用性。劣势:空间马尔可夫链在实际应用过程中需要进行大量的数据预处理和复杂计算,同时还需要考虑不同指标之间的相关性和影响,以确保结果的准确性和可靠性 |
| 主成分分析 | 主成分分析是一种常用的数据降维技术,它通过线性变换将高维度数据转换为低维度数据,以便更好地理解和分析数据。主成分分析的主要原理是找到可以最大限度保留原始数据方差的新坐标系,并将数据投影到这个新坐标系中 | 在现代服务业中,主成分分析被广泛应用于数据挖掘、图像识别、信号处理等领域。例如,在金融领域,主成分分析可以用于资产组合优化和风险管理;在医学领域,主成分分析可以用于分析病人数据,发现关键特征和模式;在工业制造领域,主成分分析可以用于质量控制和故障诊断 | 优势:可以降低数据维度,减少存储和计算成本;可以去除冗余信息,提高算法效率和精度;可以发现数据中的关键特征和模式,增强数据的可解释性和可视化效果。劣势:对于非线性结构的数据,主成分分析的效果不佳。主成分分析可能会损失一些信息,导致对原始数据的理解和分析能力下降。对于含有噪声或异常值的数据,主成分分析的结果可能会受到影响 |
| 因子分析法 | 因子分析法是一种常用的统计学方法,它可以将大量相关性较强的变量归纳为少数几个无关因子。其主要原理是将多个观测变量转化为少数几个潜在因子,从而简化数据的分析和解释 | 在现代服务业中,因子分析法被广泛应用于市场研究、心理学、教育、社会科学等领域。例如,在市场研究领域,因子分析法可以用于分析消费者的购买决策和行为;在心理学领域,因子分析法可以用于探索人类特质和行为模式;在教育领域,因子分析法可以用于分析学生的学业成绩和表现 | 优势:可以降低数据的复杂性,减少存储和计算成本;可以提高数据的可解释性和可视化效果,便于研究者理解和解释数据;可以发现隐藏在原始数据中的潜在结构和规律。劣势:因子分析法通常需要大量样本才能获得有意义的结果。因子分析法依赖于研究者的主观判断和经验,可能存在研究者偏见。因子分析法要求变量之间必须具有一定程度的相关性,否则因子提取的结果可能不可靠 |

| 方法 | 原理简介 | 应用场景 | 优劣势 |
|---|---|---|---|
| BP 神经网络 | BP 神经网络是一种常用的前馈型人工神经网络，它可以进行监督学习和非监督学习，并且具有很强的逼近能力。其主要原理是通过反向传播算法来训练网络，不断调整权值和偏置值，以便使网络输出更接近目标值 | 在现代服务业中，BP 神经网络被广泛应用于模式识别、信号处理、预测分析等领域。例如，在金融领域，BP 神经网络可以用于股票价格预测和风险评估；在医学领域，BP 神经网络可以用于图像识别、疾病诊断和药物筛选；在推荐系统领域，BP 神经网络可以用于推荐用户感兴趣的商品或服务 | 优势：具有很强的逼近能力和学习能力，可以处理非线性问题和高维数据；可以进行监督学习和非监督学习，具有很好的灵活性和扩展性；可以发现隐藏在数据中的规律和模式，提高数据的可解释性和可视化效果。<br>缺点：BP 神经网络需要大量的训练数据才能获得较好的效果，否则容易出现过拟合或欠拟合问题；神经网络结构复杂，需要较长的训练时间和计算资源；学习过程中容易陷入局部最优解，不易找到全局最优解 |

## 5.3　现代服务业发展水平测度的流程设计

　　服务业是一个庞杂的行业，其发展涉及多个因素和问题。因此，如何有效、科学地评价服务业发展水平是一个必须要面对的重要问题。在评价服务业发展水平时，需要考虑构建科学完备的评价体系、选择适当的评价方法以及进行准确的结果分析。这三个方面是评价服务业发展水平的基本层面。现代服务业发展水平的评价流程设计主要包括以下几个步骤[15]。

　　（1）构建评价指标体系。首先，评价指标应该全面反映服务业的发展情况，包括行业规模、从业人员数量、财政收入等；其次，评价指标应该具有动态性，即能够随着服务业发展变化而不断更新；最后，评价指标应该可行，即能够被实际应用到服务业发展水平的评价中。

　　（2）选择评价方法。考虑到服务业发展质量是一个多维度的综合体系，需要构建多元指标体系进行量化分析。主观赋值法和客观赋值法都有一定的局限性，因此选择更科学的计算方式，如熵权法，能够避免主观倾向问题导致的偏误，并让结果更加准确可信。

　　（3）收集数据。数据的收集也是评价服务业发展水平的一个关键步骤，应该根据所构建的指标体系，收集各省区市服务业发展相关数据。同时，也需要在数据采集、清洗和处理等方面进行合理的控制，以确保数据质量的准确性和可靠性。

　　（4）计算综合指数。计算综合指数是评价中的另一个关键步骤，主要是利用熵值法和指标体系的权重来计算每个省区市的服务业发展质量综合指数，并进行排名。通过各省区市的排名分析，可以了解各省区市的服务业发展情况和差异，进而得出相应的结论和建议。

（5）分析评价结果。通过对各省区市的综合指数进行比较分析，得出各省区市的服务业发展质量得分和排名，进而分析各省区市之间、区域之间服务业发展质量的总体趋势和差异情况。根据各维度的得分情况，分析各级维度的总体变动趋势和各维度间的现实差异。通过各省域、区域、全国服务业发展质量水平的变化态势和存在的差距问题进行原因解释，并提出相关的政策建议。

（6）持续改进。评价结果应及时反馈给相关政府部门和服务业企业，促进它们改进服务业发展质量，提高服务水平和客户满意度。同时，也需要根据实际情况，不断完善和改进评价指标体系和方法，提高评价结果的准确性和可信度。

# 第6章　基于经典案例的现代服务业发展评估方法

## 6.1　案例选择及其合理性

习近平总书记在党的二十大报告中明确指出，高质量发展是全面建设社会主义现代化国家的首要任务[16]。高质量发展是"十四五"乃至更长时期我国经济社会发展的主题，关系我国社会主义现代化建设全局，是解决我国社会主要矛盾的有力举措。作为经济发展的重要推动力量，现代服务业随着信息技术的发展不断产生新业态、新模式、新产业，数字化服务得到广泛应用，生产性服务业向规模化和价值链高端延伸，生活性服务业向多样化和高品质转变，现代服务业不断向高质量发展迈进[17]。在产业融合发展的背景下，现代服务业高质量发展可以有效推动制造业在"十四五"时期走向产业链中高端、农业发展现代化转型升级，是构建现代产业体系的有力支撑。服务业高质量发展主要体现为服务业发展能够有效适应、创造和引领市场需求，凸显创新、协调、绿色、开放、共享等新发展理念的系统性、整体性和协同性[18]。

中国服务业发展起步较晚，开放程度偏低，政策体系和市场体系不健全，服务业在不同区域之间的不均衡发展现象十分明显。从全国来看，东部地区的服务业发展水平最高，中部次之，西部最低，从沿海向内陆阶梯状递减的趋势逐渐增强。除北京、上海外，其他地区服务业和生产性服务业发展水平相对较低。具体到山东来看，现代服务业发展最发达的地区主要分布在东部胶东半岛地区，最不发达的地区主要集中在西部和中部的一些地市，呈现显著的非均衡特征。山东工业门类齐全，制造业发展成就辉煌，农业发展领先全国，但服务业发展表现滞后，现代服务业占 GDP 的比重长期低于全国平均水平，对先进制造业、现代农业高质量发展的支撑作用有待加强，存在很大的发展潜力。同时，山东三大经济圈发展差异显著，现代服务业实现区域协调发展，同时需要加强与先进制造业、现代农业的耦合发展，这样有助于推动三大经济圈区域一体化发展。基于此，客观把握三大经济圈现代服务业高质量发展水平，识别现代服务业高质量发展的区域差异及来源。认清三大经济圈现代服务业高质量发展的优势和短板，能够为推动三大经济圈区域一体化协调发展提供决策依据。

山东省三大经济圈现代服务业高质量发展的评价分析案例从时间和空间的角度深入分析了山东省现代服务业高质量发展的差异及趋势演进，根据新发展理念构建山东省现代服务业高质量发展的综合评价指标体系，利用熵权法测度 2004

年到 2019 年山东省现代服务业高质量发展指数，并据此总结提出推动山东省现代服务业高质量协调发展的对策，为缩小山东现代服务业区域发展差异、推动三大经济圈协调一体化发展提供参考依据[6]。

## 6.2　案例分析方法及其结果

### 6.2.1　指标体系的构建

现代服务业既包括随着信息技术和知识经济的发展产生的服务新业态，也包括对传统服务业的技术改造和升级，据此，山东省三大经济圈现代服务业高质量发展的评价分析案例所研究的现代服务业指服务业整体十四个行业。基于新发展理念构建包括创新发展、协调发展、可持续发展、开放发展、共享发展在内的现代服务业高质量发展评价指标体系，具体涉及 15 个二级指标、30 个三级指标，详见表 6-1。

表6-1　现代服务业高质量发展评价指标体系[6]

| 一级指标 | 二级指标 | 三级指标 | 指标量化 | 属性 |
|---|---|---|---|---|
| 创新发展 | 创新投入 | R&D 经费投入强度 | 服务业 R&D 经费支出/GDP | + |
| | | R&D 人员投入强度 | 服务业 R&D 从业人员/服务业从业人员 | + |
| | 创新产出 | 经济贡献率 | 服务业增加值增量/GDP 增量 | + |
| | | 服务业数字化 | 电信业务总量/服务业增加值 | + |
| | | 服务业人均专利占有量 | 国内服务业专利申请人均授权数 | + |
| | 效率提升 | 服务业生产效率 | 服务业增加值/服务业从业人员 | + |
| | | 服务业劳动生产率 | 服务业增加值/服务业面定资产投资额 | + |
| | | 服务业资本生产率 | 服务业增加值/服务业固定资产投资额 | + |
| 协调发展 | 区域协调 | 服务业经济密度 | 服务业增加值/城市建成区面积 | + |
| | | 地区人均服务业增加值水平 | 各市人均服务业增加值/全省人均服务业增加值 | + |
| | 城乡协调 | 城乡居民服务性收入水平 | 城镇居民人均可支配收入/农村居民人均可支配收入 | 适度 |
| | | 城乡居民服务性消费水平 | 城镇居民人均消费/农村居民人均消费 | 适度 |
| | 产业协调 | 服务业与农业协调性 | 服务业与农业耦合协调度 | + |
| | | 服务业与制造业协调性 | 服务业与制造业耦合协调度 | + |
| 可持续发展 | 稳定增长 | 服务经济占比 | 服务业增加值/GDP | + |
| | | 服务业产出稳定性 | 服务业增加值增速 | + |
| | | 服务业就业稳定性 | 服务业就业人员/总就业人员 | + |
| | 污染减排 | 服务业单位产出废气排放量 | 服务业二氧化硫排放量/服务业增加值 | − |
| | | 服务业单位产出废水排放量 | 服务业污水排放量/服务业增加值 | − |
| | 绿化建设 | 环境建设投资水平 | 人均绿地面积/辖区面积 | + |
| | | 建成区绿化覆盖率 | 建成区绿化覆盖率 | + |
| 开放发展 | 外贸依存 | 服务业外贸依存度 | 服务业贸易额/服务业增加值 | + |
| | 外资依存 | 服务业外资依存度 | 服务业外商直接投资/服务业增加值 | + |
| | 对外投资 | 服务业对外投资水平 | 服务业对外投资净额/服务业增加值 | + |

续表

| 一级指标 | 二级指标 | 三级指标 | 指标量化 | 属性 |
|---|---|---|---|---|
| 共享发展 | 成果惠民 | 收入分配水平 | 服务业城镇单位就业人员平均工资 | + |
| | | 服务性消费支出 | 家庭人均服务性消费支出/总消费支出 | + |
| | 公共服务 | 医疗卫生水平 | 每万人医疗卫生机构数 | + |
| | | 教育投入水平 | 教育经费支出/财政支出 | + |
| | 设施完善 | 交通设施完善水平 | 每万人拥有公交车辆 | + |
| | | 网络设施完善水平 | 互联网普及率 | + |

注：+表示正向指标，-表示负向指标，分别反映了各指标对现代服务业高质量发展的促进和抑制作用

### 6.2.2　测算方法及数据来源

#### 1. 测算方法

熵权法依据每个指标所提供的信息量的大小来确定权重，可以克服人为或主观因素对评价体系的影响，该案例运用熵权法对山东现代服务业高质量发展综合指数及五个分维度指数进行测算，具体步骤如下所示。

第一步，对数据进行无量纲化处理，具体见式（6-1）～式（6-3），其中，$x_0$为指标均值：

正向指标：
$$r_{ij} = \frac{x_{ij} - \min\{x_{ij}\}}{\max\{x_{ij}\} - \min\{x_{ij}\}} \lim_{x \to \infty} \quad （6\text{-}1）$$

负向指标：
$$r_{ij} = \frac{\max\{x_{ij}\} - x_{ij}}{\max\{x_{ij}\} - \min\{x_{ij}\}} \quad （6\text{-}2）$$

适度指标：
$$r_{ij} = \begin{cases} \dfrac{x_{ij} - \min\{x_{ij}\}}{x_0 - \min\{x_{ij}\}}, & x_{ij} \leqslant x_0 \\[3mm] \dfrac{\max\{x_{ij}\} - x_{ij}}{\max\{x_{ij}\} - x_0}, & x_{ij} > x_0 \end{cases} \quad （6\text{-}3）$$

第二步，计算第 $j$ 项指标信息熵 $e_j$：
$$e_j = -k \sum_{i=1}^{n} \left( \frac{r_j}{\sum\limits_{i=1}^{n} r_{ij}} \right) \times \ln \left( \frac{r_{ij}}{\sum\limits_{i}^{} r_{ij}} \right), \quad k = \frac{1}{\ln n} \quad （6\text{-}4）$$

第三步，计算第 $j$ 项指标的权重 $g_j$：
$$g_j = \frac{1 - e_j}{\sum\limits_{j=1}^{m} (1 - e_j)} \quad （6\text{-}5）$$

第四步，计算山东现代服务业高质量发展综合指数及分维度指数：

$$I = \frac{\sum\limits_{i=1}^{n} r_{ij} g_j}{\sum\limits_{i=1}^{n} g_j} \qquad (6\text{-}6)$$

2. 数据来源

山东省现代服务业高质量发展评价指标的数据均来源于《山东统计年鉴》及各地市统计年鉴、山东省统计局及各地市统计局。所有涉及价格因素的指标数据均以 2004 年为基期进行了平减处理，个别缺失数据利用平均增长率方法补齐。

### 6.2.3 测度结果分析

1. 山东省现代服务业高质量发展综合指数及分维度指数发展趋势

山东省现代服务业高质量发展水平不高，但趋势向好。图 6-1 为 2004～2019 年山东省现代服务业高质量发展综合指数及分维度指数的发展趋势[6]，山东省现代服务业高质量发展综合指数均值介于 0.3165～0.3782，呈现出"上升—下降—上升"的波动上升趋势，从 2004 年的 0.3165 到 2019 年的 0.3687，增长了 16.49%，年均增长率为 1.10%。

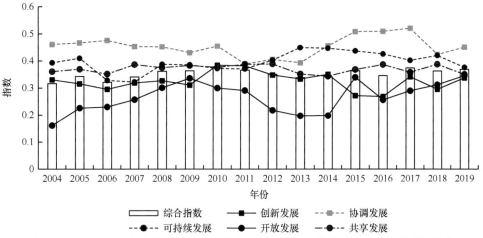

图 6-1 2004～2019 年山东省现代服务业高质量发展综合指数及分维度指数发展趋势

分维度来看，协调发展指数均值最高，可持续发展、共享发展、创新发展指数次之，开放发展指数均值最低，即山东省现代服务业协调发展表现最好，开放发展水平有待提高。创新发展指数总体来看水平较低，基本围绕 0.3243 上下波动，相较 2004 年的 0.3302，2019 年达到 0.3376，出现小幅上涨，创新能力较弱是制约山东省现代服务业高质量发展的重要因素，应创新发展模式，加大研发投入，推动新旧动能转换取得新进展。山东省现代服务业协调发展水平最高。表明发展的区域差距相对较小，协调发展指数呈现出波动下降趋势，从 2004 年的 0.4611 到 2019 年小幅下降为 0.4503，现代服务业的区域差异有扩大趋势。可持续发展指数呈现出波动下降趋势，年均降低 0.28%，表明山东省现代服务业发展的稳定性不佳并且绿色可持续发展能力较差。开放发展指数在样本期内显著提升，从 2004 年的 0.1612 大幅增长至 2019 年的 0.3454，年均增长率高达 7.62%，开放水平得到极大提升。共享发展指数呈现出小幅下降趋势，表明山东省现代服务业的稳步增长在惠及民生方面表现较差，居民生活质量没有随现代服务业发展得到相应改善。

**2. 山东省三大经济圈现代服务业高质量发展的变化趋势**

根据图 6-2 描述的 2004～2019 年山东省三大经济圈现代服务业高质量发展综合指数的变化情况[6]，三大经济圈综合发展指数均呈现出波动上升趋势，现代服务业高质量发展水平均有不同程度提升。从区域差异来看。胶东经济圈现代服务业高质量发展水平领先于其他两个经济圈，综合指数均值处于 0.3782～0.4722。省会经济圈现代服务业高质量发展综合指数从 2004 年的 0.2885 提高到 2019 年的 0.3385，处于中间水平，但与胶东经济圈相比，仍有较大差距，为打造高质量发展示范区，还需要进一步提升现代服务业的高质量发展水平。鲁南经济圈现代服务业高质量发展水平最低，综合指数均值位于 0.2493～0.3135，要想实现山东省区域协调发展，需要重点推进鲁南经济圈现代服务业转型发展。

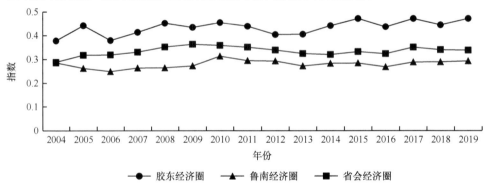

图 6-2　2004～2019 年山东省三大经济圈现代服务业高质量发展综合指数变化情况

为研究山东省现代服务业区域发展的优势和短板，本节进一步对三大经济圈分维度指数进行分析，图 6-3 显示了具体的变化特征[6]。根据创新发展指数，省会经济圈创新发展水平最高，创新发展指数均值为 0.3361；胶东经济圈次之，创新发展指数均值为 0.3326；鲁南经济圈的创新发展指数均值最低，为 0.2935，但考查期内呈现出明显的外扩趋势，由 0.2927 到 0.3478，年均增长率达到 1.25%，创新发展水平在不断提高。除鲁南经济圈外，其他经济圈创新发展指数均在小幅波动

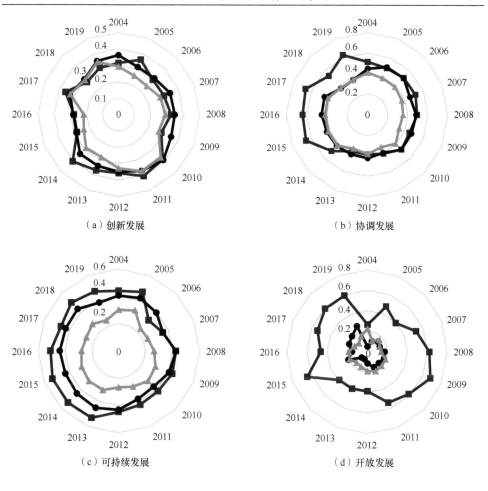

（a）创新发展　　　　　　　　（b）协调发展

（c）可持续发展　　　　　　　（d）开放发展

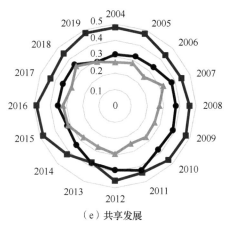

（e）共享发展

■— 胶东经济圈　　●— 省会经济圈　　▲— 鲁南经济圈

图 6-3　2004～2019 年山东省三大经济圈现代服务业高质量发展综合
指数及分维度指数具体变化特征

中呈现下降趋势，省会经济圈由 2004 年的 0.3626 下降至 2019 年的 0.3527，降幅为 2.73%，胶东经济圈由 0.3147 降为 0.3085，降幅为 1.97%。分析可知，三大经济圈尤其是鲁南经济圈现代服务业的创新发展存在短板，创新发展水平有待进一步提升。

根据协调发展指数，胶东经济圈的协调发展水平最高，省会经济圈次之，鲁南经济圈最低，协调发展指数均值分别为 0.5161、0.4432、0.3836，仅胶东经济圈协调发展指数高于山东省均值。从发展趋势来看，鲁南经济圈和省会经济圈协调发展指数总体呈现内敛趋势，胶东经济圈呈现出波动外扩的趋势。鲁南经济圈的协调发展指数由 2004 年的 0.4111 下降到 2019 年的 0.3695，降幅达 10.12%，省会经济圈协调发展指数由 2004 年的 0.4506 降低到 2019 年的 0.3677，降幅为 18.4%，鲁南经济圈和省会经济圈区域内现代服务业发展差距加大，发展不平衡问题日益加剧。胶东经济圈协调发展指数经历了"先内敛再外扩"的小幅波动，总体表现出了外扩的趋势，从 2004 年的 0.5158 到 2019 年的 0.6306，涨幅达 22.26%，表明胶东经济圈地区内协调发展水平较高，现代服务业发展差异减小。总体来看。三大经济圈更加注重用全局发展的眼光看待区域协调发展的问题，在协调发展方面做得较好，推动了山东省整体协调发展水平的提升。

从三大经济圈的可持续发展指数来看，可持续发展指数均值由高到低依次为胶东经济圈、省会经济圈、鲁南经济圈，分别为 0.4548、0.4130、0.2813，仅鲁南经济圈低于山东均值。胶东经济圈可持续发展指数呈现出波动外扩的趋势，考察期内增长 7.03%，鲁南经济圈和省会经济圈可持续发展指数的演变十分相似，鲁南经济圈位于最内圈，2004 年到 2019 年可持续发展指数由 0.3025 下降至 0.2421，降幅达到 19.97%，省会经济圈可持续发展指数由 0.4063 下降至 0.3838。降幅为 5.54%。除胶东经济圈外，可持续发展指数均表现出内敛趋势，表明省会经济圈和鲁南经济圈可持续发展能力在下降。习近平总书记提出"绿水青山就是金山银山"的发展理念[19]，山东省对绿色发展的重视程度日益提高，致力于构建山更绿、水更清、环境更美好的大环保格局。

从开放发展的角度来看，胶东经济圈现代服务业开放发展指数均值最大，均值达到 0.5065。鲁南经济圈与省会经济圈开放发展指数均值分别为 0.1656 和 0.1500，均低于山东省平均开放水平。从发展趋势来看，胶东经济圈和省会经济圈现代服务业开放发展指数呈现出明显的外扩趋势，胶东经济圈借助有利的沿海区位条件，开放发展指数由 2004 年的 0.2651 大幅增长至 2019 年的 0.5940，年均增长率高达 8.27%，开放发展成果显著；省会经济圈由 2004 年的 0.0516 增长至 2019 年的 0.2700，年均增长率为 28.22%，总体对外开放水平较低但保持快速增长趋势；鲁南经济圈开放发展指数呈现出内敛趋势，由 2004 年的 0.2234 下降至 2019 年的 0.1666，降低 25.43%。由此可知，鲁南经济圈的开放发展水平较低，开放发展能力薄弱，是布局现代服务业开放发展的重要着力点。

根据三大经济圈共享发展指数的变动情况，胶东经济圈共享发展水平最高，省会经济圈次之，鲁南经济圈最低，共享发展指数均值分别为 0.4534、0.3559、0.2858。省会经济圈和鲁南经济圈的共享发展指数表现出"起点不同，终点收敛"的特征，胶东经济圈共享发展指数由 2004 年的 0.4791 上升至 2019 年的 0.4799，鲁南经济圈的共享发展指数分布于最内侧，总体呈现波动外扩的变动态势，涨幅为 8.87%，向好发展趋势显著。省会经济圈共享发展指数波动较大，呈现出"先外扩后收敛"的特征，总体表现为内敛趋势，省会经济圈与鲁南经济圈的共享发展指数均值低于山东整体水平，在"发展成果由人民共享"方面表现不佳。

### 3. 各地市现代服务业高质量发展水平分析

根据图 6-4[6]展示的 2019 年山东省 16 个地市现代服务业高质量发展综合指数及排名，2019 年山东省各地市现代服务业高质量发展综合指数介于 0.2238～0.6609，均值（$E$）为 0.3691，标准差（SD）为 0.1221。具体来看，青岛市现代服务业高质量发展综合指数最高，为 0.6609，其次为济南市，综合指数为 0.5660，排在后三位的分别是枣庄市、聊城市、德州市，枣庄市的现代服务业高质量发展最为落后，综合发展指数为 0.2238。从青岛市、济南市在现代服务业发展的绝对领先优势来看，山东省聚焦"两心"发展，加快新旧动能转换，推进"强省会"战略实施，考虑到青岛市的区位优势，打造"一带一路"国际合作新平台等措施有利于进一步夯实两市现代服务业高质量发展的根基，未来发展前景更加广阔。根据均值和标准差的关系，将综合发展指数大于 $E+0.5\text{SD}$ 的地市定义为"领先型"。小于 $E-0.5\text{SD}$ 的地市定义为"落后型"，将发展指数介于 $E-0.5\text{SD}$ 和 $E+0.5\text{SD}$ 的地市定义为"进步型"。

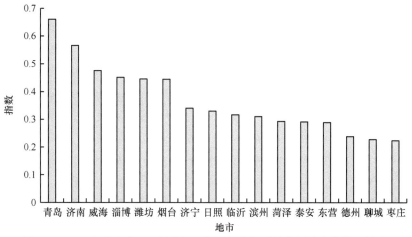

图 6-4　2019 年山东省 16 个地市现代服务业高质量发展综合指数及排名

从 2004 年各地市现代服务业发展类型分布情况来看，现代服务业高质量发展综合指数大于 0.4302（$E+0.5SD$）的领先型地市为青岛市（0.6609）、济南市（0.5660）、威海市（0.4759）、淄博市（0.4515）、潍坊市（0.4458）、烟台市（0.4446），这些地市现代服务业高质量发展的成绩较为亮眼。分区域来看，胶东经济圈地市现代服务业高质量发展表现优异，均为进步型和领先型，省会经济圈中高质量发展类型为进步型和领先型的地市占比达 42.9%，鲁南经济圈相应占比达到 50%。

从 2019 年现代服务业三种发展类型的区域分布情况来看，青岛市、威海市、烟台市、潍坊市、济南市、淄博市表现为领先型，数量较 2004 年增加了一倍。胶东经济圈领先型地市占比增加至 80%，地市发展没有出现落后型。其中，烟台市、威海市由 2004 年的进步型发展至 2019 年的领先型，潍坊市由落后型跃升为领先型，日照市由落后型转变为进步型。省会经济圈现代服务业高质量发展水平取得小幅提升，淄博市由进步型提高至领先型，同时滨州市由 2004 年的落后型发展为 2019 年的进步型，东营市由进步型降至落后型。对比来看，鲁南经济圈现代服务业高质量发展没有取得明显进步，临沂市高质量发展类型由 2004 年的落后型发展为 2019 年的进步型，而济宁市却由领先型下降到进步型。

# 6.3  综合评估与策略探讨

## 6.3.1  综合评估结果

本节基于新发展理念，构建了现代服务业高质量发展的评价指标体系，用熵权法测算 2004～2019 年山东 16 个地市现代服务业高质量发展综合及五个分维度指数，并进行描述性分析，得到结论。

山东省现代服务业高质量发展水平总体上呈现上升趋势，具有明显的区域非均衡特征，表现为"胶东—省会—鲁南"三大经济圈由高到低阶梯分布的特征。分维度来看，山东省现代服务业协调发展最好，可持续发展、共享发展、创新发展次之，开放发展指数最低，但表现出明显的上升趋势。分区域来看，胶东经济圈现代服务业高质量发展综合及各维度指数均高于山东均值；鲁南经济圈综合及分维度指数的表现均低于山东平均水平；省会经济圈综合发展指数低于山东均值，在创新发展、可持续发展方面高于山东整体水平，协调发展、开放发展、共享发展指数低于山东均值。根据 2019 年地市现代服务业发展类型，济南市、青岛市在内的领先型地市有 6 个，济市宁在内的进步型地市有 4 个，枣庄市、聊城市在内的落后型地市有 6 个。枣庄市、聊城市的发展水平远远落后于济南市、青岛市，地市间现代服务业发展差距显著。胶东经济圈领先型地市数量占据绝对优势，地市发展水平较高。

#### 6.3.2　策略探讨

基于上述结论，为提高山东省现代服务业高质量发展水平，推进山东三大经济圈一体化发展，提出以下建议。

第一，进一步贯彻新发展理念，促进现代服务业全面高质量发展。山东省现代服务业创新发展水平总体不高，应加快培育现代服务业发展的新动能，推进服务业数字化转型升级；对于开放发展的短板，应注重服务贸易的发展，扩大服务业开放领域，充分利用《区域全面经济伙伴关系协定》（Regional Comprehensive Economic Partnership，RCEP）创造的平台优势，落实山东与日本、韩国的高质量投资合作，共享共建"一带一路"，实现高水平开放；充分发挥山东在协调发展方面的优势，缩小城乡差距，推进现代服务业与现代农业、先进制造业高水平耦合协调发展；注重绿色可持续发展，在保持现代服务业稳步增长的同时，培育绿色服务企业，实现产品的绿色优质有效供给；扩大社会服务的有效供给，建立健全共享发展的政策保障机制，切实提高人民群众的幸福感与获得感。

第二，重视现代服务业发展的区域差异，推动三大经济圈协调发展。关注省会经济圈区域内发展差异，重视区域间差异的变化，着力缩小鲁南经济圈与胶东经济圈之间的差距。发挥各经济圈比较优势，推动省会经济圈新旧动能转换率先取得新突破，突出胶东经济圈海洋发展特色，加快鲁南经济圈红色文化旅游发展。充分发挥胶东经济圈现代服务业发展优势，主动进行成果外溢；针对省会经济圈在协调发展、开放发展、共享发展方面的短板，对标胶东经济圈，积极学习先进经验，加强融合互通；创新现代服务业发展模式，实现鲁南经济圈崛起。推动三大经济圈互联互通，形成现代服务业发展新格局，塑强区域协调发展新优势。

第三，充分发挥中心地市、先进地区的引领带动作用。加强青岛、济南的中心引领作用，依靠济南市、青岛市等地市现代服务业高水平发展的优势，带动周边地市的发展，进而促进更外层地市现代服务业向好发展，形成相互支撑，实现地市间"竞优"效应。鲁南经济圈内地市现代服务业发展水平较为均衡，但总体发展水平不高，应积极推进各项试点工作，开拓现代服务业高质量发展新思路，提高地市发展水平。山东半岛城市群现代服务业发展水平较高，应利用区位优势，着力打造山东省现代服务业高质量发展的标杆和引擎。

## 技术篇参考文献

[1] 戈兴成, 徐君. 我国现代服务业发展研究综述与展望[J]. 物流科技, 2019, 42(5): 57-60.

[2] 周秀玲, 姜超. 现代服务业发展水平测度方法探析[J]. 北京信息科技大学学报(自然科学版), 2013, 28(6): 63-66, 71.

[3] 吴娟娟. 中国服务业发展水平测度与空间溢出效应研究[D]. 武汉: 中南财经政法大学, 2019.

[4] 李逢春. 现代化视角下我国服务业发展水平测度研究[J]. 兰州学刊, 2010, (6): 31-33, 30.

[5] 王迪. 中国服务业发展质量及其水平测度研究[D]. 成都: 西南财经大学, 2022.

[6] 陈景华, 韩茹, 徐金, 等. 现代服务业高质量发展的测度、差异及演变: 基于山东三大经济圈的视角[J]. 山东财经大学学报, 2022, (2): 64-80.

[7] 朱佳. 国家中心城市经济高质量发展水平测度研究[D]. 西安: 西安理工大学, 2020.

[8] 吴儒练. 旅游业高质量发展与乡村振兴耦合协调测度、演化及空间效应研究[D]. 南昌: 江西财经大学, 2022.

[9] 肖轶伦. 我国经济高质量发展指标体系中的制度质量指标研究[D]. 武汉: 武汉大学, 2021.

[10] 徐爱萍. 我国旅游业高质量发展评价及影响因素研究[D]. 上海: 华东师范大学, 2021.

[11] 许永兵, 罗鹏, 张月. 高质量发展指标体系构建及测度: 以河北省为例[J]. 河北大学学报(哲学社会科学版), 2019, 44(3): 86-97.

[12] 孟琳琳, 李江苏, 李明月, 等. 河南省现代服务业集聚特征及影响因素分析[J]. 世界地理研究, 2020, 29(6): 1202-1212.

[13] 刘飞, 龚婷. 基于熵权 Topsis 模型的湖北省高质量发展综合评价[J]. 统计与决策, 2021, 37(11): 85-88.

[14] 杜宝贵, 陈磊. 科技服务业助推中国经济高质量发展的影响因素和优化路径研究: 基于 GRA 模型与 CRITIC 权重法的综合分析[J]. 科技管理研究, 2022, 42(9): 91-98.

[15] 时朋飞, 曹钰晗, 龙荟冰, 等. 我国旅游业高质量发展水平测度、空间分异及障碍因子诊断[J]. 经济地理, 2023, 43(2): 201-210.

[16] 习近平: 高举中国特色社会主义伟大旗帜 为全面建设社会主义现代化国家而团结奋斗——在中国共产党第二十次全国代表大会上的报告[EB/OL]. https://www.gov.cn/xinwen/2022-10/25/content_5721685.htm[2022-10-25].

[17] 李艳华, 柳卸林, 刘建兵. 现代服务业创新能力评价指标体系的构建及应用[J]. 技术经济, 2009, 28(2): 1-6.

[18] 李梦欣, 任保平. 新时代中国高质量发展的综合评价及其路径选择[J]. 财经科学, 2019, (5): 26-40.

[19] 刘剑虹, 侯子峰. "绿水青山就是金山银山"发展理念的科学内涵[EB/OL]. http://theory.people.com.cn/n1/2018/0509/c40531-29973471.html[2018-05-09].

# 政策篇

## 客观梳理自上而下不同层级的产业支撑政策与内容特征

# 第7章　现代服务业发展转型的政策供给

## 7.1　现代服务业转型的政策背景与现状

在现代经济发展过程中，服务业逐渐成为国民经济中的一个重要部门，并具有日益增长的经济、社会和文化作用。现代服务业的兴起和发展，是在信息技术、知识经济等新兴产业催生下的一种重要经济现象。服务质量的提升与数字化转型是推动现代服务业发展的主要因素，加速发展现代服务业，是促进国家经济和社会高质量发展的一个重要手段，也是调整和优化产业结构的一个战略方向，具有很大的发展潜力。现代服务业正朝着多元化、高端型、创新型的服务经济的模式发展，普遍呈现以金融、商业服务、科研发展等为龙头，以旅游、文旅为新型增长点的趋势。现代服务业是当今世界经济发展的主流，是国家和城市的核心竞争力。自 20 世纪 70 年代以来，世界范围内的产业结构发生了深刻的变化，已经向服务型经济调整，成为各国经济发展的新引擎。服务业乃至现代服务业，甚至是任一行业的发展，都离不开政府政策的推动，尤其是在我国这种特殊的体制背景下，政府对于某一产业的政策性倾斜，将会对整个行业产生深远的影响。

我国的服务业，从改革开放至今已经取得了长足的进步，对全国经济发展的推动起到了至关重要的作用，但由于我国的历史原因，服务业受长期计划经济体制下的发展战略、发展理念和扶持政策等的约束，现代服务业起步较晚，虽然进步显著但发展水平仍然相对落后。"现代服务业"是中国自 20 世纪 90 年代以来在一些政府文件、传播媒体以及理论文章中频频出现的词汇，在党的十五大报告中首次提出了"现代服务业"一词①。直至 2002 年 3 月，第九届全国人民代表大会第五次会议的《政府工作报告》中提出"要积极发展第三产业特别是现代服务业"②，2002 年 11 月，党的十六大报告中提出"加快发展现代服务业，提高第三产业在国民经济中的比重"③，使得"现代服务业"成为我国产业发展政策中的一个正式提法。此后各地的服务业发展政策如雨后春笋般涌现，接连出台了各类政

---

① 《江泽民在中国共产党第十五次全国代表大会上的报告》，https://www.gov.cn/test/2008-07/11/content_1042080_2.htm，2008-07-11。

② 《政府工作报告——2002 年 3 月 5 日在第九届全国人民代表大会第五次会议上》，https://www.gov.cn/gongbao/content/2002/content_69957.htm，2002-03-05。

③ 《江泽民在中国共产党第十六次全国代表大会上的报告》，https://www.gov.cn/test/2008-08/01/content_1061490_4.htm，2008-08-01。

策推动现代服务业发展。

## 7.2　现代服务业发展转型的国家总体政策演进

1978～2017 年是中国服务业高速成长的 40 年，也是服务业全面深化改革的 40 年。中国服务业政策改革的动力、路径以及模式，与工业改革、农业改革等有着诸多不同，并形成了较为独特的服务业政策改革"中国模式"。深入剖析中国服务业政策的这些独特之处，对于进一步推进未来服务业新政策的提出、完善改革的顶层设计具有重要意义。

### 7.2.1　政策萌芽阶段（1978～1990 年）

在该阶段，中国服务业呈现出快速增长的态势。中国开始实行对外开放政策，吸引了大量外资进入服务业领域，如酒店、旅游、快递等。政府出台了一系列支持服务业发展的措施，并加强了对服务业的统计监测和发布，开始推出一些鼓励服务业发展的优惠政策。例如，实行内销税制、适当降低服务业企业所得税率、取消了大部分服务业的价格管制等。

在计划经济时代，服务业发展长期得不到重视。在当时的体制背景下，几乎把现代化的目标单纯地理解为工业化，大力发展工业特别是重化工业是当时最重要的目标和最迫切的任务。1978 年，拉开了中国经济体制改革序幕，但这种改革也是从农业（1978 年农村实施家庭联产责任承包制）和工业（1984 年国有企业放权让利）开始的，最后才触及服务业。

在政策萌芽阶段，由于受认知层面的影响，允许准入的行业主要在制造业部门，服务业的开放程度并不高，但在旅游、房地产和餐饮服务业部门对外资的限制相对较松。1987 年底，国家计委颁发了《指导吸收外商投资方向暂行规定》，把外商投资项目分为鼓励、允许、限制和禁止四类，其重点也放在制造业。但是，从实际发展效果看，1978～1990 年利用外资的总量中，超过 1/3 属于服务业领域。其原因是，在 20 世纪 80 年代，国门初开，对宾馆建设、旅游服务等需求大增，外资在这些行业的进入较密集，从而出现了服务业利用外资的第一次高潮。1988 年，国家制定了《中华人民共和国中外合作经营企业法》，1990 年制定了《中华人民共和国外资企业法》，并对《中华人民共和国中外合资经营企业法》进行了修改，我国利用外资的法律架构已基本完备。在 20 世纪 90 年代初期与中期，外资大量进入房地产业，其利用外资比例很高，最高的年份达到了 50%。在整个 20 世纪 90 年代，房地产业与社会服务业占了第三产业 FDI（foreign direct investment，外国直接投资）的 67%。1992 年 7 月，国务院下发《关于商业零售领域利用外资问题的批复》，同意来自国外的零售企业试办中外合资或合作经营的商业零售企业，经营百货零售和进出口商品业务。可以看出，在 1978～1990 年，服务业开放与改革基本是同步的。服务业改革的重点是在以生活为主导的服务领域，而外资也大量进入社会服务业与旅游业，二者相得益彰，相互促进，为我国服务业深化改革提供了基础。

## 7.2.2　政策发展阶段（1990～2000 年）

进入 20 世纪 90 年代，世界经济发生了根本性的转变。传统的基于工业化的经济格局让位于知识经济。工业化社会以物质资本为经济发展的驱动力量，而知识经济则依靠知识资本来促进经济发展，在知识经济背景下，许多企业都关注于核心能力和核心业务的发展，大量的商务活动外包给专业服务公司来经营，从而使得现代服务业在全世界范围内迅速壮大起来。

这个阶段是外商投资服务业政策的重要调整时期。1990 年，服务业开始了以价格放开和市场化为主线的改革。改革沿两条主线进行：第一条是供给方面的市场化，如住房市场化、教育产业化；第二条是放开价格管制，以涨价来减少政府对服务行业的补贴，如铁路运输价格、医疗价格、住宅租售价格等。从 20 世纪 90 年代服务业改革来看，在很多文件中，将"提升效率"等作为改革的终极目标。在实际执行中，服务业改革被当作缓解财政压力的重要手段。正是由于改革目标的异化，很多改革并没有取得预期效果。这也是这一阶段中国服务业改革收效不大的根本原因。服务业改革全面展开则要追溯到 1992 年国务院颁布《关于加快发展第三产业的决定》之后。《关于加快发展第三产业的决定》指出，加快发展第三产业的目标是，争取用 10 年左右或更长一些时间，逐步建立起适合我国国情的社会主义统一市场体系、城乡社会化综合服务体系和社会保障体系，这对于中国服务业领域市场化改革具有开创性作用。之后发布了《中华人民共和国外资企业法》和《中华人民共和国中外合资经营企业法》，允许举办外商独资或合资经营服务业企业，并为外商提供税收和市场准入等方面的优惠政策，促进了服务业的发展。2007 年，国务院发布了《关于加快发展服务业的若干意见》，提出了加快服务业发展的目标和策略，包括优化服务业发展结构、扩大服务贸易、推进服务领域改革等。此后，政府陆续出台了一系列服务业发展的法规和政策文件，如《服务业创新发展大纲（2017—2025 年）》和《"十四五"服务贸易发展规划》。

## 7.2.3　政策转型升级阶段（2000～2010 年）

2000 年初期，中国服务业开始加强创新和提高质量。政府加大了对服务业的资金投入，通过一系列政策措施推动服务业结构优化、模式创新和质量提升。这个阶段是中国现代服务业政策发展的重要转型期。《中共杭州市委、杭州市人民政府关于实施"服务业优先"发展战略进一步加快现代服务业发展的若干意见》（市委〔2009〕12 号）提出了"服务业优先发展"的战略，明确了将服务业作为经济发展的主导产业来推动服务业的发展，打造具有全球影响力的服务业品牌。

在加快服务业发展政策方面，2006 年，《中华人民共和国国民经济和社会发展第十一个五年规划纲要》（简称"十一五"规划）对服务业外包做出了新的安排：加快转变对外贸易增长方式，建设若干服务业外包基地，有序承接国际服务业转移。"十一五"规划还提出要坚持市场化、产业化、社会化方向，拓宽领域、扩大规模、优化结构、增强功能、规范市场，提高服务业的比重和水平。同时，科技部从"十一五"开始组织实施现代服务业科技行动，启动"现代服务业共性关键技术研发及应用示范"重点研发计划。推动该工程目的在于在建立现代服务业投融资体系、推进现代服务业产学研联盟建立、加强现代服务业监督管理体系建设等方面进行部署。近几年，科技部一直把发展现代服务业放在科技工作的突出位置，大力支持现代服务业科技创新。积极推动现代服务业产业发展，构建现代服务业创新体系。2007 年，国务院发布了《关于加快发展服务业的若干意见》，将"服务外包"作为中国服务业加快发展的一个重要方面。之后，国务院就促进服务外包出台了一系列政策文件，各部委和各地方政府也相应出台了促进服务外包发展的政策措施。这一时期，服务外包产业成为国家"引进来"和"走出去"战略的新领域，服务外包产业的发展加速了中国服务业发展水平和竞争力的提升。2008 年，国务院办公厅印发了《关于加快发展服务业若干政策措施的实施意见》（国办发〔2008〕11 号），提出要抓紧制订或修订服务业发展规划，尽快研究完善产业政策，进一步放宽服务领域市场准入，稳步推进服务领域对外开放，优化服务业发展的政策环境，加强服务业基础工作，狠抓工作落实和督促检查。该阶段的突出特征体现在中国相关服务业政策着重优化服务业发展结构、推动服务产业快速发展。2009 年，国家发改委开展《产业结构调整指导目录》的修订和完善工作，《产业结构调整指导目录》的修订和完善是为了适应服务业大发展的新要求。明确鼓励发展的方向，引导社会资源合理集聚，是促进服务业关键领域、薄弱环节和新兴产业发展的重要举措，有利于加强和改善服务供给，促进服务业现代化，提高服务业质量和水平。关于《产业结构调整指导目录（2011 年本）》服务业部分，强调了增加鼓励类服务业是经济社会发展的客观要求和必然途径。《产业结构调整指导目录（2011 年本）》服务业部分，较《产业结构调整指导目录（2005 年本）》，主要是扩大了鼓励类服务业范围，增加了相应条目，形成了鼓励发展的门类体系；鼓励类条目大幅增加；突出对服务产业的引导。鼓励类服务业的发展符合加快发展服务业的新要求，并且与"十二五"期间"把推动服务业大发展作为产业结构优化升级的战略重点"的要求是相适应的。加强对发展生产性服务业和生活性服务业的引导。《产业结构调整指导目录（2011 年本）》将"旅游业"在鼓励类中单独设立了门类，突出旅游业发展的地位，是贯彻落实《国务院关于加快发展旅游业的意见》（国发〔2009〕41 号），培育战略性支柱产业的具体举措。2010 年，国家发展和改革委员会启动了服务业综合改革试点工作（2010 年 11 月 22 日），以 37 个城市或开发区作为试点，希望通过这些地区因地制宜的探索，形成主体功能突出、辐射带动作用强的国家或区域服务业中心和各具特色、充满活力的服务创新示范区，以着力解决制约服务业发展的主要矛盾和突出问题，破除阻碍服务业发展的体制机制约束和政策障碍。试点分别形成了各具特色的服务业发展思路，并分别在创意产业、商贸服务、IT 服务、人才等方面进行了探索。

### 7.2.4　政策创新发展阶段（2010 年至今）

这个阶段是中国现代服务业政策发展的新阶段，政府采取了一系列创新和开放的政策措施。在 21 世纪的全球化进程中，服务业蓬勃兴起。资本、技术、知识、劳务在全球内流动，不仅改变了各国服务业的发展模式，也为其他行业的转型升级提供了重要助力。服务业全球化呈现以下主要趋势：一是跨国公司迅速扩张，跨国投资增长迅速，并购大潮迭起；二是全球服务贸易增长加快，其中商务服务业贸易增加最快；三是服务业与制造业关系不断加强，信息技术与现代服务业加速融合，推动服务业产品化。随着全球服务业的开放和信息技术的助力，中国服务业规模日益壮大，综合实力不断增强。中国服务业也在全球竞合中不断丰富业态，逐渐成长为国民经济第一大产业，成为稳定经济增长的重要基础。自 2000 年来，亚洲各国服务业进一步协调发展，"一带一路"倡议的提出也为服务业发展释放动力，助力共建国家转型升级。

在 2011 年的《中华人民共和国国民经济和社会发展第十二个五年规划纲要》（简称"十二五"规划）提出要把推动服务业大发展作为产业结构优化升级的战略重点，营造有利于服务业发展的政策和体制环境，拓展新领域，发展新业态，培育新热点，推进服务业规模化、品牌化、网络化经营，不断提高服务比重和水平。同时，还提出"十二五"末服务业增加值占 GDP 比重提高 4 个百分点的预期性目标。"十二五"重要任务包括加快发展生产性服务业，大力发展生活性服务业，营造有利于服务业发展的环境。2012 年 12 月，国务院印发了《服务业发展"十二五"规划》，突出了五年规划内服务业发展面临的挑战，并提出了当前服务业发展要立足我国产业基础，发挥比较优势，以市场需求为导向，突出重点，引导资源要素合理集聚，构建结构优化、水平先进、开放共赢、优势互补的服务业发展格局。关于加快发展生产性服务业，《服务业发展"十二五"规划》强调了要围绕促进工业转型升级和加快农业现代化进程，推动生产性服务业向中、高端发展，深化产业融合，细化专业分工，增强服务功能，提高创新能力，不断提高我国产业综合竞争力；关于大力发展生活性服务业，《服务业发展"十二五"规划》强调了要围绕满足人民群众多层次多样化需求，大力发展生活性服务业，丰富服务供给，完善服务标准，提高服务质量，不断满足广大人民群众日益增长的物质文化生活需要。2016 年，国务院印发了《关于加快发展生产性服务业促进产业结构调整升级的指导意见》，提出了以产业转型升级需求为导向，进一步加快生产性服务业发展，引导企业进一步打破"大而全""小而全"的格局，分离和外包非核心业务，向价值链高端延伸，促进我国产业逐步由生产制造型向生产服务型转变。具体政策措施重点从深化改革开放、完善财税政策、强化金融创新、有效供给土地、健全价格机制和加强基础工作等方面，为生产性服务业发展创造良好环境，最大限度地激发企业和市场活力。2018 年，国务院印发《关于积极有效利用外资推动经济高质量发展若干措施的通知》，提出引导外资更多投向现代农业、生态建设、先进制造业、现代服务业，投向中西部地区。2019 年，中共中央和国务院在《关于推进贸易高质量发展的指导意见》中提到加快发展现代服务业，特别是生产性服务业，推进先进制造业与现代服务业深度融合。2020 年，党的十九届五中全会审议通过《中共中央关于制定国民经济和社会发展第十四个五年规划和二〇三五年远景目标的建议》，提出加快发展现代服务业，推动现代服务业同先进制造业、现代农业深度融合，加快推进服务业数字化。2021 年，国务院印发了《"十四五"就业促进规划》，提出进一步放宽服务业市场准入，深入推进服务业扩大开放，促进服务业数字化转型、线上线下双向发展，推动现代服务业同先进制造业、现代农业深度融合。并且，《人力资源社会保障部、国家发展改革委等 20 部门关于劳务品牌建设的指导意见》提出结合实施现代服务业优化升级行动，支持服务型劳务品牌企业进驻国家级经济技术开发区发展医疗健康、社区服务等服务业，以及工业设计、物流、会展等生产性服务业。同年，《国家标准化发展纲要》提出要加快先进制造业和现代服务业融合发展标准化建设，推行跨行业跨领域综合标准化。国家发展和改革委员会、工业和信息化部联合发布了《关于振作工业经济运行 推动工业高质量发展的实施方案的通知》，提出组织开展先进制造业和现代服务业融合发展试点，探索推广"两业融合"新路径新模式。2022 年 12 月，中共中央、国务院印发了《扩大内需战略规划纲要（2022－2035 年）》，提出推动现代服务业同先进制造业融合发展。中共中央办公厅、国务院印发《关于深化现代职业教育体系建设改革的意见》，提出优先在现代制造业、现代服务业、现代农业等专业领域，组织知名专家、业界精英和优秀教师，打造一批核心课程、优质教材、教师团队、实践项目，及时把新方法、新技术、新工艺、新标准引入教育教学实践。2023 年，中共中央、国务院印发了《质量强国建设纲要》，提出加快大数据、网络、人工智能等新技术的深度应用，促进现代服务业与先进制造业、现代农业融合发展。

## 7.3　现代服务业发展转型的行业政策

### 7.3.1　旅游业

"十一五"规划提出要坚持市场化、产业化、社会化方向，拓宽领域、扩大规模、优化结构、增强功能、规范市场，提高服务业的比重和水平。2007 年的《政府工作报告》提出，要从改革体制、加大投入、完善政策等方面，鼓励和支持服务业加快发展，尤其要发展物流、金融、信息、咨询、旅游、社区服务等现代服务业。

2009 年，《国务院关于加快发展旅游业的意见》首次明确了旅游业"国民经济的战略性支柱产业和人民群众更加满意的现代服务业"的定位，并提出了近几年旅游业发展的主要任务：深化旅游业改革开放、优化旅游消费环境、加快旅游基础设施建设、推动旅游产品多样化发展、培育新的旅游消费热点等，并指出要加大政府投入和金融支持，完善配套政策和措施，推动旅游业又好又快发展。

2010 年，《国务院关于鼓励和引导民间投资健康发展的若干意见》指出：鼓励民间资本参与发展文化、旅游和体育产业。鼓励民间资本从事广告、印刷、演艺、娱乐、文化创意、文化会展、影视制作、网络文化、动漫游戏、出版物发行、文化产品数字制作与相关服务等活动，建设博物馆、图书馆、文化馆、电影院等文化设施。鼓励民间资本合理开发旅游资源，建设旅游设施，从事各种旅游休闲活动。鼓励民间资本投资生产体育用品，建设各类体育场馆及健身设施，从事体育健身、竞赛表演等活动。

2011 年，《产业结构调整指导目录》的修订和完善是为了适应服务业大发展的新要求。明确鼓励发展的方向，引导社会资源合理集聚，是促进服务业关键领域、薄弱环节和新兴产业发展的重要举措，有利于加强和改善服务供给，促进服务业现代化，提高服务业质量和水平。《产业结构调整指导目录（2011 年本）》将"旅游业"在鼓励类中单独设立了门类，突出旅游业发展的地位，是贯彻落实《国务院关于加快发展旅游业的意见》（国发〔2009〕41 号），培育战略性支柱产业的具体举措。

2012 年，《中国人民银行　发展改革委　旅游局　银监会　证监会　保监会　外汇局关于金融支持旅游业加快发展的若干意见》提出要充分认识金融支持旅游业加快发展的重要意义，加强和改进对旅游业的信贷管理和服务，加强旅游景区金融基础设施建设等；要合理调配金融资源，创新金融工具和产品，支持旅游企业发展多元化融资渠道和方式，支持旅游资源丰富、管理体制清晰、符合国家旅游发展战略和发行上市条件的旅游企业上市融资，鼓励社会资本支持和参与旅游业发展。

《关于鼓励和引导民间资本投资旅游业的实施意见》指出改革开放以来，各类民间资本进入旅游业，民间资本在旅游投资中的比重不断增加，综合效益不断提高；还提出要坚持旅游业向民间资本全方位开放，鼓励民间资本投资旅游业，如合理开发旅游资源，经营、管理旅游景区，开发各类旅游产品、投资经营旅游车船业等，切实将民间资本作为旅游发展的重要力量。

2013 年，《国务院办公厅关于印发国民旅游休闲纲要（2013—2020 年）的通知》提出了到 2020 年，职工带薪年休假制度基本得到落实，城乡居民旅游休闲消费水平大幅增长的发展目标，并提出了几大可以大力发展旅游业、扩大旅游消费的措施：落实《职工带薪年休假条例》，鼓励机关、团体、企事业单位引导职工灵活安排全年休假时间；推进国民旅游休闲基础设施建设；加强国民旅游休闲产品开发与活动组织；加大政策扶持力度，逐步增加旅游休闲公共服务设施建设的资金投入，鼓励社会力量投资建设旅游休闲设施，开发特色旅游休闲线路和优质旅游休闲产品，落实国家关于中小企业、小微企业的扶持政策。

2014 年，《国务院关于促进旅游业改革发展的若干意见》提出，要增强旅游发展动力，拓展旅游发展空间。在政府扶持旅游消费方面，部署了四大方面的重要举措：切实落实职工带薪休假制度，加强旅游基础设施建设，加大财政金融扶持，扩大旅游购物消费。

2015 年，针对增强旅游投资和消费，《关于进一步促进旅游投资和消费的若干意见》提出了六个方面：实施旅游基础设施提升计划，改善旅游消费环境；实施旅游投资促进计划，新辟旅游消费市场；实施旅游消费促进计划，培育新的消费热点；实施乡村旅游提升计划，开拓旅游消费空间；优化休假安排，激发旅游消费需求；加大改革创新力度，促进旅游投资消费持续增长。

### 7.3.2　金融业

《金融业发展和改革"十一五"规划》由中国人民银行、中国银监会、中国证监会、中国保监会共同制定，该规划主要阐明"十一五"时期我国金融业发展改革的指导原则和主要目标，明确了下一步我国金融工作重点。《金融业发展和改革"十一五"规划》提出，要以体制改革和科技进步为动力，进一步拓宽服务领域，创新金融产品；进一步推进金融业市场化改革，构建以市场为主导的金融创新机制，完善调控机制和服务功能，维护币值稳定，促进经济社会平稳协调发展；进一步深化金融企业改革，健全产权制度和股权结构，加快转换经营机制；进一步推进金融业对外开放；进一步优化金融结构；进一步健全金融法制，依法强化金融监管，加强金融基础设施建设，促进金融业安全高效稳健运行。

"十二五"规划关于金融业部分提出"深化金融体制改革",对未来五年我国金融业改革发展做出最新部署。第一,构筑逆周期金融调控框架。完善宏观金融调控制度,促进经济的健康发展,将成为未来几年金融改革的重要看点。"十二五"规划中,就首次提及要"构建逆周期的金融宏观审慎管理制度框架"。根据宏观调控和货币政策的需要,发挥跨周期的逆向调节功能,降低商业银行行为的顺周期性,最终增强金融系统稳定性和支持经济增长的可持续性。第二,打造中国金融"安全网","十二五"规划明确提出了"建立存款保险制度"。强化对存款金融机构的市场约束,实行限额保险和差别费率,强化对金融机构的制约。"十二五"规划强调要加强金融监管协调,完善地方政府金融管理体制,建立健全系统性金融风险防范预警体系、评估体系和处置机制,完善我国金融业稳健标准。

2016 年,中国人民银行、民政部等部门联合颁布《关于金融支持养老服务业加快发展的指导意见》,推动养老金融的发展,我国在养老服务业发展政策层面越来越重视人才培养与金融发展并重,并不断扩大养老服务人才培养范围,激发养老金融行业的积极性,以确保养老服务业政策的实施效果。

### 7.3.3　文化业

《文化部"十二五"时期文化产业倍增计划》提出"十二五"期间文化部门管理的文化产业增加值 2015 年比 2010 年至少翻一番的发展目标。该计划主要任务是以实现跨越式发展为主题,以优化结构布局、加快转变发展方式为主线,以培育文化企业、扩大文化消费、推进文化科技创新、发展特色文化产业为重点,加强内容引导,实施重大文化产业项目带动战略,全面提升文化产业创新能力和核心竞争力,推出一批内容健康向上、深受群众喜爱、市场占有率高的中国原创文化产品,努力满足人民多样化精神文化需求,推动文化产业成为国民经济支柱性产业。

《完善促进消费体制机制实施方案(2018—2020 年)》提出在文化服务领域开展行政审批标准化试点。推进经营性文化事业单位转企改制、公益性文化事业单位改革和国有文化企业公司制股份制改造。制定实施深化电影院线制改革方案,推动"互联网+电影"业务创新,完善规范电影票网络销售及服务相关政策,促进点播影院业务规范发展。拓展数字影音、动漫游戏、网络文学等数字文化内容。

《国务院办公厅关于进一步激发文化和旅游消费潜力的意见》提出顺应文化和旅游消费提质转型升级新趋势,深化文化和旅游领域供给侧结构性改革,从供需两端发力,不断激发文化和旅游消费潜力。

《关于促进文化和科技深度融合的指导意见》提出建立文化科技重大科研任务形成机制,从基础研究到关键技术研发、集成应用等创新链一体化设计。明确企业、科研院所、高校、社会组织等各类创新主体功能定位,构建开放高效的创新网络。实施标准化战略,完善文化技术标准化体系,强化标准研制与推广,推进技术专利化、产业标准化,完善产业评估体系建设,以标准助力文化和科技深度融合。鼓励我国企业和社团参与国际标准研制,推动我国优势技术与标准成为国际标准。利用"一带一路"倡议相关政策,推动以标准为基础的文化科技创新成果"走出去",加快文化技术标准推广。

《"十四五"文化产业发展规划》提出到 2025 年,文化产业体系和市场体系更加健全,文化产业结构布局不断优化,文化供给质量明显提升,文化消费更加活跃,文化产业规模持续壮大,文化及相关产业增加值占 GDP 比重进一步提高,文化产业发展的综合效益显著提升,对国民经济增长的支撑和带动作用得到充分发挥。

《关于推动文化产业赋能乡村振兴的意见》提出到 2025 年,文化产业赋能乡村振兴的有效机制基本建立,优秀传统乡土文化得到有效激活,乡村文化业态丰富发展,乡村人文资源和自然资源得到有效保护和利用,乡村一二三产业有机融合,文化产业对乡村经济社会发展的综合带动作用更加显著,对乡村文化振兴的支撑作用更加突出。

《文化和旅游部关于推动国家级文化产业园区高质量发展的意见》提出,到2025 年,国家级文化产业示范园区达到 50 家左右,规模优势和集聚效应更加显现,培育一批具有发展潜力的国家级文化产业示范园区创建单位,不断提高创建水平,形成高质量的创建梯队;北京朝阳国家文化产业创新实验区、中新天津生态城国家动漫产业综合示范园对区域文化产业创新发展的辐射带动能力进一步增强。国家级文化产业园区整体布局更加优化,创新发展能力明显提高,服务体系不断完善,产业生态持续优化;培育壮大一批具有市场竞争力和行业影响力的骨干文化企业和文化产业集群,促进区域资源要素配置更加合理、产业结构进一步优化升级,成为推动各地文化产业高质量发展的重要载体。

《文化和旅游部 自然资源部 住房和城乡建设部关于开展国家文化产业和旅游产业融合发展示范区建设工作的通知》提出,"十四五"期间,建设 30 个左右文化禀赋和旅游资源丰富、产业链深度融合和协同互补、发展机制健全的国家文化产业和旅游产业融合发展示范区,更好发挥文化产业和旅游产业优势,促进新型文化和旅游业态蓬勃发展。

### 7.3.4 物流业

"十一五"规划中,将"大力发展现代物流业"单列一节;国家发展改革委等九部门印发《关于促进我国现代物流业发展的意见》,以及各有关部门出台关于促进物流发展的有关政策。一是继续制止行政性垄断,打破地区封锁,创造统一有序、公平竞争、服务高效的市场环境。二是进一步完善物流企业的税收政策,在试点工作的基础上，加快解决物流企业营业税重复纳税问题。三是继续推动通关改革和保税物流监管改革，加快物流信息监控系统建设，实现海关有效监管与高效运作的有机统一。制定物流相关专项规划，放宽物流市场准入标准，进一步改善口岸物流的通关环境，加强物流市场监管，稳步推进行业基础性工作。国家标准委等八部门联合编制了"十一五"物流标准规划。

"十二五"期间将加快促进现代物流发展，《交通运输"十二五"发展规划》提出了促进现代物流发展和建立以低碳为特征的交通运输体系的思路。一是推动综合运输体系的发展，强化基础设施的有效衔接。二是把推进主要港口和公路货运站场的转型升级作为重要切入点，引导部分港口和公路货运站场向综合性物流园区转型升级。三是深入探索我国交通运输物流公共信息平台的发展模式，并研究制定相关的标准规范。四是大力发展滚装、甩挂运输，提高道路运输效率和服务水平。

《交通运输"十二五"发展规划》提出了若干发展现代物流业的重大战略，包括推进综合运输体系建设是发展现代交通运输业的重要任务，也是现代物流业发展的重要前提和保障；加快建设综合运输管理和公共信息服务平台，促进各运输方式信息系统对接和资源共享；发展先进公路运输组织方式，加强货运组织和运力调配，利用回程运力，降低车辆空驶率。鼓励厢式运输、集装箱运输等专业化运输方式，发挥甩挂运输效率高和减排效果好的优势。

## 7.4　现代服务业发展转型的个别省份政策

### 7.4.1　河北

2018 年 7 月，《河北省人民政府关于加快推进现代服务业创新发展的实施意见》提出，到 2020 年，河北省将基本构建起新技术支撑、新业态引领、新模式广泛应用的现代服务业体系。服务业水平大幅提升，服务业增加值年均增长 10%左右，占 GDP 比重超过 45%；现代服务业增加值占服务业比重突破 60%，新兴业态不断涌现，转型步伐明显加快，民生服务供给进一步扩大。雄安新区改革创新和引领全省服务业发展的基础地位初步确立，高端业态集聚态势初步显现。

2021 年 11 月，河北省政府办公厅印发的《河北省建设全国产业转型升级试验区"十四五"规划》，提出要做大做强现代服务业，以产业结构转型、居民消费升级需求为导向，提质升级传统服务业，发展壮大新兴服务业，推动服务业发展与科技创新融合共生，提高服务效率和服务品质，着力扩大有效供给。

2022 年 3 月，河北省发展和改革委员会印发的《河北省关于促进服务业领域困难行业恢复发展的实施方案》，要求扎实做好"六稳"工作，全面落实"六保"任务，加快服务业恢复发展，形成稳增长强有力支撑。

2022 年 3 月，河北省发展和改革委员会印发的《河北省现代服务业发展项目管理办法》，提出要培育壮大服务业新模式新业态，充分发挥现代服务业促进河北省产业结构优化升级和提高人民生活水平的引导支撑作用。本办法适用于河北省战略性新兴产业发展专项资金支持的河北省现代服务业发展项目。项目范围包括全省现代服务业发展的重点领域、关键环节，代表服务业未来发展方向、有利于资源高效利用的新兴行业，能够促进人民生活水平提高和先进制造业高质量发展的服务业新模式新业态。

### 7.4.2　山西

2016 年 6 月，山西省人民政府印发的《山西省进一步支持服务业发展的若干措施》为进一步促进全省服务业发展，提出要加大对服务业的支持力度，营造良好的服务业发展环境，决定放宽市场准入、落实税收优惠政策、加大财政扶持力度、创新金融服务、完善土地支持措施、实施规费减免政策、推动服务业重点领域突破、优化发展环境、加大品牌培育和标准化建设、深化服务业领域改革和加强组织领导和统筹协调。

2017 年 11 月，山西省人民政府办公厅印发的《山西省支持现代服务业发展政策措施（2017 年版）》，为解决山西省服务业大而不强、结构不优等突出问题，着力破解体制机制障碍，促进现代服务业提质增效，加快转型升级，提出要创建现代服务业发展良好环境、推动生产服务加快发展、提升流通服务发展水平、扩大社会服务有效供给、提高居民服务质量、培育服务业竞争新优势和实施服务业助力脱贫攻坚等措施。

2021 年 6 月，山西省政府印发的《山西省"十四五"现代服务业发展规划》，提出要推进现代服务业集聚区提档升级，优化布局省级现代服务业集聚区，进一步完善集聚区配套服务功能，做大做强主导产业，持续增强集聚区综合承载功能。

2021 年 11 月，山西省发展和改革委员会印发的《省级现代服务业集聚区认定管理办法》，提出"为科学有效推进现代服务业集聚区认定管理工作，引导和支持我省现代服务业集聚区健康快速发展，促进服务业集聚、集约、高质量发展，助推产业转型升级，特制定本办法"。

2022 年 4 月，山西省人民政府办公厅印发的《山西省推进服务业提质增效 2022 年行动计划》，为推动生产性、生活性、非营利性服务业及所属细分行业全面加快提质增效步伐，结合工作实际制定该行动计划，提出要促进服务业恢复稳定增长、大力发展生产性服务业、提升发展生活性服务业、强化工作支撑以及加强组织保障。

2022 年 9 月，山西省工业和信息化厅印发的《山西省"十四五"软件和信息技术服务业发展规划》，提出要以加快建立具有区域竞争优势、自主创新的软件产业生态为主线，以引进和实施一批重大项目为抓手，着力突破核心技术，积极培育新兴业态，持续深化融合应用，提升软件产业创新力和竞争力，将山西打造成中西部信创产业生态和创新高地，充分释放山西转型发展的新动能。

### 7.4.3　黑龙江

2021 年 10 月，黑龙江省市场监督管理局印发的《黑龙江省"十四五"标准化建设发展规划》，提出要制修订高端装备、智能制造、人工智能、制造业与现代服务业融合、制造业与物流业融合等相关技术标准 20 项。

2021 年 11 月，黑龙江省民政厅印发的《黑龙江省养老服务业"十四五"发展规划》，紧扣"健全基本养老服务体系，推动养老事业和养老产业协同发展"的主题，总结了"十三五"时期取得的成就，明确了"十四五"时期养老服务业发展原则、发展目标和主要发展任务。

2022 年 6 月，黑龙江省人民政府印发的《黑龙江省产业振兴行动计划（2022—2026 年）》，提出要着力推动服务业结构优化，实现扩量升级，强化模式创新、业态创新、产品创新，推进生产性服务业向专业化高端化延伸，生活性服务业向高品质多样化升级，以市场需求升级为导向，增强服务经济发展新动能，打造优质高效、充满活力的现代服务产业体系，释放振兴发展新活力。深化新一代信息技术创新应用，推动现代信息服务业提速发展；丰富产品和服务，推动现代金融服务业创新发展；立足独特区位优势，推动现代物流产业集聚发展；延伸发展配套服务链，推动服务型制造创新发展；坚持全域全季发展定位，推动旅游康养高质量发展；提升服务供给能力，推动养老托育服务业健康发展；创新产业发展活力，推动文化娱乐产业结构优化升级。

2022 年 9 月，黑龙江省人民政府办公厅印发的《黑龙江省现代信息服务业振兴行动方案（2022—2026 年）》，明确了推动现代信息服务业发展的总体要求、主要工作任务和保障措施，立足"4567"①现代产业体系，聚焦信息产品服务和生产生活转型，完善信息服务产业体系，提升公共服务数字化水平，推动现代信息服务业提速发展，助力黑龙江全面振兴全方位振兴。

### 7.4.4　上海

2019 年，国家发展和改革委员会、国家市场监督管理总局联合印发《关于新

---

① 黑龙江省构建的"4567"现代产业体系为着力打造数字经济、生物经济、冰雪经济、创意设计四大经济发展新引擎，培育壮大航空航天、电子信息、新材料、高端装备、农机装备等五个战略性新兴产业，加快推进能源、化工、食品、医药、汽车、轻工等六个传统优势产业向中高端迈进，加快推进信息服务、现代金融、现代物流、服务型制造、旅游康养、养老托育、文化娱乐等七个现代服务业发展。

时代服务业高质量发展的指导意见》，该意见总体目标是到 2025 年，服务业增加值规模不断扩大，占 GDP 比重稳步提升，吸纳就业能力持续加强。服务业标准化、规模化、品牌化、网络化和智能化水平显著提升，生产性服务业效率和专业化水平显著提高，生活性服务业满足人民消费新需求能力显著增强，现代服务业和先进制造业深度融合，公共服务领域改革不断深入。服务业发展环境进一步改善，对外开放领域和范围进一步扩大，支撑经济发展、民生改善、社会进步的功能进一步增强，功能突出、错位发展、网络健全的服务业高质量发展新格局初步形成。

2020 年 11 月，上海市人民政府印发的《上海市全面深化服务贸易创新发展试点实施方案》，为进一步深化上海市服务贸易创新发展试点，积极推进服务贸易领域供给侧结构性改革，建立和完善适应服务贸易创新发展的体制机制，提出要全面探索完善管理体制、全面探索扩大对外开放、全面探索提升便利化水平、全面探索创新发展模式、全面探索重点领域转型升级、全面探索健全促进体系、全面探索优化政策体系、全面探索健全运行监测和评估体系。

2021 年 4 月，商务部印发的《上海市服务业扩大开放综合试点总体方案》，提出要推动服务业重点行业领域深化改革扩大开放、推动服务业扩大开放在重点平台和重点园区示范发展、优化服务业开放发展的体制机制、加强服务业开放发展的政策和要素保障。

2021 年 6 月，上海市人民政府办公厅印发的《上海市服务业发展"十四五"规划》，提出要推动金山、宝山转型发展，支持吴淞、吴泾等重点区域培育先进制造业和现代服务业融合业态，探索产业发展新路径。该规划重点围绕优结构、升能级、增动力、提效率、强品牌，对"十四五"期间上海服务业发展做出了系统安排。

2021 年 9 月，上海市人民政府印发的《上海市推动先进制造业和现代服务业深度融合发展的实施意见》，提出要加快实现产业体系由"制造"向"创造"跃升，由"壮大"向"强大"迈进，提出要加快形成支撑上海"五型经济"发展的重要基点和全新优势，打造全国产业高质量发展标杆。

2021 年 12 月，上海市经济和信息化委员会印发的《上海市生产性服务业发展"十四五"规划》，提出"十四五"期间，大力发展与先进制造业密切相关的更加智能化、知识更加密集的十大重点领域，即：总集成总承包服务、供应链管理服务、产业电商服务、研发和设计服务、检验检测认证服务、智能运维服务、节能环保服务、生产性金融服务、生产性专业服务、职业教育培训和人力资源服务。

### 7.4.5 天津

2021 年 4 月，商务部印发的《天津市服务业扩大开放综合试点总体方案》，提出要全面有效推进天津市服务业扩大开放综合试点工作，通过放宽市场准入、改革监管模式、优化市场环境，努力形成市场更加开放、制度更加规范、监管更加有效、环境更加优良的服务业扩大开放新格局，探索积累可复制可推广经验，着力打造生产性服务业发展先行区，为国家全方位开放和服务业创新发展发挥示范带动作用。

2021 年 7 月，《天津市服务业发展"十四五"规划》提出要坚持高质量发展，加快构建优质高效、结构合理、竞争力强的服务产业新体系，不断满足产业转型升级需求和人民美好生活需要，为社会主义现代化大都市建设提供有力支撑。

2021 年 12 月，《天津市智慧城市建设"十四五"规划》提出要积极探索实践数字经济发展和产业转型升级的新路径模式，建成"津产发"数字经济综合应用平台，健全以制造业、商贸业、现代服务业转型升级为重点的数字经济"1+3"政策体系，实现数字经济核心产业增加值占地区生产总值比重稳步提升。

2022 年 3 月，天津市人民政府办公厅印发的《关于促进生活性服务业发展若干措施》，为大力推动天津市生活性服务业发展，丰富服务供给，提高服务质量，打造服务品牌，更好满足人民群众日益增长的美好生活需求，提出要加强公益性基础性服务供给、加快补齐服务场地设施短板、加强服务标准品牌质量建设、强化高质量人力资源支撑、推动服务数字化赋能、培育强大市场激活消费需求、打造市场化法治化国际化营商环境等。

2022 年 5 月，天津市发展和改革委员会等部门研究制定了《关于促进服务业领域困难行业恢复发展的若干措施》，天津市发展和改革委员会要切实发挥牵头作用，加强统筹协调，做好形势分析，加大协调推动有关政策的出台、执行落实工作力度，强化储备政策研究；天津市各有关部门要各司其责、加强配合，加大政策宣传贯彻力度，抓紧出台具体政策实施办法，及时跟进解读已出台政策，及时协调解决政策落实过程中的难点、堵点问题，及时回应社会诉求和关切。

### 7.4.6　河南

2021 年 4 月，河南省服务业工作领导小组印发的《2021 年河南省服务业发展工作要点》，提出要以改革开放创新为根本动力，以服务业高质量发展为主攻方向，统筹推进重点产业发展、重大工程建设和重要领域改革，促进生产性服务业向专业化和价值链高端延伸、生活性服务业向高品质和多样化升级、先进制造业和现代服务业深度融合，进一步增强服务业"稳"的基础和"进"的动能，为"十四五"开好局起好步，加快融入以国内大循环为主体、国内国际双循环相互促进的新发展格局提供坚实支撑。

2021 年 12 月，河南省人民政府印发的《河南省"十四五"制造业高质量发展规划和现代服务业发展规划》，提出要加快推动先进制造业与现代服务业深度融合，培育发展服务型制造，深化业务关联、链条延伸、技术渗透、平台赋能，推动先进制造业和现代服务业相融相长、耦合共生。

2022 年 4 月，《2022 年河南省服务业发展工作要点》，提出要充分发挥省服务业工作领导小组统筹指导协调作用，领导小组办公室要牵头做好全省服务业运行监测分析，加强工作协调推动和进展情况通报。省有关部门要各司其责、加强配合，扎实推进各项重点工作。各地要结合实际，抓好工作任务落实，推进重大项目建设，确保顺利完成全年目标任务。

2022 年 8 月，《河南省加快推动现代服务业发展实施方案》，提出要加快现代服务业开发区改革，深入推进"三化三制"改革，强化开发区管委会经济发展主责主业，扩大管理权限，推广"极简审批"，创新投融资模式，引导社会资本参与开发区开发建设。统筹推进其他服务业载体整合提升和体制机制创新。

2023 年 3 月，《2023 年河南省服务业发展工作要点》，提出各地各部门要高度重视服务业在稳经济、促消费、增就业等方面的重要作用，凝聚各方合力推动服务业高质量发展。在省服务业工作领导小组统筹指导下，领导小组办公室要强化全省服务业运行监测分析研判，协调推动重点工作任务落实；省有关部门要压紧压实任务分工，结合"万人助万企""三个一批"等活动扎实推进本领域重点工作；各地要结合本地实际，扎实抓好项目建设、招商引资、企业服务、政策扶持等工作，确保顺利完成全年目标任务。

### 7.4.7　宁夏

2018 年 10 月，宁夏回族自治区人民政府办公厅印发的《促进服务业发展若干政策措施》，为推进宁夏服务业发展提速、比重提高、质量提升，引领全区经济转型升级，加快供给侧结构性改革，推进高质量发展，提出要促进重点行业加快发展、促进产业集聚发展和企业做大做强、促进品牌化和标准化建设、降低企业成本、优化营商环境、强化组织实施。

2021 年 9 月，《宁夏回族自治区现代服务业发展"十四五"规划》提出要推进自治区现代服务业集聚区做优产业、做大总量，择优培育 5 个左右特色鲜明、能级突出、功能集成的现代服务业高质量发展示范区。

2022 年 7 月，宁夏出台的《关于推动生活性服务业补短板上水平提高人民生活品质的行动方案（2022—2025 年）》，明确 24 条具体举措，以推动生活性服务业补短板上水平，加快生活性服务业发展。提出要推进基本公共服务均等可及，扩大普惠性生活服务供给，大力发展社区便民服务，提升生活性服务业品质，提升生活服务发展效能。

# 第8章 现代服务业发展政策的协同效应

中国进入目标多元、政策多元的新发展阶段。过去追求高速增长,现在追求高质量发展。增长只是规模做大的数量概念,而发展不仅仅是规模、数量的问题,还有质量、结构的问题;不仅仅是经济问题,还有社会、生态环保等问题。在新发展阶段,中国发展的整体性特征越来越明显,不能只有 GDP 的增长,还需要统筹考虑经济社会各个方面相互关联、彼此制约的关系。因此,发展的整体性特征衍生出多元目标和多元政策。

高质量发展是全面建设社会主义现代化国家的首要任务。国家制定和实施的各领域政策,都要服务于推动高质量发展这个主题。要坚持系统观念,在遵循发展规律的基础上,构建体现新发展理念、适应高质量发展要求的政策体系。要增强全局观念,善用"十个指头弹钢琴",加强经济政策与其他政策协调联动,形成"1+1>2"的政策效果。

## 8.1 政策协同性

### 8.1.1 政策协同性内涵

政策协同性也称为政策协调、政策整合。政策协同可以理解为上级政府为推动跨部门政策目标的实现而超越现有政策领域的边界,超越单个职能部门的职责范围,进而整合不同部门之间政策的行为。此处的上级主要指中央政府或地方政府统辖全局的领导部门。政策协同的对象包括政策之间的协同关系,也包括围绕某一政策内部的政策协同关系。鉴于政策协同的概念能够较好地涵盖上述提法所涉及的基本内涵,能够界定上下级政府和同级政府之间的协同关系,凸显这种新型管理理念的"动态"特征,政策协同在现代公共治理中所扮演的角色越来越重要,其对政府管理模式、治理理念和技术方法提出了更高的要求,政策协同这一范式下的研究也就日益重要。现代服务业政策协同是指不同政策部门之间合作,共同制定和实施现代服务业相关政策的过程。现代服务业包括金融、保险、信息技术、电信、医疗、教育、旅游等领域,是国家经济转型升级的重要领域。

政策协同是基于当代国家治理体系和治理问题日益复杂化的背景,在"政策管理""整体性政府"实践和经验的基础上,由西方学者提出的一套理论。它强调在共同的目标下,政府部门之间应当从政策制定到政策执行的全过程实现政策目标、工具、措施等方面的相互支持与配合，从而达到减少组织冲突、实现整体收益最大化的目的。2000 年，世界经济合作与发展组织提出了政策协同的三个时空维度：一是横向协同，旨在确保政策之间互相支撑；二是纵向协同，旨在确保政策产出与政策制定的目标相一致；三是时间维度协同，旨在确保政策在可预见的未来具有持续效力。不过，从府际关系的视角来看，横向协同也可被理解为同级政府部门之间政策的协同；而纵向协同则是具有上下级关系的政府部门之间政策的协同，这种观点将时间和空间维度融合在了一起，既包含政策的制定过程，也包含政策的执行过程。总之，基于理论的本质特征，国内外学者从不同的层次、视角出发，运用不同方法对政策协同的现象、问题和目标等展开了深入研究。其中，政策协同评估成为逐渐兴起的研究领域之一。

### 8.1.2　政策协同评估

政府出台政策的根本目的在于解决公共问题，但处于当下复杂的背景环境，每个公共问题不再具有独立性，呈现出模糊边界的特性，这就需要多利益主体实现跨领域合作。协同理论指出，现实世界是一个由种类繁多的子系统构成的生态系统，其复杂性极易导致内部的紊乱，而子系统间的协同作用将理顺系统间的勾稽关系，以有序的相互协作表现出整体协同效应。

现有的政策评估思路主要可以分为两种类型：一是对政策文本的质量评估，即以政策文本中的信息要素为对象，通过构建评价指标的方式对文本编写质量或政策效力大小进行评价；二是对政策实施效果的分析，相关研究主要以政策执行为背景，通过对某个领域的面板数据进行分析来反映政策的实施效果。通过比较可以发现，虽然从政策本身出发就能够对政策进行评价，但政策最终执行的效果才是真正反映政策优劣的最好指标。只不过在现实操作中，想要考查政策执行的最终效果并非易事，一方面是数据获取不便，另一方面在于多数情况下，政策结果并非由单一因素所决定的。因此，综合考虑现实情况和研究的可操作性，借鉴依托于政策文本的质量评估思路展开对相关政策的分析就成为一种主流选择。目前，学界形成了三种较为成熟的政策协同分析框架：第一种从政策结构和政策要素入手，构建基于政策层级、政策主体和政策工具等多个维度的分析框架；第二种针对量化研究而设计，主要将相关政策划分为若干结构化特征，包括时间、主体、目标、工具和机制等；第三种依据国家行政权力结构与政策类型，通过编制政策量化标准操作手册来对政策的力度进行打分。

尽管当前相关领域的政策协同评估模型无外乎都是从公共政策的基本要素入手，运用文本分析、内容分析、政策计量等方法对政策的主体、目标、手段、工具、措施、力度等进行协同性评估，进而得出相应的结论，但从政策领域的复杂性角度看，相关研究仍然存在一定的不足：一是通过对发文时间和数量的统计难以真正反映政策协同的实际效果；二是对全部相关政策进行分析不具备经济效率；三是对政策的分类赋分方式存在一定的不合理之处，尤其在没有控制单一变量的背景下比较政策协同程度，往往会出现影响政策效应真实性的情况。

### 8.1.3　政策协同的实现条件

（1）协同理念的达成。政策协同理念是推动政策协同的前提。

（2）元政策层的推动。元政策层是指一个国家内部拥有最高决策权的主体。在我国，元政策层主要是指党和国家最高决策层，他们是可以超越部门利益而从国家整体考虑的党和国家级核心领导。在政策协同过程中，元政策层发挥着不可替代的作用，具体表现在：首先，元政策层拥有政策协同的绝对权威。中国政府致力于提升治理效能，其合法性建立在多方面的合法性基础之上，其中包括绩效合法性。中国政府通过实施以人民为中心的发展策略，不断推进服务型政府建设，以满足人民日益增长的美好生活需要。在国家转型和发展的关键时期，政策的协同与实施得到了中央层面的有力推动，从而确保政策目标的有效达成。

（3）合适的协同方案。政策协同本身是一种集体行动，集体行动的困难不仅与团体的规模有关，还与成本收益的比值有关。高层也需要慎重考量改革的基本方案。政策协同过程的基本成本包含以下几个因素：政策设计过程中，既需要考虑到政策协同所涉及的主体、内容和方式，也需要考虑政策协同过程中的信息成本，协同过程的实施成本以及协同后的收益成本等诸多事项；同时，资源稀缺性导致的集体行动的困难性是政府跨域治理过程中面临的基本问题。但是有理性的、寻求独立利益的部门和个人采取伪协同行动，破坏了整体协同的一致性。有效协同的关键在于有效调动多元主体的合作动力，但政策和制度一旦形成就具有不易改变的性质，任何的改革都会遇到制度成本的约束。历史表明，人们过去做出的选择决定了其现在可能的选择。政策协同问题往往涉及众多监管部门，各个部门在长期的监管过程中积累了很多监管制度，大到法律规范和职能范围，小到监管经验和工作标准都有一定的差异，部门之间的合作动力自然受到抑制。政策协同的主体往往涉及较多，行政干预仍然较多，行政成本较高，无法有效处理机构重叠、职责交叉、政出多门等问题。元政策层从横向和纵向两个维度，在建立合作机制、推动机构改革等多种方案中选择和比较，最终寻求合适的政策方案。

（4）恰当的机会窗口。政策协同问题进入政策议程本身需要一定的窗口。尽管政策议题有时候是由非政策制定者所提出的，但是绝大多数的普通公众只能在自己的范围内通过非正式渠道传播和表达，而且公众意识到某一个问题并不等于某个政策建议能够成为政策议题。政策诉求提升到政策议题，则必须有专家、媒体等外部力量的介入，随后再吸引政策制定主体的参与，随后这些议题才能纳入政策制定者的视野。但是，在任何既定的时间段内，对政策制定者来说重要的议题多种多样。

# 8.2　政策协同研究方法

在政策协同研究方法的选择方面，我国政策协同相关文献的研究方法主要分为定性研究和定量研究两种，其中定量研究又有政策效力测度模型、政策分析模型等。

## 8.2.1　政策效力测度模型

政策效力由政策总效力、政策平均效力两个指标测度，其分别是反映政策力度与政策工具综合作用下某时期内政策总效应及政策平均效应的指标。一般而言，政策力度越大，使用的政策工具越具体，该时期内政策的总效力就越高，政策平均效力则由政策总效力与该时期内颁布政策的数量共同决定。樊霞等[1]通过构建长三角和珠三角创新政策协同度测度模型，对两区域创新政策展开量化评价与横向比较；张娜等[2]通过构建协同测度模型，深入分析了我国公共信息资源开放政策的政策效力及政策工具协同演变过程。张娜等[2]在我国国家层面的 299 篇公共信息资源开放政策文本编码基础上，通过政策效力和政策工具协同测度模型，对我国公共信息资源开放政策的政策效力及政策工具演变进行分析。

## 8.2.2　政策分析模型

政策分析模型，即政策分析的理论模型，是研究者在观察公共政策活动的过程和现象中，经提炼得出的描述、解释或预测系统。政策分析模型需要具有事实依据，能够被重复检验，不断被证据所证实。政策分析模型经过了从个别到一般，从特殊到普遍，从具体到抽象的过程，提炼出一般性理论，能够帮助分析者更好理解政策现象，准确把握有关变量之间的因果关系。如果没有理论模型，就无法确定政策分析的前提和变量，政策工具的设计和选择就无从谈起。李雪伟等[3]将政策分析模型与文本量化方法相结合，根据政策量化标准对京津冀三地的省级"十三五"专项规划进行指标评分和数据分析，最终得出京津冀地区政策的协同状况。

1. 内容分析法

内容分析法是一种客观、系统和定量地描述信息内容的研究方法，适合于对一切可记录、保存且有价值的文献进行定量研究，是一种规范的研究方法。利用该方法可将"用语言而非数量表示的文献转换为用数量表示的资料"，并可采用统计数字描述分析结果。通过分析文献内容的"量"，找出能反映文献内容本质且易于计数的特征，从而克服定性研究的主观性和不确定性的缺陷，对文献的"质"有更深刻、更精确的认识。汪涛和谢宁宁[4]通过构建基于政策文本编码的内容分析法，分析了 2006～2012 年的科技创新政策之间的协同情况，发现该政策群内衔接度较好、互补性良好，但也存在需求面政策缺失等问题。

### 2. 文本量化方法

量化标准是依据资源环境审计政策内容提出的，经过与相关领域专家教授进行讨论，对量化标准进行反复修正，并请多位相关政策研究人员根据标准对政策目标和政策措施进行多轮打分和修正，保证最终打分结果的方向一致性在 85%以上后，确定政策量化标准，从而确保研究数据效度和信度的科学性。杨晨和刘苗苗[5]将政策协同解构为政策主体、政策目标、政策措施三位一体的协同，并制定政策协同量化标准手册；梅菁和何卫红[6]通过建立政策量化标准对我国 1987～2016 年公布的资源环境审计政策进行量化研究，发现随着时间推移我国政策目标和政策措施的协同状况逐渐改善。

基于已有的评价政策协同研究方向的相关研究，可以有效分析出我国学者对于国内不同方面政策内部相互协同的关注点和着重点在科技创新、环保、产业、财政和金融等方面的政策上，这不仅仅是因为这些方面的政策的相互协同状况对于我国经济社会的建设有着举足轻重的影响，也是因为这些方面的政策的协同在我国政策体系的整体建设下具有全局性地位，同时可以有效掌握针对我国政策内部的协同状况研究的前沿方法和模型，从而更加有助于找出当下我国政策协同方面的问题与不足，以及有效避免政策协同的失败。

## 8.3　现代服务业发展政策的协同效应案例

### 8.3.1　生活性服务业政策

李丽等[7]通过搜集我国 1996～2019 年生活性服务业发展相关政策，分析了生活性服务业政策演变趋势以及生活性服务业发展政策措施协同对于生活性服务业发展的影响。在部门联合颁布的政策中，数量最多的是财政部、教育部和农业农村部，联合颁布的政策数量分别为 136 条、119 条和 66 条。国务院是颁布生活性服务业政策数量最多的部门，为 216 条，联合颁布的政策数量为 26 条。说明我国掌握经济或行政资源的部门占据了生活性服务业政策部门的核心地位，在这些联合颁布的政策中，更多的是通知及公告等力度较低的政策，政策实施有效期限短，效果不明显，政策的制定缺乏系统性和战略性。

通过对 1996～2019 年政府部门颁布的生活性服务业政策措施进行分析，发现引导措施、行政措施、财政措施、人事措施、金融措施、其他经济措施占所颁布政策总数比例分别为 72.71%、59.11%、53.42%、18.23%、8.72%、3.17%，其中，引导措施占比最大，说明引导措施是生活性服务业发展政策的重要措施，其次是行政措施，并且行政措施和引导措施与其他经济措施表现出相当高的协同度，因此在分析政策措施协同时，重点分析各项措施与引导措施和行政措施的协同。

图 8-1[7]显示了各项措施与引导措施的协同度，2003 年以前，各项措施与引导措施的协同度很低；2003～2012 年，各项措施与引导措施的协同度曲折上升。这是因为 2003 年我国进行国务院改组，改组后行政效率逐渐提高，部门间职能划分明晰。2008～2009 年，行政措施与引导措施的协同度显著提升，且远高于财政措施与引导措施的协同度。金融措施、其他经济措施与引导措施的协同度较低，但也有上升趋势。这说明我国政府在运用金融措施、其他经济措施与引导措施协同方面还有提升空间。2018 年金融措施与引导措施的协同度显著提升，这也表明要使金融措施产生更大的效应，政府应更加注重金融措施与其他措施的协同。人事措施、财政措施、行政措施、其他经济措施整体上协同度水平较低，在生活性服务业发展政策的措施中着重考虑和引导措施的协同，引导措施处于措施协同的核心位置。

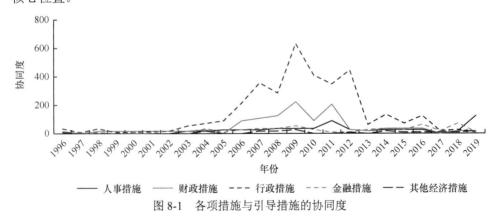

图 8-1　各项措施与引导措施的协同度

如图 8-2[7]所示，引导措施与行政措施的协同度最高。财政措施与行政措施的协同度变化较大，但总体上保持在较高的水平，说明我国政府重视经济杠杆的使用，同时在实施政策时常依赖于行政力量。从 2004 年至 2017 年，人事措施、财政措施、金融措施和其他经济措施呈曲折上升的趋势，而在 2017 年以后，部分措施出现波动调整，其中，2019 年显示出增长特征。这说明行政措施在我国制定生活性服务业发展政策中处于重要地位，同时其他措施在不同阶段有所调整。

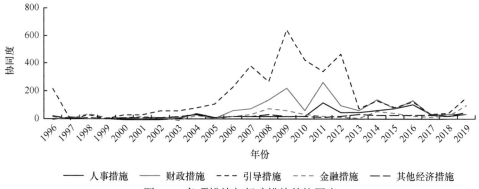

图 8-2　各项措施与行政措施的协同度

## 8.3.2　中国服务业发展政策

李丽等[8]基于 1996～2018 年服务业发展政策数据，从政策发布的部门以及政策类型两个维度制定了我国服务业发展政策的量化标准，在此基础上对我国服务业发展政策进行了量化，并对我国服务业的部门协同和政策措施协同的演变进行了分析。本节对 1996～2018 年我国政府部门颁布的服务业政策措施进行了统计分析。结果显示使用行政措施、引导措施、人事措施、财政措施、其他经济措施、金融措施政策占所颁布政策总数比例分别为 93.14%、57.23%、53.42%、36.21%、20.36%、16.13%，其中，行政措施占比最大，表明其依然是服务业发展政策的重要措施，其次是引导措施，并且行政措施和引导措施与其他措施表现出相当高的协同度，说明我国服务业政策正逐步摆脱单纯依靠行政措施或其他单一政策措施，而通过不同措施协同来实现政策目标。因此在分析政策措施协同时，重点分析各项措施与行政措施和引导措施的协同。

各项措施与行政措施之间的协同演变如图 8-3 所示[8]，2010 年之前，各措施与行政措施的协同呈现增长的态势。2001 年中国加入 WTO，各部门颁布的政策数以及部门间联合颁布的政策数都呈现较明显的增长趋势，加上 2003 年的国务院改组，理顺了各部门的职能分工，各部门的效率得到了提升，在一定程度上促进了部门间的协作，所以在 2001～2010 年，各项措施与行政措施的协同增长比较明显。2010～2018 年整体变化幅度较大，其中人事措施与行政措施、引导措施与行政措施的协同度在 2014 年后出现较大程度上升，之后一直维持在较高水平。2008～2011 年以及 2015 年，人事措施与行政措施的协同度高于引导措施与行政措施的协同度，2018 年两者协同度基本持平，说明我国部门协同的政策中关于人才培养的措施越来越多，国家越来越重视服务行业人才的培养。财政措施与行政措施的协同度呈现出稳步上升的趋势，其他经济措施与行政措施间的协同度整体呈上升趋势，表明我国政府尝试更多地将经济杠杆与行政措施协同使用。同时全面深化改革中政治体制的改革会在一定程度上带来国家行政力量的淡化，会使财政措施、其他经济措施与行政措施之间的协同度进一步上升。金融措施与行政措施之间的协同度最小，说明我国政府在运用金融措施与行政措施协同方面比较薄弱，其协同度 2010~2015 年呈现出上升的趋势，2015~2017 年出现了一定程度的下降，这与我国金融市场发展水平有关，目前我国金融市场尚不成熟，开放水平较低，金融工具类与西方国家相比仍有较大差距，随着我国改革开放程度越来越深，金融措施将会发挥更大的作用，国家应该更多地关注其他措施与该措施的协同。过多地使用行政措施会阻碍服务业的可持续增长，因此在优化现代产业体系，加快推进服务业优质高效发展的背景下，政府应该将政策协同的重心转移到其他措施与金融措施之间的协同上来，用经济杠杆和市场机制取代部分的行政命令，从而推动服务业的健康可持续发展。

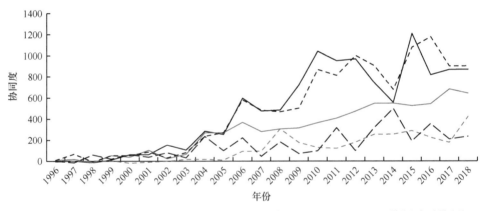

图 8-3　各项措施与行政措施之间的协同演变

各项措施与引导措施如图 8-4 所示表现出了较高的协同度[8]。其中，行政措施与引导措施的协同度最高，其趋势在前面已经分析过。值得注意的是，人事措施与引导措施的协同，虽然其协同度波动比较大，但整体上维持在一个较高水平，表明我国政府在重视人才培养的同时，也认识到了引导体系对人才培养的重要性，这不仅能够更好地促进人才的培养，重要的是能在全社会营造重视人才的氛围。其他经济措施、财政措施、金融措施与引导措施的协同度整体上呈现上升趋势，说明我国政府越来越认识到经济类措施和引导措施协同的重要性，并且有进一步上升的趋势，但是总体来说其协同度整体水平偏低，和行政措施与引导措施的协同度之间存在着较大的差距，说明我国在服务业发展政策制定的措施协同中主要是考虑和行政措施的协同，行政措施依然处于措施协同中的核心地位。

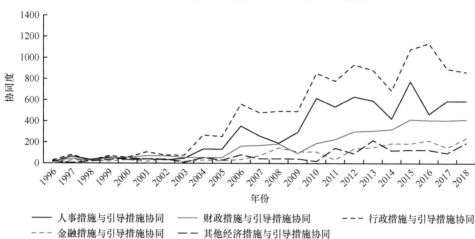

图 8-4　各项措施与引导措施之间的协同演变

### 8.3.3　养老服务业政策

赵洁等[9]筛选 2006~2019 年的养老服务业政策 158 篇，将政策措施分为金融、财政税收、人事、土地供应和社会参与 5 个子措施，政策目标分为养老服务设施、居家社区养老服务、养老机构、养老服务消费市场和医康养融合养老市场 5 个子目标，依照政策赋值标准赋分，运用政策协同度量函数量化数据。

本节在政策措施协同中主要探究其他经济措施与社会参与措施和人事措施的协同。从图 8-5、图 8-6 中可以看出，不同年份各措施与社会参与措施、人事措施协同度有所起伏，但总体呈上升趋势，并且均表现出较高协同度，这说明我国养老服务业政策正处于由单一向多元化措施转变过程中。具体来看，图 8-5 中显示，2010 年后金融措施、财政税收措施和土地供应措施与社会参与措施的协同程度逐渐提高，同时，人事措施与社会参与措施的协同度也明显增强，这反映了不同政策工具之间协同效应的逐步优化。金融措施和社会参与措施在 2016 年协同度最高，这是由于 2016 年进一步确立养老服务业市场化发展方向后，政府开始大量使用投融资、PPP（public- private-partnership，公共私营合作制）等方式吸引社会资本进入市场。图 8-6 中 2010 年前各政策协同度处于较低水平，2010 年后协同度提升并且表现出差异，其中金融措施与人事措施总体协同度略高于其他措施与人事措施的协同度，分别在 2011 年、2015 年、2016 年居于最高位。这主要是由于老年人养老金除了日常生活开支，在医疗支出、半失能/失能/失智护理费用等方面支出也较大，社会养老服务人员短缺等问题逐渐凸显。2016 年中国人民银行、民政部等部门联合颁布《关于金融支持养老服务业加快发展的指导意见》，推动养老金融的发展，我国在养老服务业发展政策层面越来越重视人才培养与金融发展并重，并不断扩大养老服务人才培养范围，激发养老金融行业的积极性，以确保养老服务业政策的实施效果。图 8-5、图 8-6[9]中土地供应措施与社会参与措施、人事措施协同虽然在 2006 年就已出现但其协同程度最低，直到 2018 年以后才开始呈现出较高程度的协同，主要是由于国家对于养老地产建设的重视程度提高，出台的政策中更多涉及土地审批流程简化，民办养老机构的土地出让金、拆迁补偿费用降低，土地管理费和规划测量费给予一定减免等土地供应措施，逐渐摸清土地供应措施应用的实质，说明国家逐渐重视人才、社会组织与土地供应措施对于养老服务业发展的重要性，这是保障发展的基本要素。

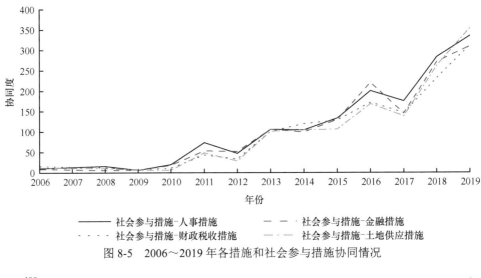

图 8-5　2006～2019 年各措施和社会参与措施协同情况

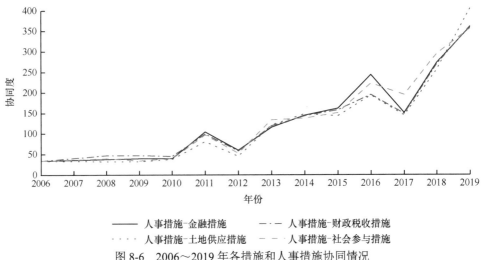

图 8-6　2006～2019 年各措施和人事措施协同情况

由于养老服务业政策目标中养老服务设施、居家社区养老服务、养老机构、养老服务消费市场以及医康养融合养老市场方面占总政策目标得分的比例，分别为 19.30%、19.39%、20.17%、21.52%和 19.63%，因此，本节主要关注促进养老服务消费市场发展与其他各目标之间的协同情况（图 8-7[9]）。从中可以看出，2010年后各目标与促进养老服务消费市场发展均表现出较高的协同度，呈逐渐上升趋势。具体来看，推进医康养融合养老市场发展与促进养老服务消费市场发展的协同度在 2016 年后一直居于高位，主要是由于互联网给各领域的发展带来便捷性和老年人对于医疗、照护的需求，促使跨界融合产业发展政策出台落地。

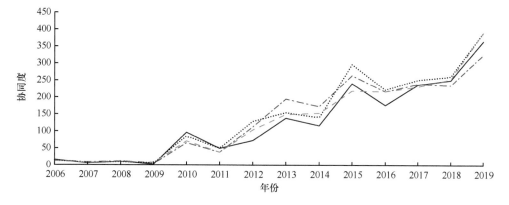

图 8-7　2006～2019 年各目标和促进养老服务消费市场发展的协同情况

# 第 9 章　现代服务业协同发展的政策效应

## 9.1　政策效应评价

政策效应评价源于政府干预，经过两个世纪的发展已逐渐成熟并衍生出相应学科，对经济社会发展起到重要的辅助作用，用于评价各项政策的实际效果。政策评价研究始于 20 世纪 80 年代中后期，根据政策评价范围的差异又分为广义与狭义的政策评价。前者是对政策出现起因至政策实施结果完整过程的评价，后者则单指对政策实施效果、效率的评价。国内学者又将狭义的政策评价分为政策评估与政策效果评价。政策评估更多是指实施前的政策效果预测，模拟推断其实施前景；而政策效果评价则关注政策实施后的实际效果分析，以不断调整、完善政策达到最佳效果。定量分析政策效果是主流的评价方法，评价结果也更加准确科学。

现如今，国内外常用的公共政策评价方法主要可以分为三大类，分别是准实验、随机受控实验与匹配方法。随机受控实验的结果是最客观可信的，但在实际操作中很难做到控制组完全不受政策影响，且耗费成本较高，不易实现，因此在研究中准实验与匹配方法更易被接受。匹配方法大致可分为协变量匹配（covariant matching，CVM）与倾向得分匹配（propensity score matching，PSM）两种，这是两种主流方法，在研究中应用较普遍，多用于无法很好区分实验组与控制组的情况。除此之外，还有一些比较复杂的政策评价方法，如自向量回归（vector autoregressive，VAR）模型、大型联立方程组模型、动态随机一般均衡（dynamic stochastic general equilibrium，DSGE）模型等，但相对来讲这些方法存在准确性不足的缺点。常见的准实验包括双重差分（difference in difference，DID）法、合成控制法（synthetic control method，SCM）、断点回归（regression discontinuity，RD）、工具变量（instrumental variable，IV）、回归合成法等方法。

## 9.2　政策效应评估方法

### 9.2.1　工具变量法

工具变量法是解决内生性问题的有效方法。当模型中内生变量与误差项相关而产生内生性问题时，我们的基本解决思路是根据相关理论分析与数据探索，寻找一个与解释变量相关但与随机误差项不相关的代理变量，即工具变量，再通过 Hausman（豪斯曼）检验等来判断该工具变量是否恰当。

简单来说，工具变量就是满足某种要求的替代变量。之所以采用工具变量，是想用它来换不能是正交假定条件的那些解释变量，这是改善模型参数估计量特性的一种有效方法。也就是说，当解释变量是随机的，且与误差项相关时 OLS（ordinary least square，普通最小二乘法）估计有偏且不一致。为了改进估计，只好采用工具变量 $Z$。

但 $Z$ 必须满足两个条件：即 $Z$ 与 $X$ 必须高度相关，但与误差项不能相关。换句话说，要想消除内生变量导致的偏误，一个有效（valid）的工具变量需同时满足以下两个条件。

（1）相关性：工具变量要与内生解释变量高度相关，即工具变量影响内生解释变量的力度要大。也就是说，Cov($X$, $Z$)要大。

（2）外生性：工具变量要与扰动项不相关，也被称为排他性约束或工具变量的效度（validity）。这里的外生性意味着工具变量影响被解释变量的唯一渠道是影响与其相关的内生解释变量，它排除了所有其他的可能影响渠道。

这也可以近似地理解为工具变量不能与被解释变量有直接的关系。例如，在考察教育与收入的关系中，要找到一个工具变量与受教育年限相关，但与收入无关，再进行相关回归。这种包含工具变量的估计方法被称为工具变量法。

## 9.2.2　断点回归

RD 是一种类似于随机受控实验的准实验法。它的主要思想是：当个体的某一关键变量的值大于临界值时，个体接受政策干预；反之，则不接受政策干预。一般而言，个体在接受干预的情况下，无法观测到其没有接受干预的情况。而在 RD 中，小于临界值的个体可以作为一个很好的控制组来反映个体没有接受干预时的情况，尤其是在变量连续的情况下，临界值附近样本的差别可以很好地反映干预和结果变量之间的因果联系，进而计算出 ATE、ATT 等政策效应变量。

RD 是一种类似于随机实验的方法，也是准实验方法中最具有可信性的方法。在随机实验不可得的情况下，RD 能够避免参数估计的内生性问题，从而真实反映出变量之间的因果关系。RD 方法应用的关键假设是要求在断点附近的个体的特征相同，这一假设可以通过统计分析得到检验。由此可见，RD 的吸引力不仅在于它的实验性，还在于它的因果推断可以方便得到检验。

### 1. 双重差分法

DID 处理选择偏差的基本思想是：允许存在不可观测因素的影响，但假定它们是不随时间变化的。

假定不可观测因素 $U_{it}$ 可分解为

$$U_{it} = \varphi_i + \theta_t + \mu_{it} \tag{9-1}$$

其中，$\varphi_i$ 为个体固定效应，不随时间变化；$\theta_t$ 为个体所处的共同的环境带来的效应，对于所有个体而言都相同；$\mu_{it}$ 为个体时点效应。DID 假定实验组和控制组在研究的区间内具有相同的个体时点效应，也就是说 $\mu_{it}$ 相同，因此通过对截面单位在项目实施前后的结果取差值，就能排除 $\varphi_i$、$\theta_t$ 的影响。反之，若在政策实施条件下，个体时点效应 $\mu_{it}$ 不相同，则 DID 就不再是一致估计量。应用 DID 评估政策效应的基本步骤是利用面板数据建立双固定效应模型并估计参数：

$$Y_{it} = \beta_0 + \beta_1 T_{it} + \beta_2 A_{it} + \beta_3 T_{it} A_{it} + \varepsilon_{it} \tag{9-2}$$

其中，$T_{it}=1$ 为实验组对象，反之则表示控制组对象；$A_{it}=1$ 为政策实施后的区段，反之亦然；$T_{it} A_{it}$ 为交叉项，其系数 $\beta_3$ 为实验组对象在接受政策后结果变量的变动程度，反映了政策变动的效应，是目标变量；参数 $\beta_1$ 为没有政策干预时，实验组与控制组的经济行为如何随时间变动，而参数 $\beta_2$ 则反映实验组和控制组中任何不随时间变动的差异。应用 DID 评估政策效应的一个关键假设是：当不存在政策干预时，$\beta_3 = 0$，这一假设只有在实验组与控制组性质非常接近时才是合理的。表 9-1 概括了 DID 方法的基本原理。

**表9-1　DID方法的基本原理**

| 项目 | 政策变化前 | 政策变化后 | 差分 |
| --- | --- | --- | --- |
| 处理组 | $\beta_0 + \beta$ | $\beta_0 + \beta_1 + \beta_2 + \beta_3$ | $\Delta Y_t = \beta_2 + \beta_3$ |
| 对照组 | $\beta_0$ | $\beta_0 + \beta_2$ | $\Delta Y_c = \beta_2$ |
| 差分 | I | I | $\Delta Y = \Delta Y_t - \Delta Y_c = \beta_3$ |

### 2. 倾向匹配方法

匹配是一种非实验方法，是对于一些没有采用或不方便采用实验方法区分实验组和控制组的数据采用的一种近似实验的方法。匹配方法假定，控制协变量之后，具有相同特征的个体对政策具有相同的反应。换句话说，不可观测因素不影响个体是否接受政策干预的决策，选择仅仅发生在可观测变量上。因此，对每一个实验组个体而言，可以根据可观测特征为其选择一个控制组个体构成反事实。

在实证分析中，根据选择控制组时匹配方法的不同，匹配又可分为协变量匹配和倾向得分匹配等。其中，协变量匹配涉及多个协变量，会导致"维度灾难"、计算过于复杂等问题。

## 9.3　现代服务业协同发展的政策效应案例

### 9.3.1　现代服务业高质量发展政策效应评估

张荣博和黄潇[10]一方面使用政策效应评估模型依托现代服务业综合政策来

对试点地域经济高质量增长进行整体评价和个案评估；另一方面，搭配政策分析模型对其进行长期动态性和短期异质性分析，找出内在影响的传导路径，探寻其对邻近地域外溢影响的存在性，分析现代服务业对经济发展作用的变动趋势，以便相关政府未来在产业经济战略发展规划中对症下药。

### 1. 基准回归估计

#### 1）样本匹配质量检验

本节是以核匹配法为主，辅以多种匹配方式对共同取值范围内的样本单元进行匹配。平衡性检验要求匹配后的样本满足条件独立性假定，所有协变量和倾向得分值在处理组和控制组之间不存在系统性的显著差异。根据 Rosenbaum 和 Rubin[11]的研究结果发现，匹配后的处理组和控制组的协变量标准化偏差的绝对值都符合低于 10%的判定标准，匹配变量在匹配后的 $p$ 值均明显大于 0.1，$t$ 检验的结果同样表明接受两组样本匹配单元不存在显著的组间均值差异性，共变量在处理组和控制组之间的分布是平衡的。模型的 $R^2$ 值很小，为 0.003，$p>chi^2$ 中 $p$ 值为 0.983，均值差异为 2.9，$B=13<25$，$R=1.13$，介于 0.5 和 2 之间。根据 Rubin[12]的判定标准，说明协变量的联合显著性很差，匹配后的组别之间的差异性很小，个体单元的协变量完全平衡，具有很好的可比性，样本的匹配质量很高。

#### 2）共同支撑检验

共同支撑检验要求倾向得分值在处理组和控制组中有足够大的重合区域，保证倾向得分匹配的有效性。以经济发展水平作为被预测变量进行匹配时，处理组和控制组样本单元分别是 174 个和 4526 个，可见，落在共同支撑域外的样本个体很小，从而使两个组别共拥有 75%左右的共同支撑区间，不存在匹配的子集效应，保证平均处理效应的可靠性。

#### 3）平均处理效应

通过采取添加控制变量的固定效应模型的方法来检验现代服务业综合政策实施对经济增长的净效应。详见表 9-2。

表9-2　平均处理效应[10]

| 解释变量 | 被预测变量：经济发展水平（Service） | | | | | | |
| --- | --- | --- | --- | --- | --- | --- | --- |
| | 模型（1） | 模型（2） | 模型（3） | 模型（4） | 模型（5） | 模型（6） | 模型（7） |
| Did | 0.204*** | 2.118*** | 1.437*** | 0.654*** | 0.066*** | 0.091*** | 0.076*** |
| | (4.85) | (13.93) | (8.72) | (3.67) | (2.32) | (3.37) | (2.74) |
| _cons | 3.672*** | 3.017*** | 2.839*** | 1.695*** | 2.781*** | 2.783*** | 2.783*** |
| | (209.37) | (28.51) | (27.55) | (7.66) | (62.17) | (62.39) | (62.39) |
| 匹配方式 | 核匹配 | 核匹配 | 核匹配 | 核匹配 | 核匹配 | 半径匹配 | 近邻匹配 |

续表

| 解释变量 | 被预测变量：经济发展水平（Service） | | | | | | |
| --- | --- | --- | --- | --- | --- | --- | --- |
| | 模型（1） | 模型（2） | 模型（3） | 模型（4） | 模型（5） | 模型（6） | 模型（7） |
| 控制变量 | No | Yes | Yes | Yes | Yes | Yes | Yes |
| 年份固定效应 | Yes | No | Yes | No | Yes | Yes | Yes |
| 个体固定效应 | Yes | No | No | Yes | Yes | Yes | Yes |
| 观察值 | 4700 | 4700 | 4700 | 4700 | 4700 | 4683 | 4700 |
| $R^2$ | 0.973 | 0.461 | 0.687 | 0.791 | 0.990 | 0.990 | 0.990 |

注：①括号内的数值为统计量；②模型均考虑异方差问题，采用稳健性标准误进行估计；③所有结果由 Stata 15.0 得出

***表示在 1%置信水平上的统计显著程度

如表 9-2 所示，核心系数 Did 的数值始终保持为正，说明现代服务业政策实施对地级市经济的高质量增长起到显著的正向作用，相较于非试点城市而言，更能够推动城市行政单元服务型经济快速发展。根据模型（1），政策实行产生的经济增收效应估计系数为 0.204，且在 1%的置信水平上具有统计显著性，该系数反映其对经济发展水平的净影响。由于混杂其他因素，数值大小相比模型（5）至模型（7）有所提高，其估计偏误难以避免，经济增收真实效果存疑，应该进行深入探讨。向模型中加入全部控制变量后，控制年份固定效应，Did 的关键系数仍然保持统计显著为正，这与本节的理论预期相符。说明对于试点地级市而言，实行新型现代服务业政策后能够明显提升市域经济发展实际，提高服务经济增长率水平。控制双向固定效应后，系数和符号保持高度吻合，表明现代服务业综合政策实施可以使试点城市比非试点城市的经济增长平均提高 7%。整体而言，现代服务业综合政策实施对城市经济增收效应非常显著，可以促使地级市经济发展达到最优状态。

2. 异质性分析

因以试点地级市作为处理组时，合成控制拟合效果不是很好，很难找到完全合适的合成对象[13]，加之，合成控制法要求政策实施事前时期和事后时期足够长，真实的因果效应才会完全显现[14]。重新选取省份层面数据指标和有关变量，进行合成控制拟合效果分析。参与合成省份的权重非负且不同，表明试点地区和其他合成对象的权重之间并不存在线性内推关系，解释变量的实际值和合成拟合值之间的差距都比较小，表明其拟合效果和程度较高。在试点省份与合成控制对象在 1994~2018 年的经济发展状况的研究分析中，由于北京市具有某种特殊性，难以通过其他省市的加权来实现完美拟合，无法利用合成池中样本的最优组合来构建北京的特征向量。现代服务业综合政策实行之前，试点省份中经济增长路径与合

成路径近乎是完全重合的，表明合成控制方法完美地拟合了政策实施前省份的经济发展路径。而在政策干预之后，重庆市和天津市的实际值都超过了拟合值，随着时间的不断推移，二者之差值即政策冲击后产生的经济增收效果逐渐加大，这说明现代服务业综合政策实施对其产生外在推动作用。相反，上海市和辽宁省经济增长的实际值在政策冲击后远远低于合成值，在政策冲击当年并没有呈现出预期和理想效果，其中辽宁省的经济增收效应却呈现出时间滞后性，于 2015 年左右才出现了明显大幅度下降，说明两省市在受到现代服务业综合政策实施干预后所呈现出的经济增收效应并不明显。

### 9.3.2　中国（上海）自由贸易试验区的服务业增长政策效应

崔耕瑞[15]选择中国 2004～2017 年省级面板数据，采用合成控制法对中国（上海）自由贸易试验区设立对当地服务业发展的影响进行评估。本节采用 Abadie 等[16]编写的命令 synth，使用 Stata 15.0 软件计算中国（上海）自由贸易试验区建设对服务业发展的政策效应。表 9-3 给出了构成"合成上海"的各地区权重组合。核心变量有服务业投资水平（Tinvest）、服务业规模水平（Tscale）、服务业发展水平（Tper）、服务业贸易水平（Ttrade）、教育水平（Education）、经济发展水平（Economic）、投资水平（Invest）、政府支出水平（Gov）、消费水平（Consumption）以及金融发展水平（Finance）。权重一给出了以服务业发展水平为结果变量时控制组的权重组合，"合成上海"由北京、江苏和新疆构成，三者的权重之和为 1，其中北京的占比最大，为 0.720，江苏、新疆分别为 0.020、0.260。权重二给出了以服务业投资水平为结果变量时控制组的权重组合，此时"合成上海"由北京和江苏构成，二者的权重之和为 1，北京权重较大，为 0.595，江苏为 0.405。权重三给出了以服务业规模水平为结果变量时控制组的权重组合，此时，"合成上海"由北京和江苏构成，二者的权重之和为 1，江苏权重较大，为 0.516，北京为 0.484。权重四给出了以服务业贸易水平为结果变量时控制组的权重组合，此时"合成上海"由北京和江苏构成，二者的权重之和为 1，北京权重较大，为 0.712，江苏为 0.288。

表9-3　构成"合成上海"的各地区权重组合[15]

| 省区市 | 权重一 | 权重二 | 权重三 | 权重四 |
| --- | --- | --- | --- | --- |
| 北京 | 0.720 | 0.595 | 0.484 | 0.712 |
| 江苏 | 0.020 | 0.405 | 0.516 | 0.288 |
| 新疆 | 0.260 | 0 | 0 | 0 |

合成控制法的应用是否可信，关键在于在政策干预实施之前其合成控制组能

否很好地拟合实验组的预测变量。表 9-4 给出了上海在设立自贸区之前与其合成控制组在关键经济变量上的均值对比情况。从表 9-4 可以看出，除了经济发展水平外，各关键经济变量的真实值和合成值均较为相近，这说明通过合成控制法得到的上海服务业发展水平、投资水平、规模水平以及贸易水平的评估效应可靠程度较高。

表9-4　相关经济变量的均值对比[15]

| 预测变量 | Tper | | Tinvest | | Tscale | | Ttrade | |
|---|---|---|---|---|---|---|---|---|
| | 真实值 | 合成值 | 真实值 | 合成值 | 真实值 | 合成值 | 真实值 | 合成值 |
| Invest | 0.30 | 0.47 | 0.30 | 0.44 | 0.30 | 0.46 | 0.30 | 0.41 |
| Gov | 0.20 | 0.23 | 0.20 | 0.16 | 0.20 | 0.15 | 0.20 | 0.17 |
| Education | 10.59 | 10.71 | 10.59 | 10.41 | 10.59 | 10.12 | 10.59 | 10.72 |
| Economic | 7.98 | 6.52 | 7.98 | 7.09 | 7.98 | 6.86 | 7.98 | 7.33 |
| Consumption | 0.35 | 0.38 | 0.35 | 0.38 | 0.35 | 0.38 | 0.35 | 0.40 |
| Finance | 1.91 | 1.93 | 1.91 | 1.76 | 1.91 | 1.62 | 1.91 | 1.91 |

表 9-5 给出了在政策干预阶段，上海与"合成上海"的服务业发展状况，以及相应的政策效应。从服务业发展水平来看，中国（上海）自由贸易试验区的设立对服务业发展水平具有正向促进作用，其真实值均高于合成值，政策效应为正且在 2013～2016 年呈现出逐年递增的态势，而在 2017 年略有下降，其年均政策效应为 0.44。从服务业投资水平来看，中国（上海）自由贸易试验区的设立对服务业投资水平具有正向促进作用，其真实值均高于合成值，政策效应为正且在 2013～2016 年呈现出逐年递增的态势，而在 2017 年保持不变，其年均政策效应为 0.10。从服务业规模水平来看，中国（上海）自由贸易试验区的设立对服务业规模水平具有正向促进作用，其真实值均高于合成值，政策效应为正且在 2013～2016 年呈现出逐年递增的态势，而在 2017 年略有下降，其年均政策效应为 0.04。从服务业贸易水平来看，中国（上海）自由贸易试验区的设立对服务业贸易水平具有正向促进作用，虽然 2013 年和 2014 年的真实值低于合成值，但 2014 年以后真实值均高于合成值，政策效应在 2013～2016 年呈现出逐年递增的态势，在 2017 年略有下降，且在 2014 年以后政策效应均保持为正，其年均政策效应为 0.11。针对 2017 年略有下降，这里可能归因于以下两个方面：一是 2017 年美国特朗普上台后颁布的新政策，加剧了中美贸易摩擦的不断升级，导致中国相关行业受到不同程度的负面影响，尤其是对中国（上海）自由贸易试验区内与国际接轨的服务业影响更为明显；二是 2017 年发达经济体政策的不确定性严重地冲击以中国为代表的新兴市场国家，导致全球资本流动性进一步恶化，使全球经济陷入了较为严重的疲软期，这在一定程度上也阻碍了中国服务业的快速发展。

表9-5　中国（上海）自由贸易试验区政策的服务业促进作用[15]

| 年份 | Tper | | | Tinvest | | | Tscale | | | Ttrade | | |
|---|---|---|---|---|---|---|---|---|---|---|---|---|
| | 真实值 | 合成值 | 政策效应 | 真实值 | 合成值 | 政策效应 | 真实值 | 合成值 | 政策效应 | 真实值 | 合成值 | 政策效应 |
| 2013 | 5.57 | 5.51 | 0.06 | 0.78 | 0.71 | 0.06 | 0.62 | 0.59 | 0.02 | 9.73 | 9.83 | −0.09 |
| 2014 | 6.30 | 6.05 | 0.25 | 0.81 | 0.73 | 0.08 | 0.65 | 0.62 | 0.03 | 9.83 | 9.84 | −0.01 |
| 2015 | 7.05 | 6.60 | 0.45 | 0.85 | 0.73 | 0.11 | 0.68 | 0.64 | 0.04 | 9.85 | 9.68 | 0.17 |
| 2016 | 8.13 | 7.37 | 0.76 | 0.85 | 0.73 | 0.13 | 0.70 | 0.65 | 0.05 | 9.91 | 9.65 | 0.26 |
| 2017 | 8.76 | 8.09 | 0.67 | 0.86 | 0.73 | 0.13 | 0.69 | 0.65 | 0.04 | 10.01 | 9.82 | 0.20 |
| 均值 | 7.16 | 6.72 | 0.44 | 0.83 | 0.73 | 0.10 | 0.67 | 0.63 | 0.04 | 9.87 | 9.76 | 0.11 |

　　图 9-1[15]显示的是上海和"合成上海"服务业发展变量真实值和合成值的增长路径。通过比较真实值和合成值的增长路径，得到以下几点结论：第一，在中国（上海）自由贸易试验区设立之前，服务业发展水平的合成值对真实值的拟合效果最好，"合成上海"很好地拟合了自贸区设立之前的服务业发展水平；服务业规模水平和服务业贸易水平的合成值对真实值的拟合效果次之，但"合成上海"也能有效地拟合自贸区设立之前的服务业规模水平和服务业贸易水平；而服务业投资水平的合成值对真实值的拟合效果相对较差，这可能是由于合成控制法要求将控制组限定为与实验组具有相似特征的控制地区，当控制组中某地区特征远离实验地区特征时，就会产生内插偏差。第二，在中国（上海）自由贸易试验区设立之后（即 2013 年之后），除服务业贸易水平出现过合成值高于真实值的情况外，其余三个服务业变量真实值均高于合成值，即中国（上海）自由贸易试验区服务业的发展水平、投资水平和规模水平的实际增长路径均优于"合成上海"的增长路径，这说明中国（上海）自由贸易试验区的设立促进了上海服务业发展水平、投资水平以及规模水平的提高。而上海服务业贸易水平在自贸区设立之后，先后经历了合成值高于真实值和合成值低于真实值，且合成值低于真实值的时间较长，这说明随着时间的推移，中国（上海）自由贸易试验区的设立最终会促进上海服务业贸易水平的提高。第三，不同服务业发展代理变量的服务业增长效应存在一定的差异性。在以服务业发展水平作为服务业代理变量时，在上海设立自贸区当年并没有产生增长效应，而在之后一段时期内，保持着真实值高于合成值态势，这说明中国（上海）自由贸易试验区的设立能够提高人均服务业增加值。在以服务业投资水平和规模水平作为服务业代理变量时，在中国（上海）自由贸易试验区设立当年即产生了明显的服务业增长效应，且在之后一段时期内，服务业投资水平和规模水平的真实值持续高于合成值，这说明中国（上海）自由贸易试验区的设立能够有效地提升服务业固定资产占比和服务业增加值占比。在以服务业贸易水平作为服务业代理变量时，在上海设立自贸区当年产生了负向增长效应，但

在持续一段负增长之后，服务业贸易水平的真实值又开始持续高于合成值，这说明中国（上海）自由贸易试验区的设立一开始可能带来服务贸易的负增长，但随着时间的推移，最终会带来服务业贸易的增长。究其原因，可能是服务业各方面发展对自贸区设立产生的反应存在一定时差或时滞性。

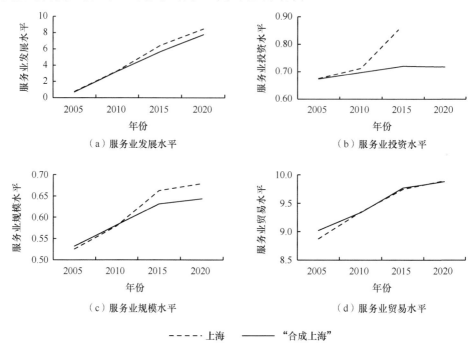

（a）服务业发展水平　　　　　　　　　（b）服务业投资水平

（c）服务业规模水平　　　　　　　　　（d）服务业贸易水平

- - - - 上海　　　——— "合成上海"

图 9-1　上海和"合成上海"服务业发展变量真实值和合成值的增长路径

　　为了更加直观地观察中国（上海）自由贸易试验区成立对上海服务业发展的影响，我们计算了中国（上海）自由贸易试验区成立前后真实上海与"合成上海"服务业各相关水平的差值。图 9-2[15]显示的是上海各服务业代理变量的真实值减去合成值后得到的政策效应，不难看出：第一，在中国（上海）自由贸易试验区成立之前，各服务业代理变量的政策效应均在零值上下波动，而在中国（上海）自由贸易试验区成立之后，正向的政策效应开始显现，但服务业贸易水平的正向政策效应存在一定的时滞性。第二，除服务业投资水平的真实值和合成值的差距逐年增加外，服务业发展水平、规模水平以及贸易水平的真实值和合成值的差距均呈先逐年增加后减少态势，即中国（上海）自由贸易试验区的设立使上海服务业投资水平逐年上升，而使上海服务业发展水平、规模水平以及贸易水平先逐年上升然后下降。

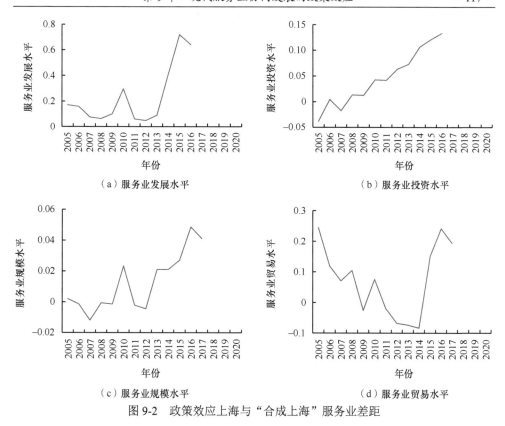

图 9-2　政策效应上海与"合成上海"服务业差距

### 9.3.3　中国服务业政策效应

周侃等[17]对"十一五"时期中国服务业政策效应进行综合测度和影响因素分析，进而探讨服务业政策与服务业企业的作用机制，并提出中国服务业政策调整和优化的建议。

#### 1. 认知模型

1）总模型

通过 SPSS 13.0 中的序数回归（ordinal regression）模块，采用强迫法（enter）将全部变量纳入模型中，得到最终模型（表 9-6）。统计显示，模型的似然估计值为 2439.125，卡方值为 144.755，且模型在 $p=0.01$ 上显著，故模型的拟合效果较好，能有效反映显著影响企业政策认知水平的因素。在企业特征变量中，营业额和劳动力素质达到了显著性水平。从参数估计来看，企业的经营规模与政策认知水平呈现正向变化，营业额为 15 000 万元以上企业的政策认知度落入高值的概率是参照类 1000 万元及以下企业的 $e^{0.495}=1.64$ 倍，表明与大企业相比，中小型服务业企业在政府管制中信息不对称更为显著，他们获取政策信息的能力较弱[17]。此外，劳动力素质因子的系数均为正，表明劳动力素质越高的企业，对服务业政策的认知能力较强的可能性越大，本科及以上学历员工所占比重为20%（不含）～40%、40%（不含）～60%、60%（不含）～80%、80%以上的服务业企业政策认知度落入高值的概率分别是参照类20%及以下企业的1.51倍、1.66倍、1.48倍和1.42倍，可见高素质人才密集企业搜寻政策信息的手段、渠道更为丰富。

表9-6　服务业企业政策认知度的序数逻辑回归模型参数[17]

| 变量 | | 总模型（1） | | 东部模型（2） | | 中部模型（3） | | 西部模型（4） | |
|---|---|---|---|---|---|---|---|---|---|
| | | 估计值 | 显著性 | 估计值 | 显著性 | 估计值 | 显著性 | 估计值 | 显著性 |
| 营业额（以1 000万元及以下为参照） | 1 000万（不含）～15 000万元 | 0.140 | 0.261 | 0.327* | 0.069 | 0.341 | 0.149 | −0.418 | 0.157 |
| | 15 000万元以上 | 0.495*** | 0.003 | 0.591*** | 0.008 | 0.744** | 0.031 | 0.057 | 0.896 |
| 员工人数（以100人及以下为参照） | 100（不含）～300人 | 0.196 | 0.110 | 0.339** | 0.048 | 0.138 | 0.567 | 0.010 | 0.973 |
| | 300人以上 | 0.084 | 0.608 | 0.411* | 0.067 | −0.246 | 0.453 | −0.516 | 0.195 |
| 劳动力素质（以20%及以下为参照） | 20%（不含）～40% | 0.415*** | 0.002 | 0.180 | 0.350 | 0.785*** | 0.003 | 0.521 | 0.102 |
| | 40%（不含）～60% | 0.508*** | 0.002 | 0.274 | 0.199 | 1.095*** | 0.004 | 0.852** | 0.034 |
| | 60%（不含）～80% | 0.392** | 0.019 | 0.340 | 0.134 | 0.252 | 0.460 | 0.474 | 0.235 |
| | 80%以上 | 0.351* | 0.055 | 0.165 | 0.494 | 0.841** | 0.042 | 0.795* | 0.093 |
| 效益（以下降型为参照） | 稳定型 | −0.148 | 0.385 | 0.378 | 0.113 | −0.132 | 0.689 | 0.217 | 0.624 |
| | 增长型 | −0.101 | 0.321 | −0.253* | 0.074 | −0.182 | 0.377 | 0.138 | 0.596 |
| 行业类型（以公共服务业为参照） | 消费性服务业 | 0.420* | 0.063 | 0.186 | 0.600 | 0.338 | 0.436 | 0.544 | 0.224 |
| | 生产性服务业 | 0.503** | 0.020 | 0.296 | 0.386 | 0.448 | 0.290 | 0.722* | 0.082 |
| 所有制类型（以事业单位、社会团体和国家机关为参照） | 国有和集体企业 | 0.125 | 0.532 | 0.379 | 0.235 | 0.110 | 0.784 | 0.056 | 0.884 |
| | 私营、股份制企业和有限责任公司 | −0.019 | 0.920 | 0.320 | 0.302 | 0.054 | 0.884 | −0.802** | 0.029 |
| | 外资企业 | 0.124 | 0.675 | 0.187 | 0.643 | 0.200 | 0.788 | 1.337 | 0.143 |
| 行业地位（以行业一般为参照） | 行业骨干 | 0.606*** | 0.000 | 0.462** | 0.035 | 0.063 | 0.880 | 0.974*** | 0.006 |
| | 行业龙头 | 0.811*** | 0.000 | 0.546** | 0.013 | 0.141 | 0.734 | 1.683*** | 0.000 |
| 政策环境变量（以其他为参照） | 资金 | 2.023*** | 0.000 | 2.266*** | 0.000 | 1.462** | 0.041 | 1.618* | 0.027 |
| | 税收负担 | 1.466*** | 0.000 | 1.765*** | 0.000 | 0.493 | 0.502 | 1.616** | 0.034 |
| | 土地 | 1.533*** | 0.000 | 1.903*** | 0.000 | 0.562 | 0.470 | 1.699* | 0.054 |
| | 人才 | 1.809*** | 0.000 | 2.056*** | 0.000 | 1.047 | 0.181 | 2.092*** | 0.007 |
| | 走出去 | 1.919*** | 0.000 | 2.474*** | 0.000 | 1.019 | 0.232 | 0.833 | 0.378 |
| | 准入条件 | 1.599*** | 0.000 | 2.051*** | 0.000 | 0.712 | 0.344 | 1.470* | 0.057 |
| | 品牌建设 | 1.294*** | 0.000 | 1.459*** | 0.002 | 1.029 | 0.169 | 0.998 | 0.200 |

续表

| 变量 | 总模型（1） | | 东部模型（2） | | 中部模型（3） | | 西部模型（4） | |
|---|---|---|---|---|---|---|---|---|
| | 估计值 | 显著性 | 估计值 | 显著性 | 估计值 | 显著性 | 估计值 | 显著性 |
| 似然估计值 | 2 439.125 | | 1 365.307 | | 672.171 | | 525.940 | |
| 卡方值 | 144.755*** | | 96.624*** | | 44.923*** | | 62.068*** | |

***、**和*分别表示在 1%、5%和 10%置信水平上的统计显著程度

在组织变量中，行业类型和行业地位是影响企业政策认知水平的重要因子。在行业类型方面，与公共服务业相比，消费性服务业和生产性服务业处于高水平的可能性更大。具体而言，消费性、生产性服务业企业的认知度落入高水平组的概率是公共服务业相应值的 1.52 倍和 1.65 倍。在行业地位方面，本地区同行业中处于行业骨干和行业龙头地位的企业，它们处于高认知水平组的概率分别是一般地位企业的 1.83 倍和 2.25 倍，表明服务业企业的政策认知水平随着行业地位的提升而提升，政府自觉或不自觉地在政策联系时更多地向影响力大的服务业企业倾斜，与他们的政策信息沟通也因此更加频繁。

政策环境变量各要素均通过了显著水平为 0.01 的假设检验。若服务业政策为企业首先解决资金问题，则此类企业的政策认知度落入高值的概率是参照类解决其他问题企业的 7.56 倍。此外，若首先解决企业走出去、人才、准入条件、土地、税收负担、品牌建设问题，那么认知度落入高值的概率依次是参照类的 6.81 倍、6.10 倍、4.95 倍、4.63 倍、4.33 倍和 3.65 倍。这反映出服务业政策为企业解决运营中的现实问题对于提升认知水平的显著影响，且以解决资金积累、规模扩张和专业人才的问题起到的积极作用最为明显。

2）区域模型

为考察服务业企业政策认知水平的影响因素在不同区域类型下的差异性，又分别对来自东部、中部、西部的样本采取强迫法序数逻辑回归。由表 9-6 可见，模型（2）～模型（4）的似然估计值分别为 1365.307、672.171、525.940，卡方值分别为 96.624、44.923 和 62.068，3 个模型均在 0.01 上显著，表明拟合的效果均较好。就东部回归模型来看，除劳动力素质、所有制类型和行业类型对于所属服务业企业的政策认知水平的影响程度不显著外，企业特征变量中的营业额因子、组织变量中的行业地位因子和政策环境变量的影响与总模型基本一致。特别地，员工人数和效益因子达到了显著性水平。员工人数为 100（不含）～300 人、300人以上企业的政策认知度在高分组的概率分别是参照类 100 人及以下企业的 1.40倍和 1.51 倍，表明东部服务业企业的政策认知水平随就业规模发生正向变化。效益因子中，增长型企业落入高值的概率仅是下降型企业的 0.78 倍，即下降型企业的政策认知水平为高值的概率要显著高于增长型企业，究其原因，当经营状况欠

佳时，东部服务业企业通过学习相关领域政策、寻求政策支持的动机较强，故而认知水平相对较高。

中部模型与总模型相比，组织变量里各项因子的影响均不显著，而政策环境变量的参数估计，仅"资金"要素对认知水平的影响较为显著，它与参照类的优势比为4.31，表明中部企业的政策认知能力仅对解决资金问题的响应敏感。在西部模型中，营业额因子未达到显著性水平，但所有制类型具有显著影响，私营、股份制企业和有限责任公司的政策认知度为高值的概率是参照类事业单位、社会团体和国家机关的0.45倍。由于内资非公有制企业本身与政府联系就不紧密，加之西部地区信息化水平较低，该区域服务业企业的政策认知能力相对较弱，政策信息的空间距离衰减规律尤为突出。对政策环境变量的分析发现，若首先解决西部企业的人才、土地、资金、税收负担和准入条件问题，则认知度为高值的概率分别是参照类的8.10倍、5.47倍、5.04倍、5.03倍和4.35倍，表明西部企业的政策认知能力受人才、土地、资金、税收等政策环境变化影响显著，且对于人才环境的改善最敏感。

### 2. 体验模型

#### 1）总模型

以反映服务业企业政策体验水平的满意度作为因变量，进行序数逻辑回归分析，回归模型参数如表 9-7 所示。总模型的似然估计值、卡方值分别为 1875.479和 725.636，显著性概率 $p$ 值为小于 0.01，可见模型拟合效果较好，能用于解释服务业企业政策体验水平的影响因素。从认知水平变量的估计值来看，认知度因子达到了显著性水平，中度认知和高度认知的服务业企业在政策满意度上居于高分组的概率分别是参照类低度认知企业的 6.17 倍、85.88 倍，表明政策认知水平与体验水平呈显著正向关系，即加大服务业政策宣传力度，能有效放大惠企政策满意度。把各项政策的实施目的、操作办法、执行标准及时推广至服务业市场的主体，对提高其政策实施效应具有重要作用。

表9-7　服务业企业政策满意度的序数逻辑回归模型参数[17]

| 变量 | | 总模型（5） | | 东部模型（6） | | 中部模型（7） | | 西部模型（8） | |
|---|---|---|---|---|---|---|---|---|---|
| | | 估计值 | 显著性 | 估计值 | 显著性 | 估计值 | 显著性 | 估计值 | 显著性 |
| 认知水平（以低度认知为参照） | 中度认知 | 1.820*** | 0.000 | 2.169*** | 0.000 | 0.313 | 0.660 | 2.359*** | 0.000 |
| | 高度认知 | 4.453*** | 0.000 | 4.866*** | 0.000 | 3.332*** | 0.000 | 4.527*** | 0.000 |
| 营业额（以1 000 万元及以下为参照） | 1 000 万（不含）～15 000 万元 | 0.009 | 0.953 | −0.197 | 0.380 | 0.310 | 0.315 | 0.291 | 0.404 |
| | 15 000 万元以上 | 0.053 | 0.793 | −0.224 | 0.420 | 0.467 | 0.293 | 0.514 | 0.280 |
| 员工人数（以100 人及以下为参照） | 100（不含）～300 人 | −0.282* | 0.064 | 0.225 | 0.293 | −1.010*** | 0.002 | −0.782** | 0.023 |
| | 300 人以上 | −0.398** | 0.045 | 0.243 | 0.386 | −1.119*** | 0.008 | −1.448*** | 0.001 |

续表

| 变量 | | 总模型（5） | | 东部模型（6） | | 中部模型（7） | | 西部模型（8） | |
|---|---|---|---|---|---|---|---|---|---|
| | | 估计值 | 显著性 | 估计值 | 显著性 | 估计值 | 显著性 | 估计值 | 显著性 |
| 劳动力素质（以20%及以下为参照） | 20%（不含）~40% | −0.122 | 0.461 | −0.089 | 0.708 | −0.222 | 0.517 | −0.146 | 0.693 |
| | 40%（不含）~60% | 0.186 | 0.350 | 0.546** | 0.043 | 0.243 | 0.605 | −0.188 | 0.671 |
| | 60%（不含）~80% | 0.092 | 0.655 | 0.500* | 0.081 | −0.375 | 0.389 | 0.409 | 0.362 |
| | 80%以上 | −0.030 | 0.722 | 0.167 | 0.574 | 0.510 | 0.325 | −0.390 | 0.486 |
| 效益（以下降型为参照） | 稳定型 | 0.370* | 0.079 | 0.063 | 0.831 | 0.516 | 0.218 | 0.738 | 0.163 |
| | 增长型 | 0.274** | 0.028 | 0.039 | 0.825 | 0.611** | 0.024 | 0.061 | 0.840 |
| 行业类型（以公共服务业为参照） | 消费性服务业 | 0.398 | 0.139 | −0.280 | 0.523 | 0.965* | 0.066 | 0.698 | 0.165 |
| | 生产性服务业 | 0.001 | 0.995 | −0.646 | 0.125 | 0.387 | 0.456 | 0.571 | 0.218 |
| 所有制类型（以事业单位、社会团体和国家机关为参照） | 国有和集体企业 | 0.271 | 0.257 | 0.707* | 0.063 | 0.106 | 0.832 | −0.039 | 0.929 |
| | 私营、股份制企业和有限责任公司 | 0.235 | 0.302 | 0.679* | 0.067 | 0.210 | 0.645 | −0.374 | 0.374 |
| | 外资企业 | 1.194*** | 0.002 | 1.492*** | 0.004 | 1.764 | 0.156 | 1.640 | 0.203 |
| 行业地位（以行业一般为参照） | 行业骨干 | 0.430** | 0.029 | 0.275 | 0.321 | 1.120* | 0.033 | 1.316*** | 0.001 |
| | 行业龙头 | 0.206 | 0.297 | −0.397 | 0.157 | 0.629 | 0.215 | 1.021** | 0.012 |
| 政策环境变量（以其他为参照） | 资金 | 1.404*** | 0.000 | 1.833*** | 0.000 | 1.880** | 0.023 | 0.797 | 0.322 |
| | 税收负担 | 1.379*** | 0.000 | 1.824*** | 0.000 | 1.613* | 0.057 | 1.040 | 0.212 |
| | 土地 | 1.617*** | 0.000 | 2.045*** | 0.000 | 2.208** | 0.017 | 1.028 | 0.298 |
| | 人才 | 1.168*** | 0.003 | 1.525*** | 0.004 | 1.926** | 0.036 | 0.746 | 0.381 |
| | 走出去 | 1.279*** | 0.005 | 1.677*** | 0.007 | 1.523 | 0.128 | 0.695 | 0.509 |
| | 准入条件 | 0.970*** | 0.011 | 1.375*** | 0.008 | 1.431 | 0.101 | 0.356 | 0.674 |
| | 品牌建设 | 0.825** | 0.031 | 1.399*** | 0.007 | 1.670* | 0.055 | −0.335 | 0.695 |
| 似然估计值 | | 1 875.479 | | 1 000.905 | | 470.355 | | 420.095 | |
| 卡方值 | | 725.636*** | | 411.800*** | | 204.240*** | | 157.238*** | |

***、**和*分别表示在1%、5%和10%置信水平上的统计显著程度

在企业特征变量中，员工人数和效益两项因子达到了显著性水平。员工人数对企业政策满意度有显著的负向影响，100（不含）~300 人、300 人以上企业的优势比分别是 0.75 和 0.67，即员工人数较多的中型、大型企业在政策满意度上为高值的概率与参照类小型企业相比分别下降 25% 和 33%。由于目前中国计划经济体制下形成的传统企业管理模式仍然存在、社会保障体系尚不健全，一些本应政府承担的社会服务和社会保障功能却由服务业企业各自承担，这种企业办社会或社会保障企业化的状况，使得员工人数多的企业往往负担较重，故而对政策的满意度较低。效益因子也通过显著性检验，对于"十一五"时期营业额稳定型和增长型企业而言，它们对政策的满意度处于高分组的概率分别是下降型企业的 1.45

倍和 1.32 倍，表明运营效益较好的服务业企业对政策满意的可能性越大，企业盈利增收状况会被经营者作为判别产业政策优劣的直接标准。

所有制类型和行业地位是组织变量中达到显著性水平的因子，其中，外资企业政策满意度得到高分的概率是参照类事业单位、社会团体和国家机关的 3.30 倍，表明在内外资差别化引导的政策背景下，外资享受着优于内资企业的诸多优惠政策待遇，甚至是"超国民待遇"，这显然有效提升了服务业外资企业的政策满意度。行业地位因子方面，本地区同行业中处于行业骨干地位的企业，处于高满意度的概率为行业一般企业的 1.54 倍，说明微小型服务业企业在服务业政策支持体系中受重视程度普遍不高，导致这些企业怀有强烈的被忽视感。以财政资金支持政策项上的满意度得分为例，行业地位一般的企业得分仅为 3.62，明显低于行业骨干或龙头行业，小企业纷纷表示"财政资金偏向大型服务业项目，得到的支持与大型企业或国家垄断企业相比差距很大"。

对政策环境变量的估计显示，政策各要素均通过显著性检验且为正向相关，说明"十一五"期间国家各类服务业政策的实施对于提升企业的满意度起到积极作用。若服务业政策为企业首先解决土地的问题，那么它们的满意度落入高值的概率是参照类解决其他问题的 5.04 倍，表明服务业企业在对政策的体验过程中，对于解决土地问题的正向响应较为敏感。此外，若首先解决企业的资金、税收负担、走出去、人才、准入条件、品牌建设问题，对应满意度处于高水平组的概率将是参照类的 4.07 倍、3.97 倍、3.59 倍、3.22 倍、2.64 倍和 2.28 倍。

2）区域模型

围绕服务业企业的政策体验水平，再分别对东部、中部和西部样本进行序数逻辑回归，得到模型（6）~模型（8），拟合优度检验反映出 3 个模型的模拟效果均较好（表 9-7）。与总模型相比，东部模型中的员工人数因子对于政策满意度的影响并不显著，说明东部地区受到计划经济时期的体制"惯性"影响得到较大缓解，服务业企业因员工增加而导致经营成本增大的压力减弱，市场竞争机制下的现代企业制度正逐渐形成。行业地位因子对政策满意度的影响不显著，可以推断东部地区在服务业政策实施过程中的受益面相对较广，地方的微小企业也能被顾及。东部地区的个性化影响因子包括劳动力素质和所有制类型两项，本科学历及以上员工比重为 40%（不含）~60% 和 60%（不含）~80% 的服务业企业在政策满意度上是高分组的概率分别为参照类 20% 及以下企业的 1.73 倍、1.65 倍，表明劳动力素质越高的企业对政策满意的可能性就越大；所有制类型方面，国有和集体企业，私营、股份制企业和有限责任公司，以及外资企业的政策满意度在高分组的概率依次是参照类事业单位、社会团体和国家机关的 2.03 倍、1.97 倍和 4.45 倍，表明东部劳动力素质高、营利性的服务业企业对政策整体评价满意的可能性较大。尽管与总模型一样，东部政策环境变量的影响也很显著，但它们对于提升企业政策满意度的作用更加明显，例如，若首先解决企业的土地、资金、税收负担问题，则其优势比将比总模型中的对应值高出 2.69 倍、2.18 倍和 2.23 倍。

除行业类型因子显著、所有制类型因子不显著外，中部模型参数估计的结果与总模型基本一致。在行业类型方面，消费性服务业企业的政策满意度落入高水平组的概率是公共服务业的 2.62 倍，说明消费性服务业企业对政策表示满意的可能性较高。西部模型中，政策环境变量因子的各个要素均未通过显著性检验，表明西部服务业政策的实施未能给企业政策满意度带来影响。另外，与总模型相比，西部模型中效益、所有制类型因子对政策满意度的影响均不显著。优势比的进一步对比发现，中西部地区企业的政策满意度受员工人数因子的负向影响更加突出，如中部、西部 300 人以上企业在政策满意度上为高值的概率与 100 人及以下企业相比分别下降 67 个百分点和 76 个百分点，显著高于总模型的估计值，这种差异表明中部、西部服务业企业因员工增加而导致经营成本增大的压力较大，区内服务业企业的市场化改革和政府主导的社会保障体系配套更待深化。

# 政策篇参考文献

[1] 樊霞, 陈娅, 贾建林. 区域创新政策协同: 基于长三角与珠三角的比较研究[J]. 软科学, 2019, 33(3): 70-74, 105.

[2] 张娜, 马续补, 张玉振, 等. 基于文本内容分析法的我国公共信息资源开放政策协同分析[J]. 情报理论与实践, 2020, 43(4): 115-122.

[3] 李雪伟, 唐杰, 杨胜慧. 京津冀协同发展背景下的政策协同评估研究: 基于省级"十三五"专项规划文本的分析[J]. 北京行政学院学报, 2019, (3): 53-59.

[4] 汪涛, 谢宁宁. 基于内容分析法的科技创新政策协同研究[J]. 技术经济, 2013, 32(9): 22-28.

[5] 杨晨, 刘苗苗. 区域专利政策协同及其实证研究[J]. 科技管理研究, 2017, 37(10): 196-205.

[6] 梅菁, 何卫红. 我国资源环境审计政策协同测量[J]. 财会月刊, 2018, (17): 153-159.

[7] 李丽, 王微微, 李尚容, 等. 我国生活性服务业的政策演变与协同研究[J]. 商业经济研究, 2021, (2): 183-185.

[8] 李丽, 陈佳波, 李朝鲜, 等. 中国服务业发展政策的测量、协同与演变: 基于 1996—2018 年政策数据的研究[J]. 中国软科学, 2020, (7): 42-51.

[9] 赵洁, 李家聘, 管萌, 等. 基于内容分析法的我国养老服务业政策协同研究[J]. 中国卫生政策研究, 2020, 13(7): 72-79.

[10] 张荣博, 黄潇. 转型背景下现代服务业高质量发展政策效应评估: 来自试点区域的经验证据[J]. 软科学, 2020, 34(3): 18-24.

[11] Rosenbaum P R, Rubin D B. Constructing a control group using multivariate matched sampling

methods that incorporate the propensity score[J]. The American Statistician, 1985, 39(1): 33-38.

[12] Rubin D B. Using propensity scores to help design observational studies: application to the tobacco litigation[J]. Health Services and Outcomes Research Methodology, 2001, 2: 169-188.

[13] 贾俊雪, 李紫霄, 秦聪. 社会保障与经济增长: 基于拟自然实验的分析[J]. 中国工业经济, 2018, (11): 42-60.

[14] 蒋建忠, 钟杨. 合成控制法及其在国际关系因果推论中的应用[J]. 国际观察, 2018, (4): 84-103.

[15] 崔耕瑞. 中国上海自贸区的服务业增长政策效应研究[J]. 辽宁大学学报（哲学社会科学版）, 2020, 48(5): 28-39.

[16] Abadie A, Diamond A, Hainmueller J. Synthetic control methods for comparative case studies: estimating the effect of California's tobacco control program[J]. Journal of the American Statistical Association, 2010, (490): 493-505.

[17] 周侃, 申玉铭, 任旺兵. 中国服务业政策效应及其影响因素[J]. 地理学报, 2011, 66(10): 1355-1367.

# 案例篇

## 客观分析产业、地区、企业的现代服务业发展的典型案例

# 第 10 章　区域视角下的现代服务业案例发展特征

本章以国家自 2015 年设置的服务业扩大开放综合试点切入典型案例研究，2015 年 5 月率先设置北京为试点先行区，（2021 年 4 月批准增设天津市、上海市、海南省、重庆市，2022 年 12 月 20 日共部署沈阳市、南京市、杭州市、武汉市、广州市及成都市六市），以上试点涵盖中国长三角经济圈、珠三角经济圈、京津冀经济圈、成渝经济圈四大经济圈。现代服务业发展与市场化、工业化、信息化、城镇化等因素密切相关[1]，因此以中国四大经济圈作为典型案例进行讨论。

## 10.1　京津冀经济圈

京津冀经济圈主要包括北京市、天津市以及河北省的 11 个地级市，是北方经济发展中心[2]。随着京津冀协同发展战略的提出，地区对高质量经济效益具有较强发展倾向性，产业结构已转变为"三二一"模式。京津冀现代服务业的发展，以北京首都核心区和功能拓展区的高新技术及人才集聚为引领，依托天津环渤海经济区的现代化港口区位优势，结合了河北省广阔空间、资源禀赋和较强的承载力。三地优势资源有机融合，共同构成了区域现代服务业发展的重要基础。

北京市作为全国首个服务业扩大开放综合试点，近年来在金融、教育、医疗、文化旅游及数字经济等多个重点领域先行先试，对标国际高水平经贸规则、扩大市场准入、畅通要素流动、提升贸易便利。从文旅服务提质升级、科技服务体系建设、金融服务创新、公共服务数字化、区域合作模式优化五大维度形成了一批具有示范性意义的经验做法，为地区现代服务业发展提供借鉴。在文旅服务提质升级方面，北京市朝阳区推动"数字资产增信"在文旅金融场景中的创新应用，探索了文旅服务与数字金融有机融合的发展新路径；率先在全市域开展旅行社设立许可告知承诺办理，促进北京文旅业加快发展。在科技服务体系建设方面，北京市丰台区通过支持区内企业打造科技创新服务平台，聚合了科技服务数据、技术与资源，构建了以前端创新信息共享、中端高效服务创新、后端推动成果转化为特征的科技创新链。在金融服务创新方面，2020 年 12 月 10 日，中国证监会正式批复同意在北京股权交易中心开展份额转让试点；北京市高级人民法院联合北京银保监局上线全国首家金融案件多元解纷一体化平台，创新构建"一站式、一体化、全链条"多元化解机制。在公共服务数字化方面，北京市政府服务局探索运用"区块链+电子证照"技术精简证照类材料，保证调取电子证照不可篡改、可以追溯；依托中国（北京）国际贸易单一窗口平台以基于区块链技术的数据资产保管箱应用为抓手，促进外贸企业数据与金融、海关等部门共用共享。在区域合作模式优化方面，北京市海淀区、北京市科委联合北京大学、清华大学等高校创建北京协同创新研究院，形成京津冀联动的全球化协同创新服务模式；同时京津冀三地以首都标准化委员会为平台，积极探索京津冀区域协同标准化协作模式，在交通一体化、生态环境保护、产业升级转移等重点领域率先突破，具体实践效果为助力冬奥会及冬残奥会筹办、促进三地公共卫生服务标准互认、规范京津冀冷链物流行业发展等。

天津市重点发展与先进制造业联系密切的生产性服务业，基本形成了以金融业、批发零售业、房地产业为主要支持的服务业体系，融资租赁行业在全国保持领先地位。2020 年 10 月天津市人民政府办公厅印发了《天津市全面深化服务贸易创新发展试点实施方案》，明确要"立足服务京津冀协同发展和'一带一路'建设重大国家战略，发挥自贸试验区和国家自主创新示范区先行先试的优势，服务'一基地三区'功能定位"，推动服务业深化改革。在高新制造业布局方面，天津市根据信息技术应用创新、生物医药、绿色石化等重点产业链的发展需要，完成产业知识产权运营中心布局，飞腾信息、凯莱英、建科机械等 38 家链头企业成为高价值专利培育试点，带动了高技术制造业快速发展。在实体经济发展方面，天津市创新城市地铁车辆租赁业务模式，与运营方、制造方密切配合，将租赁服务向前期的设计和制造环节进行延伸，量身定制金融方案，实现以融促产；同时兼顾融资成本和用车实际，制订符合地铁运营流程的租赁期限和租金偿还计划，便利行车组织、日常维修、备件采购等工作的开展，实现深度的产融结合。天津东疆 2021 年完成107 艘船舶和 23 座海工平台的租赁业务，较 2020 年同期分别增长 181.6%、43.7%。

河北现代服务业的发展主要依赖于金融业和房地产业，升级改造的传统服务业所占比重较多，其他行业的增加值较低，但河北省的优势是空间广阔、资源禀赋和承载力强，河北省在京津冀协同发展中将产生积极作用[3]。河北省现代服务业发展领导小组印发的《河北省"十四五"现代流通体系建设方案》提出完善商贸流通体系、发展现代物流体系、提升交通运输体系及建设应急储备体系。京津冀协同发展战略给河北带来承接疏解机遇及辐射带动机遇，河北保定作为国家物流枢纽承载城市、城乡高效配送专项行动试点城市，内陆港建设便成为保定打造国家物流枢纽承载城市的重要内容；河北智慧冷链物流园项目入选 2022 年国家骨干冷链物流基地建设名单，实现了河北省国家骨干冷链物流基地"零"突破。

## 10.2　长三角经济圈

长三角经济圈生产总值规模庞大，是我国经济发展最为活跃的区域之一，其战略发展与定位在现代化经济体系的国家建设中有着举足轻重的价值。2010 年，《长江三角洲地区区域规划》强调要优先发展现代服务业，并加快建设各具特色的现代服务业集聚区。近年来，长三角地区积极响应国家政策号召，颇有成果，如宁波的国际航运服务中心、上海的陆家嘴金融服务业集群和新加坡的杭州科技园等。2020 年 9 月 25 日，长三角现代服务业联盟在上海揭牌成立，这对提高长三角地区的经济集中度和区域一致性来说意义重大，也让我国其他城市的产业转型升级有了可供参考的长三角智慧和方案[4]。

2019 年 12 月，上海出台《关于推动上海市服务业高质量发展的若干意见》，全面提升服务业的整体质量和水平，构建具有国际竞争力、影响力、辐射力的发展新格局，成为我国服务业高质量发展的标杆区、引领区。在医疗产业高质量发展方面，上海通过"科技创新行动计划"、生物医药科技支撑专项、科技型中小企业技术创新资金计划等项目，支持干细胞与再生医学研究、细胞治疗药物的临床前研究，完善干细胞领域前沿技术研究布局。截至 2022 年 6 月，上海多家生物医药企业研发的干细胞治疗药物进入临床试验阶段，形成全国最具创新活力的细胞治疗产业集聚区。在物流服务业方面，2021 年 11 月，上海市根据国家政策规定，在部门联动、政策叠加的基础上，正式落地国内首单境外国际集装箱班轮公司非五星旗国际航行船舶沿海捎带业务。打造数字化平台，将"港—航—货"全程物流信息的采集、运用融合到口岸、税收等部门的监管链中，为监管创新提供技术支撑。在优化营商环境方面，上海市在"一网通办"平台上设立"涉外服务专窗"，围绕境外人才来沪筹备期、实施期和发展期三个阶段，将涉及创业投资和就业发展的 60 余类服务事项、200 多项办事内容逐一列明、统一上网，并发布详尽的政策指南和办事指引，有效提升了在沪外资企业和境外人士的获得感与满意度。

江苏省现代服务业发展迅猛，随着现代服务业产业规模不断扩大，形成了众多现代服务业集聚区。同时，在经济高质量发展背景下，2021 年江苏省公布了第一批省级现代服务业高质量发展聚集示范区，包括浦口高新区服务业集聚区、湖塘科技产业园、扬州汽车产业科技服务业集聚区等 23 家示范区，以及 50 家现代服务业高质量发展领军企业，形成了以科技服务、现代物流、软件和信息服务等为优势的现代服务业集聚的产业格局[5]。南京以文化旅游服务、商务服务及现代物流领域为优势产业，聚力打造软件信息、金融服务、科技服务、商贸服务产业集群，为形成资源配置能力新优势提供重要支撑。在文旅发展层面，基于移动互联网和大数据、微服务等信息技术实现了"南京市乡村旅游大数据服务平台"智慧旅游实践、旨在利用现代信息技术实现景区智慧化运营的南京市牛首山文化旅游区智慧旅游系统建设应用[6]。

浙江服务业仍以批发和零售业、金融业、房地产业、交通运输、仓储和邮政业、住宿和餐饮业等传统服务业为主[7,8]。与此同时,近年来浙江围绕数字经济"一号工程",软件和信息服务业快速发展,浙江已打造形成 100 家现代服务业集聚示范区、150 个左右服务业相关的特色小镇以及各类物流商贸、科技创新、软件信息、文旅平台等,基本形成多层次、差异化的服务业平台体系。例如,浙江浙达能源科技有限公司以数字技术和能源技术搭建智慧能源网络,为企业和政府提供能源数字化服务,虚拟电厂与节碳魔盒是浙江浙达能源科技有限公司的两大核心技术。而浙江物芯数科信息产业有限公司专注区县数字化场景的投资与运营,业务涵盖数字政府、民生服务和企业转型等领域。其中试点城市杭州通过突出"文化+科技""文化+互联网""文化+旅游"特征,着力打造国内领先的文化和科技融合发展示范区,构建白马湖模式。

安徽现代服务业发展集聚效果明显,皖江地区软件和信息技术服务、现代物流等生产性服务业快速发展同时,皖南地区文化产业和旅游业持续提升,皖西地区红色旅游、健康养老产业发展壮大,皖北地区服务业加速成长,国家检验检测高技术服务业集聚区(安徽)加快建设。在物流贸易方面,中国(安徽)自由贸易试验区获批建设,合肥市入选国家全面深化服务贸易创新发展试点,合肥、芜湖、安庆国家级跨境电子商务综合试验区加快建设,中恒蚌埠义乌国际商贸城获批国家市场采购贸易方式试点。在文旅产业方面,深入实施徽菜推广计划,打响徽派食品品牌,持续打响"皖美消费·乐享江淮"消费促进活动品牌,合肥包河创意文化产业园成为国家级文化产业示范园区。

## 10.3　珠三角经济圈

珠三角地区以规划纲要为契机,全面贯彻新发展理念,深入推进供给侧结构性改革,主动适应引领经济新常态,在实现"四年大发展"的基础上,着力推进"九年大跨越",转型升级和优化发展取得重大突破[9]。以国家自主创新示范区和全面创新改革试验试点省建设为引领,发挥打造国家科技产业创新中心的主力军作用,以广州、深圳为创新龙头的"1+1+7"一体化区域协同创新格局基本形成。

海南自由贸易港建设是推动现代化产业体系建设的关键,以会展业、金融业等为代表,临空、互联网、现代商务等现代服务业加快推进,成为经济社会发展新引擎。海南自由贸易港金融小镇入驻投资类企业超千家,毕马威、安永等国际知名服务机构加大在海南投资布局力度,积极开拓市场,集聚高端人才,发挥专业化服务优势,助力海南提高现代服务业发展水平和质量。在医疗产业临床数据方面有重大突破创新,海南省(乐城)真实世界数据研究平台是我国首个按照国家相关指导原则创建的区域性真实世界数据平台,为国内其他地区真实世界数据采集、治理和应用提供了可借鉴的范例。同时关注科创企业培育，海南开展知识产权证券化试点，爱奇艺通过知识产权证券化方式，融资 4.7 亿元，为上游内容企业的发展提供了资金[10]。

广州先后获评全国首批服务型制造示范城市、联合国工业发展组织全球"定制之都"案例城市，打造了华凌制冷、广州宝洁两家全球"灯塔工厂"。进入新发展阶段，广州明确提出打造先进制造业强市和现代服务业强市。广州围绕增强粤港澳大湾区核心引擎功能的战略目标，加快建设广州都市圈，积极推进广佛同城化、广清一体化、广深双城联动，积极促进区域产业链合作共建与协同布局，进一步提升了现代产业体系的空间承载力和辐射影响力。广州银行通过数字化平台搭建、智能化平台运营以及生态化开放平台构建等逐层递进的具体行动，以加速金融数字化转型为创新点，跻身"2020 中国银行业创新排行榜"前 50 位，成为依靠数字化转型快速崛起的典型代表。同时广州现代服务业集群化程度高，天河路的商业集群推动了"华南第一商圈"的形成。此外，一批现代服务业集群化发展的特色小镇正在广州涌现，如健康小镇、电影小镇、文化小镇、旅游小镇等。

## 10.4　成渝经济圈

成渝经济圈是以成都、重庆两大城市为中心的经济发展区域，是西部人口最为稠密、产业最为集中和城镇密度最高的区域，成渝两地产业发展互补性较强。

首先在推进区域物流合作交流方面具有高质量发展成果，重庆、成都与中国铁路成都局集团有限公司建立常态化协调机制，就班列开行相关工作定期进行沟通。成渝两地签订《中欧班列运营平台战略合作框架协议书》，明确合作原则、合作内容和合作机制。在渝中地区，"全国首例以乌兹别克斯坦采矿权增资的'一带一路'法律服务新模式""创新发展核心商圈'保税+实体零售'新业态""全国首创探索'汇保通'汇率避险新模式"等具体行动涵盖金融、教育、医疗、数字经济、营商环境等多个领域。在文旅产业方面，重庆市渝中区、南川区等城区与四川省成都市、都江堰市等城市携手，成立成渝友城文旅营销联盟，共同打造巴蜀文旅走廊创新策源地和重要增长极。推动"解放碑–朝天门世界知名商圈"建设，协同开展成渝双城消费节、双城都市文旅产业推介会等活动，推动川渝两地文旅深度融合发展。在科技创新方面，共同打造的"川渝一体化工业服务平台"成为重庆市数字经济产业发展试点示范项目名单。

# 第11章　产业视角下的现代服务业案例延伸方向

基于第 10 章对我国经济圈内政策惠及试点地区现代服务业发展案例进行的全方位了解，我国现代服务业传统产业转型步伐加快，制造业数字化、网络化、智能化深入推进，绿色发展水平稳步提升，新一代信息技术、高端装备制造等领域一批战略性新兴产业集群蓬勃兴起。"十四五"时期促进服务业繁荣发展是现代产业体系建设的主要任务，在这一期望发展方向下，本章将从多融综合型、技术突破型、品牌创新型及新业态新模式四方面案例展开。

在多融综合型案例中，现代服务业与各产业融合发展多以信息技术为桥梁搭建起各案例综合发展的重要导向手段，如文旅产业融合发展过程中考虑新时代下的受众群体，运用"元宇宙"技术与时代发展接轨。在与各类产业融合过程中，基于案例主体的服务特性，聚焦融合产业关键属性，发挥资源优势，打造出两业融合发展的最优模式。技术突破型案例主要从数字技术、区块链技术、产品研发技术、人工智能技术等方面发力，助力现代服务业发展实现质性跨越。品牌创新型案例对现代服务业中文化产业具有一定倾向性，不论是从单一企业主体的品牌形成，还是能代表地区发展特征的 IP 模式，都是对行业的重塑发展。现代服务业不断发展，新兴技术和创新模式被纳入其中，推动着产业间新业态涌现，如"互联网+第四方物流"、普惠金融拉动农业建设、互联网平台经济、教育发展信息化等，新业态新模式的产生从本质上化解了行业发展难题，是现代服务业革新壮大的引路石。

## 11.1　多融综合型发展

### 11.1.1　现代服务业内部融合发展案例

#### 1. 文旅产业融合

西安大唐不夜城被国家部委确认为首批"全国示范步行街""第一批国家级夜间文化和旅游消费集聚区"，入选文化和旅游部产业发展司发布的"中国沉浸式产业数据库"。大唐不夜城步行街以盛唐文化为背景，融入商业、休闲、娱乐、体验等多种功能元素，构建了沉浸式夜间场景，将"盛唐文化"和"西安夜游文化"进行现代化演绎。文化 IP 的打造让大唐不夜城在一众步行街中拥有了自己的品牌形象，成为现象级的旅游案例。

　　2022 年，文化和旅游部公布了年度文化和旅游最佳创新成果，陕西文化旅游股份有限公司的"长安十二时辰+大唐不夜城"唐文化全景展示区位列其中。该项目于 2019 年初规划布局，于 2022 年 4 月 30 日正式开市。该全景展示区位于陕西省西安市曲江新区，通过构建"一轴·两市·三核·四区·五内街"的街区整体格局，打造了室内外盛唐文化主题风貌和沉浸式唐文化体验中心。西安大唐不夜城将当地传统文化植入文旅项目中，让文化与旅游深度融合，创造性地打造文旅场景，建立夜间文化旅游消费空间，延伸文旅产业链，从而实现夜间旅游高质量发展。在相关理论层面，近年来学者对文旅融合内在逻辑的探索逐渐由文化认同和文化消费、融合生态系统说延伸至文化和旅游融合的空间和场域视角。文旅融合是连接游客、旅游经营主体和旅游文化的重要通道，而场景化则是打开通道的钥匙。在体验旅游经济时代，旅游场景既要满足旅游功能性需求，又要关注旅游者的情感体验，在多元文化业态打造和创新旅游产品组合中营造特色鲜明、文化多元、产业兴旺的夜间文旅融合场景

　　2. 文旅与信息技术业融合

　　"只有河南·戏剧幻城"是由建业集团与王潮歌导演共同打造的一座有 21 个剧场的戏剧幻城，是中国最大的戏剧聚落群。以沉浸式戏剧为手法，以"幻城"建筑为载体，深度整合元宇宙底层科学技术、交互终端科技与数字化内容，讲述关于"土地、粮食、传承"的故事，将河南历史浓缩成一场艺术盛宴。2022 年 3 月 12 日，主题为"面向元宇宙，建设文旅美好新生活"的"行走河南·读懂中国"2022 年河南智慧旅游大会，采用线上网易瑶台元宇宙会议空间、线下"只有河南·戏剧幻城"会议现场的形式举行。自此项目又增加了一个"元宇宙"的标签。这类科技与文化融合的事件成功为"只有河南·戏剧幻城"带来了年轻的受众社群，也就是元宇宙文化的主要受众——Z 世代群体。被称为"互联网世代"的他们，更乐于发现新鲜事物、主动传播感兴趣的信息，甚至进行二次创作。作为年轻社群偏好的观看视频的聚集地，哔哩哔哩搭建起"只有河南·戏剧幻城"与年轻受众沟通连接的桥梁。官方账号除了发布与其他平台同步的最新消息外，还会不定时发布一些针对指定平台的活动，使相应平台的用户获得专属活动福利，这一举动在拓展、连接与维系新社群方面发挥了重大作用。

　　BIGANT（大蚂蚁）是元宇宙的六大技术支柱的缩写，分别为区块链（blockchain）技术、交互（interactivity）技术、电子游戏（game）技术、人工智能（artificial intelligence，AI）技术、网络及运算（network）技术、物联网（internet of things，IoT）技术。在园区多领域及全部情景空间内，如"乾台"空间，就运用了明道文化科技集团研发的"万物互联"物联网智慧平台技术及产品，包括：G-MetaLight、G-MetaHalo，其中 G-MetaHalo 可使所有可控灯光产品于 0～5 公里的范围内快速

进行无线信号连接，实现强大联通矩阵的组成，保障了视觉呈现的效果。并且项目定制开发了一套智慧数字控制系统，实现了"声、光、电、画"的高度集成化与智能联动控制，通过这套智慧数字系统，多个团队之间能够同时实现高度协同与智能化调控，打造全景式沉浸体验。

### 3. 金融和互联网融合

华能智链公司是我国电力行业央企巨头中国华能集团（世界 500 强）旗下唯一的供应链创新与应用示范企业，也是"华能集团物资供应中心"的核心载体。华能智链公司起于电商平台经营互联网业务，其穿透式供应链金融服务不断升级创新。2016 年，公司围绕能源安全新战略，上线电子商务平台——华能大宗，实现在线交易；2018 年获得无车、无船承运人资质和保理牌照，构建穿透式物流供应链，打造供应链金融集成服务平台——华能智链。华能智链以物流为基石、以供应链金融为手段、以电商平台为引擎，建立了以智能寻源、智能预警、智能制造、智能配送等为代表的"智"系列微产品库，打通采购、运输、仓储、融资、销售等各环节，利用金融手段为产业链成员提供全流程穿透式集成服务。该平台打造了"能购""能运""能融""能售""能云"的"五能"供应链金融服务体系，其中，"能融"居于核心地位。各种外部市场内部化的做法实现了全生命周期的物资采购、全状态的智慧物流、全场景的资金融通、全流程的物资售卖和创新式的科技服务，有效规避了市场风险，保证电力物资供应和财务指标的顺利实现。

2021 年，依托物联网、云计算、大数据、区块链、人工智能等新一代信息技术，构建了集招标、采购、销售、物流、金融于一体的千亿级能源智慧供应链金融综合一体化科技平台。该平台以供应链金融为抓手、以场景管理为基石、以数智科技为引擎，着力整合商流、物流、信息流、资金流各方供应链资源，实现资源及要素优化配置。目前该平台业务遍布全国 30 多个省区市、6000 余家电力上下游企业、20 余万名的认证服务商，提供涵盖风电、光伏、火电、水电等领域 10 多种大类和 70 多万种物资的全生命周期、全模式、全状态、全场景、全方位支撑的"五全"一站式供应链金融服务。

### 4. 信息技术和仓储融合

仓储作为物流的重要环节，不仅连接着上下游供应链，也联动着生产制造的各个环节，因此，仓储智能化水平的提高，能有效促进工厂整体的智能化水平提高。博世汽车部件（长春）有限公司是一个运行多年的企业，既有一定规模的基础设施，也有相对成熟的管理流程和作业标准。信息可视化管理的改进包括以下几个方面：库位占用率、物料高低储、任务进程可视化、差异可视化、电子报表可视化。仓储信息的可视化可以有效提高管理决策的速度，提高仓储作业效率，减少错误操作，提高生产力。

电子报表可视化。以前的现场管理，所有管理者都要围在一张挂满了纸质报表的目视板前查看仓库所有的 KPI（key performance index，关键绩效指标）数据，对 KPI 的偏差进行分析并制定相应措施，然而这背后需要很多人在管理者开会前完成数据的采集、汇总、录入，然后绘制图表，据统计，仓库人员每天要下载 6 份 SAP[①]报告，填写 20 多条信息，手工绘制 18 份 KPI 数据表，粗略地计算，每天需要 1 人 1.5 小时的工作时间才能完成这些数据的收集和整理。2019 年，博世集团正式推行 Power BI 这一软件工具。仓库 KPI 的数据 90% 来自 SAP 系统，SAP 所有仓储数据都储存在一个叫作 Redlake 的服务器上，通过 Power BI 与 Redlake 进行链接，设定好需要的数据和数据的分析方式，再将生成的报表自动展示在仓储现场的控制面板上，可以完美地取代原有的纸质目视板。

任务进程可视化改进。这一改进的重点将会布置在配送区域，随着生产节拍的加快，配送的频率和准确率要求越来越高，需要有一套可视化的系统来监控循环配送的执行情况。原本的循环配送，在每个交接点都放置一个打点器，配送人员在行进过程中需要使用打点棒来触碰打点器，将到达的时间信息记录在打点棒上，再将打点棒与底座连接，底座连接电脑和网络，将全天的打点信息传输到第三方平台。对打点符合率的统计需要从第三方下载打点数据，与确定的打点时间表做对比才能得出比较结果。针对这一现状，改善方案需要运用 RFID（radio frequency identification，射频识别）技术和数据库技术。

在拣配环节，AWS（agile warehouse system，敏捷仓储系统）可以实现拣配标签打印和返架订单创建的自动化，通过系统中设置好的监控仓储类型，在系统中产生指定仓储类型的拣配订单时，自动打印进入线边超市的标签，并在拣配完成后为剩余的物料创建返架的转储订单，通过 Web 端的界面可以设定和修改监控仓储类型，触发逻辑和标签模板，同时 AWS 系统还具有报表功能，可以实时监控未完成的转储订单状态，通过设置报警时间和触发节点，可以为管理者提供有效的监控信息，当某个转储订单在开放后超过规定的时间未被处理，则会出现在报警列表中，有助于现场操作人员确定操作的优先顺序。在成品发运环节，可以充分利用 RPA（robotic process automation，机器人流程自动化）技术来实现自动化操作。RPA 能够代替或者协助人类在计算机、手机等数字化设备中完成重复性工作与任务。

---

① SAP 表示 systems, applications and products in data processing，数据处理中的系统、应用与产品。

## 11.1.2　现代服务业与各类产业融合发展

1. 与制造业融合

1）扬州江都区龙川钢管争做无缝管个性化定制专家

扬州龙川钢管有限公司作为给全球能源行业和其他工业应用领域提供管材产品和相关服务的领先企业，通过不断提升企业研发设计能力，为客户提供高质量的个性化定制高精特新无缝钢管产品。通过为客户提供研发服务、信息化协同服务与制造业深度融合的整体解决方案，龙川钢管把握"服务型制造"发展趋势，满足无缝管行业项目客户的个性化定制需求，为用户提供"一站式"服务。

采用产学研相结合的方式，联合安徽工业大学、宝武特冶、中原特钢、西安热工院、苏州热工院、中核工程公司、东方锅炉等单位共同开发新产品，进行原材料的验证及相关工艺试制等工作。通过集合各家科研单位的特长，提高研发效率，保证新产品研发的质量。2020～2022 年，企业研发投入达销售额 3%以上，累计投入 2.4 亿元。公司现有专利 48 项，其中发明专利 12 项，研发的高钢级油气储运无缝管及关键技术获江苏省科学技术奖一等奖，超临界锅炉钢管获得了国家钢铁产品质量监督检验中心（唐山）颁发的特种设备型式试验证书。通过建立技术工艺系统、质量检测系统、制造执行系统、客户关系管理系统和经营决策平台，协同上游原材料供应商和下游钢管深加工企业与钢管制造企业组成一个有机整体，全流程质检控制，记录、收集、储存包含"研发管理、供应链管理、生产过程管理、售后服务"在内的企业资源计划管理流程，打造钢管产品全生命周期管理。

2）广西柳工机械股份有限公司发展市场服务新生态

广西柳工机械股份有限公司发挥工程机械领域制造优势，积极实施"全面解决方案"战略规划，聚焦产品全生命周期，发展智能化解决方案新服务，完善后市场服务新生态，推动两业融合试点高质量发展。

立足用户需求，打造产品柔性化生产、施工方案个性化定制服务模式。建设面向工程机械产品开发的协同设计平台，通过 VR（virtual reality，虚拟现实）实验室提供互动参与途径，提升产品定制化能力和研发质效。统筹考虑产品特点和行业适应性，进行全要素综合分析，提供产品组合、配套服务、施工管理等整体解决方案服务。成立专业化团队，围绕重点行业开展应用场景研究，推进特定场景下的智能协同施工和复杂工况下的无人作业技术研发。

发挥资源优势，面向客户和关联企业提供多元化综合服务。整合内外部资源，建立培训基地，开展设备运维专业培训，将研发试验成果转化为操作标准，为客户提供高效操作方案。建立仿真管理平台，聚焦工程机械产品研发设计环节，面向关联的中小企业提供经验分析及培训服务,提升配套企业研发能力和技术水平。依托在工程机械全系列产品领域的经验优势,面向工程机械行业整车及零部件生产制造企业提供检测服务。

强化融资租赁、产品再制造、旧机交易等业务布局,推动装备制造行业共享循环发展。搭建融资租赁平台,整合融资租赁、经营性租赁、同业资产等多元化金融业态,为客户提供全生命周期的金融解决方案。发展产品再制造,开展关键零部件再制造服务,打造柳工认证再制造品牌,支持代理商进行再制造认证。建设旧机交易平台,完善旧机质量管理体系,为客户提供设备评估、回购等增值服务。

### 2. 与农业融合

1)旅游扶贫的"绳武楼"实践:以景带村的文农旅融合之路

绳武楼景区所处的芦溪镇地域广阔,其人文和自然资源十分丰富,生态环境保护良好,是生态观光旅游休闲的绝佳胜地。绳武楼文化底蕴非常浓厚,每幅木雕、彩绘和泥塑都有其丰富的文化内涵,是中小学生学习和传承中华优秀传统文化的良好教育基地。由此,搭载不同条件从战略上提出"旅游+"思路,希望将绳武楼旅游开发打造成"观光休闲、土楼文化、生态研学"联合模式。

绳武楼因此针对不同消费群体,打造不一样的旅游形式,不仅仅可以浏览参观,有导游讲解深厚的土楼文化,还针对学生群体成立绳武楼研学基地。开启定制模式,根据客户需求,结合绳武楼特色,从观光旅游到团建、趣味娱乐,用细节满足客户。同时在闲置土楼福崎楼打造"观光酒坊",开放最原始的酿酒方式,让游客不仅可以看到完整的酿酒过程,还能参与其中,进行 DIY 制作。这打破了纯粹的观光游,让游客参与继承发展红酒文化,使传统工艺在古朴的土楼里复苏,成为绳武楼景区集观光、体验和销售于一体的综合酒坊。福崎楼的观光酒坊也因此被平和县文化体育和旅游局授予"芦溪红酒"酿造传奇所、"芦溪咸菜"制作传奇所等两项芦溪非物质文化遗产传习单位。

参考"农业循环"模式,绳武楼景区将池塘里的莲子、莲藕、鱼以及田野里的蔬菜瓜果充分利用起来,让其形成"种植—观赏—采摘—食用—种植"的循环模式。政府开始大力号召恢复基本农田,保持耕地等基本农作物生产。"荷塘月色"的地不仅能种植荷花,也能够种植改良的水稻等基本农作物。创新性地在水稻下面养殖稻田蛙,让其同样成为水上农家乐餐厅的食物供给。2021 年,受疫情影响,为更好带动乡村农业发展,绳武楼将多余出的稻米打造成"绳武楼稻香米"伴手礼,其地理条件的异质性使得稻米具有独特香味,受到了许多游客的喜爱,"绳武楼稻香米"也逐渐变成必带的伴手礼,进一步延展了蕉路村的农业新生机。

　　2）基于产业融合的茶庄园模式助力国心绿谷华丽转身

　　国心绿谷生态旅游茶庄园，简称国心绿谷，是福建省誉丰国心茶业有限公司旗下一家以茶叶种植、加工、销售与旅游产业相融合建立起来的茶庄园旅游度假休闲体验景区。该景区基于产业融合向旅游业转型发展，以打造"国家 AAA 级茶庄园旅游景区"为目标，以传播闽南特色茶文化为创办宗旨，建立果林木区、生态茶园、特色养殖、有机蔬果以及生态体验五大功能模块，并结合当地的独特风景，建立腾云峰、滑坡索道等著名景点，着眼于打造一个体验安溪茶文化、旅游、生活娱乐相融合的茶庄园模式。

　　国心绿谷真正的发展宗旨是茶业与旅游业的有机融合，建立起特色的国心绿谷茶庄园。其讲究自给自足，开设了国心绿谷餐厅，结合安溪的野生蔬菜以及国心绿谷员工自养的家禽活畜，并聘请了闽南特色菜的大师人物魏双龙先生打造国心绿谷的特色闽南菜。国心绿谷还诚聘了专业的茶艺师（茶艺、茶礼、茶学、茶食培训讲座），闽南当地少数民族进行定期的闽南文化演艺，构建起茶文化的观光项目，让游客既能观赏茶园景色，也能了解闽南文化和茶文化。同时，国心绿谷通过互联网平台，将其各个模块明确分类，包含了对庄园的介绍、交通指南、园区地图、智能物联以及多种绿谷活动，以此来吸引各方游客，在线上也有专人客服，针对团队游的旅游服务进行承接包办，减轻旅游阻碍，完善的出行设备与场地以及监控服务能够保障在游人如织的情况下，茶庄园景区的每条路线井然有序。

# 11.2　技术突破型发展

## 11.2.1　天喻信息的创新模式：从基础技术走向产品商业化

　　武汉天喻信息产业股份有限公司（简称天喻信息）成立于 1999 年 8 月，公司总部位于"武汉·中国光谷"腹地的华中科技大学科技园，是一家致力于在数据安全、移动支付服务等领域提供卓越产品和服务的高新技术企业，企业愿景是"致力于成为客户优先选择的信息技术产品和服务提供商，消费者信赖的杰出品牌"。

　　从 2014 年开始，天喻信息提出"云+端""产品+服务"的发展战略，推进在金融、通信、交通、教育、税控等领域基于数据安全的智能卡、终端、服务平台业务。2019 年公司开始全面进军 IoT 领域，希望以人工智能、区块链技术为突破口，构建技术创新和产业转型升级的新引擎。2020 年，随着数字人民币时代的到来，支持数字货币支付的手机 SIM（subscriber identity module，用户识别模块）卡、可视卡、可穿戴设备等数字人民币硬件钱包的需求强劲。天喻信息自主研发的 eSIM2 连接管理平台通过全球移动通信系统协会（Global System for Mobile Communications Association，GSMA）SAS-SM 全范围安全认证，成为国内首家通过 SAS-SM 全认证范围的 eSIM 服务提供商,也是全球为数不多的同时获得 GSMA 卡产品安全生产(SAS-UP)认证与连接管理平台服务(SAS-SM)安全标准认证的服务提供商。在一些新兴领域,天喻信息会结合技术前瞻性的把握,考虑城市的基础条件、产业优势和发展路径,向政府汇报企业对城市建设和产业发展的思路,提供政策建议。例如,天喻信息凭借其在数字货币领域的研究和技术积累,在武汉市推进数字货币试点和出台促进数字经济发展的政策指导意见上提供智力支持,在帮助政府制定和实施发展战略过程中扮演助力者的角色,同时也为自身发展营造更有利的环境。

### 11.2.2　明码科技:区块链助力精准医疗

2015 年 1 月,药明康德基因中心以 6500 万美元将 NextCODE 收购,与其"珠联璧合",成立了明码(上海)生物科技有限公司(简称明码科技),获得 NextCODE 公司基因分析与解读技术。明码科技于 2018 年 7 月发布基于区块链技术的大数据基因银行——LifeCODE.ai,并在苹果应用商店及安卓同步上线用户端 APP——来因健康,很好地解决了数据隐私、数据共享和数据安全问题。LifeCODE.ai 创新性地应用区块链技术解决基因大健康数据采集的合法性和有效性问题,链接了数据持有者(个人、医院)以及数据应用者(医院、药企、政府)。明码科技已然初步实现了基因大数据平台的建设,离"赋能每个人使用基因并从中受益"的使命更近了一步。

2018 年 11 月,由于爱尔兰国家对精准医疗的支持,明码科技选择"另辟蹊径"。依靠爱尔兰医疗机构和民众提供的大量医疗及基因数据,明码科技正式公布:公司将招募约 40 万爱尔兰人口,打造能与临床应用整合的大数据平台,医院、药企能够利用平台,带动精准医疗发展。

### 11.2.3　开展干细胞等临床前沿医疗技术研究和产业链培育

上海通过"科技创新行动计划"生物医药科技支撑专项、科技型中小企业技术创新资金计划等项目,支持干细胞与再生医学研究、细胞治疗药物的临床前研究,完善干细胞领域前沿技术研究布局。上海赛傲生物技术有限公司的上海干细胞转化医学工程技术研究中心自 2021 年 5 月启动建设以来,围绕干细胞筛选与质量鉴定、干细胞规模化制备、干细胞临床前与临床研究等全产业链要素进行了一系列科研探索和扎实工作,为推进干细胞药物的产业化进程发挥了积极的引领示范作用。

天津设立"细胞谷"试验区,依托细胞生态海河实验室、中国医学科学院细胞产业转化基地及天津市细胞技术创新中心等重点载体平台,探索细胞产业特色发展路径。目前，基本形成了从细胞提取制备、细胞存储、质控检验到研发生产、应用转化、冷链物流的全产业链。

### 11.2.4　北京数字资产托管和监管应用服务

北京市依托首都金融科技创新优势，支持朝阳区建立基于区块链的全球数字资产合规及流通监测、分析、追踪平台。平台结合监管需求，打造密码学技术与行业化人工智能解决方案相结合、密钥分拆与多环风险审查机制相结合的代码嵌入式数字资产监管工具，赋能各个监管场景，形成针对区块链账本、数字资产分析及加密资产去匿名化的创新性风险防控、合规发展解决方案。平台建立以来，参与追踪涉案加密资产累计总额达到十亿元，累计发现涉案人员近千人，将案件平均侦查时间缩短至 8 小时内，并通过与我国反洗钱主管部门合作，识别加密货币相关风险主体近千个，地址超万个，交易近百万笔，金额超 1 亿元。

北京市朝阳区建设预付费资金监管平台，运用区块链、大数据、云计算等新技术手段，构建事前、事中、事后"全链条"监管体系。在信用监管前期，对预付费企业风险进行评级和预测，提高风险防范能力；在信用监管中期，设置预付费资金监管账户，对预付费业务关键环节实行闭环式监管；在信用监管后期，建立"线上+线下"相结合的多元解纷机制，妥善处理矛盾和争议。目前，该平台已覆盖教育培训、美容美发、体育运动、洗车、餐饮、儿童游乐、洗染等多个行业领域，有效降低了企业挪用资金、卷款潜逃等风险，保护了消费者的合法权益。

### 11.2.5　上海零数科技有限公司区块链及隐私计算领域实力居于榜首

上海零数科技有限公司（简称零数科技）作为金科君创资本投资的新一代信息技术领域优秀企业，已逐步成长为中国领先的具备高性能区块链底层技术及深度应用场景的科技公司，区块链性能全国第一，隐私计算获得权威认可。其中，零数区块链底层平台通过中国电子技术标准化研究院权威测试，性能突破15W TPS，可满足大规模商业落地的性能需求；零数联邦学习平台通过了中国信通院"可信隐私计算"评测，在调度管理能力、数据处理能力、算法实现等方面获得业界权威认可，有效保障数据安全和用户隐私。截至 2022 年，公司累计申请发明专利 92 项，参与 34 项国际标准、行业标准、团体标准的制定工作。

依托自主研发的区块链及隐私计算技术，零数科技打造了六大核心产品体系，包括零数区块链、零数区块链服务平台、零数数据流通平台、零数数字资产服务平台、零数隐私计算平台、零数普惠金融服务平台，覆盖政务监管、汽车交通、能源电力、文化旅游、金融科技、智慧农业六大领域，提供全方位的解决方案服务与强大的技术支持，打造了"50+"典型应用，助力数字经济基础设施建设。零数科技作为唯一企业，参与建设中央网信办链上数字内容监管平台；作为唯一民营企业，获选能源领域首批国家区块链创新应用试点。公司还是中央网信办首批区块链信息服务备案企业、工信部"可信区块链推进计划"副理事长单位、上海市专精特新中小企业。

### 11.2.6　安徽徽光智能科技有限责任公司智能化之路

安徽徽光智能科技有限责任公司（简称徽光智能）成立于 2020 年 8 月，公司建设方向为：学习和应用基础科学、人工智能、云计算、大数据、物联网、生物交叉、无人系统、平行训练等技术和方法，全面提升军队在智能化条件下的作战能力，秉承"装备一代、研发一代、探索一代"的严谨思想，走进部队、服务需求、联合创新，在教学、训练和实战应用装备上提供技术保障和服务。以实现未来无人化人工智能战场应用的军事智能化为己任。

2020 年成立以来，徽光智能以"学习基础科学和运用人工智能等技术为军事智能化和无人化服务"为愿景，积极响应党和国家的号召，致力于研究和发展无人机、无人车、无人潜航器、无人控制系统等多项产品，真正做到贴近部队做服务，联合部队做创新，配合部队做产品。目前徽光智能无人机产品"弈"六旋翼、"懋"四旋翼、"豪"收缩式固定翼等系列察打一体无人机，无人车"影"形式班组保障车、"超"越险阻侦察车、"军"锋突击车和"无人机防御体系"等项目被东部战区某部选定。产品陆续参加某部"集团军五长集训""东部战区某装备成果展""无锡联勤保障中心新技术展示会"等多次集训演练和保障活动。徽光智能目前已经通过设计、开发、制造、保障和维修，在先进技术装备领域内突破千万级"军工"营业额；在融合光学、机械、电子电路、算法算力、通信链路等多方向获得 10 项产品试用证明，获得"百台级"批量生产任务指标。

### 11.2.7　智慧旅游：故宫博物院"智慧开放"项目

2018 年起，故宫博物院数字与信息部同专业地图团队合作，对故宫开放区域600 多个建筑、展厅、服务设施位置信息进行精确采集，采用 GPRS（general packet radio service，通用分组无线业务）导航技术、LBS（location-based service，基于位置服务）定位技术、360 度全景技术等，集成大众喜爱的紫禁城祥瑞、故宫美图、特色路线，打造集指路、百科与闲聊于一体的 AI 专属导游，推出了"玩转故宫"小程序，满足不同观众的个性化游览需求。在 2021 年 12 月发布的数字故宫小程序 2.0 中，"玩转故宫"全新升级为"智慧开放"项目，除继续优化地图导航服务外，更以开放服务面临的突出问题为导向，从运营管理、服务质量、游客需求、开放安全、古建安全保护等多个维度抓取核心问题，扩展在线购票、预约观展、在线购物等实用板块，新增游客参观舒适指数查询、无障碍路线查询等功能，将"零废弃""适老化""无障碍"等理念融入开放服务中，并对 AR（augmented reality，增强现实）实景导航在故宫场景中的应用进行了探索。从"玩转故宫"导航的小助手，到更智能、更友好、更简单的开放服务平台，故宫博物院公共服务水平迈上了新的台阶，也向"智慧博物馆"一站式参观体验的建设历程迈出了新的一步。

### 11.2.8　南京市牛首山文化旅游区智慧旅游系统建设应用

遵循统一规划、统一标准、信息共享、高度集成、系统协同、分步实施的原则，着眼于统一数据标准、统一基础信息、统一地理信息、统一交换接口、统一技术平台，景区按维度建设了基础设施支撑平台、两大集成支撑平台（数据交互平台、统一服务平台）、三大类智慧旅游应用系统（智慧服务、智慧营销、智慧管理）、三大综合管理平台（设备智能化集成管理平台、应急指挥调度平台、综合管控集成平台）四大系统，旨在利用现代信息技术实现景区智慧化运营的目标。

三大类智慧旅游应用系统、三大综合管理平台共包含 48 个子系统，其中，智慧服务系统包含公共广播系统、售检票系统、智能停车场系统、导游导览系统、虚拟旅游系统、多媒体触摸屏系统、游客满意度评价系统、游客投诉与建议系统等，智慧营销系统包含美丽牛首、微信、微博、抖音等平台，智慧管理系统包含视频监控系统、信息采集与发布系统、营销管理与游客分析系统、客流采集与引导系统、讲解员调度系统、设备智能化集成管理系统、营销管理与分析系统、无线对讲与电子巡更系统、综合安防系统、门禁一卡通系统等。

### 11.2.9　北京延庆区打造"长城内外"全域旅游数字化生活新服务平台

为抢抓新机遇、迎接新挑战，2016 年，北京市八达岭旅游总公司全资投资北京八达岭智慧旅游有限公司，负责建设全域旅游数字化生活新服务长城内外平台，旨在运用信息化解决方案，丰富旅游公共服务，提高游客体验度，带动提升产业整合能力。2016 年 5 月，全域旅游数字化生活新服务长城内外平台正式上线运营，成为北京市首家全域旅游电商平台。

该平台基于"5ABCDE"思维搭建而成，采用 5G、人工智能、区块链、云计算、大数据、边缘计算、互联网、物联网等技术，融合"旅游+""互联网+"发展理念，实现资源整合、网络覆盖、信息共享、数据互通等功能，是集创新体验、智慧管理、智慧服务、智慧营销、智慧保护于一体的智慧旅游体系。数字化管控平台实现了目的地周边资源联动，有效构建了"京津冀旅游生态圈"，以推进国企数字化转型工作及适应行业发展新趋势为立足点，将数字技术广泛应用于企业管理、推动行政治理流程再造和模式优化。平台强化集团—运营项目两级管理，电子人力资源管理系统、财务管理系统、办公管理系统、企业资源管理系统、员工管理系统等信息化系统采取集团统一建设、集团归口部门管理、运营项目组使用的方式；安防管理、客流管理、应急救援、一键报警等信息化系统采取集团制定统一标准、运营项目组按实际需求使用、集团监管的方式。平台以提升游客服务质量为主要目标，通过优化网络覆盖（5G+Wi-Fi6），完善即时信息发布系统，建设餐饮、商品、租赁、体验业态（沉浸式体验项目、无人车）等二消业态门店级信息化系统，大力提升游客服务体验。

## 11.3　品牌创新型发展

### 11.3.1　亚朵村的茶：亚朵集团创新 IP 化社会创业模式

亚朵集团成立于 2013 年，同年推出首家亚朵酒店。目前亚朵集团旗下拥有的酒店品牌包括旗舰品牌——亚朵酒店，以及亚朵 S 酒店、轻居、亚朵 X 酒店、ZHotel、A.T.HOUSE 等子品牌。亚朵集团秉持"始于酒店，不止于酒店"的经营理念，不断实现品牌 IP 化、IP 生态化的战略布局，延伸经营 A.T. living 中高端公寓平台，打造场景零售品牌亚朵百货（Atour Market），同时孵化三大原创生活方式品牌，包含 ATOUR PLANET、SAVHE 和 Z2GO&CO 等，覆盖睡眠、香氛个护及出行等多个经营领域。

亚朵村对亚朵集团品牌文化建设的启发不仅在于"百分百奉茶"，还贯穿了亚朵酒店服务的全过程，从"百分百奉茶"的茶文化，到"竹居"的阅读文化，再到领略当地风光的"属地摄影"，都受到了亚朵村的美丽自然风光和温暖人文关怀的启发。客户通过入住亚朵酒店，能够从多道服务当中体验到"亚朵村的茶"产品。亚朵酒店的第一道服务就是"奉茶"，使客户一进到亚朵酒店就能够体验"亚朵村的茶"。当客户入住客房时，亚朵酒店也会在客房中提供两包免费的"亚朵村的茶"。亚朵酒店还通过"线上+线下"和"自营平台+第三方平台"的全方位销售渠道，在亚朵酒店自身经营的"亚朵百货"（原名"亚朵生活"），以及天猫、京东、抖音等电商平台的亚朵生活旗舰店内，销售"亚朵村的茶"系列产品。

在通过包装迭代帮助"亚朵村的茶"建设品牌形象后，亚朵集团为了进一步深化"亚朵村的茶"品牌内涵，决定依托其酒店住宿的生活场景，对"亚朵的茶"进行进一步的产品开发。因此联合了更多的食品类加工合作商，在制成茶叶成品之外，结合亚朵集团的企业文化和企业服务对"亚朵村的茶"进行二次加工和创新，深化"亚朵村的茶"品牌内涵，拓展产品生命力。2022 年 8 月，亚朵集团又携手数字文创平台骏途链＆Hi 元宇宙，在骏途链上，将"石月亮"守护着的傈僳民族生存智慧通过数字艺术藏品赋予新生。将"亚朵村的茶"产品线进一步延伸至文化领域，希望打破茶的物理边界，从更抽象的层面宣传亚朵精神和亚朵文化，使"亚朵村的茶"这一项目品牌焕发更深层、更持久的活力。

### 11.3.2 吉源杰仔：动漫 IP 引领品牌整合营销传播新模式

贵州吉源驾驶培训学校有限公司（简称贵州吉源驾校）总部位于贵州省贵阳市双龙航空港经济区西南环线旁，前身为贵州文通驾驶培训学校，于 2013 年正式更名为"贵州吉源驾驶培训学校"。其于 2015 年积极开展数字化转型建设，利用云计算等新兴数字技术推动业务转型。在业务模式方面推出陪练业务，并打造"优优陪练"品牌。2016 年创始人魏红杰发起成立交通安全和文明出行公益组织"I 出行"。2018 年启动"吉源汽车小镇"贵州省重点项目建设，打造"杰仔"动漫IP，2021 年优化"杰仔"动漫 IP 设计和应用，并开发另一位动漫 IP 人物"眉妞"，丰富动漫 IP 人物故事。2022 年推动"杰仔"动漫 IP 引领品牌整合营销传播创新模式建设，并将其作为贵州体育旅游产业的特色品牌营销传播模式。

以贵州吉源驾校创始人魏红杰为原型，结合对用户画像的分析结果，贵州吉源驾校在 2018 年打造动漫 IP 人物，并命名为"杰仔"，动漫人物赋予的灵魂与精神特质表现为：热爱赛车、阳光、开朗、正能量。在 2020～2021 年，贵州吉源驾校推出了杰仔动漫 IP logo，并拟合虚拟业务场景进行动漫 IP 品牌整合营销宣传活动，在具体业务场景的衬托下，实现动漫 IP 所内嵌的精神特质引领品牌营销传播的效果。杰仔动漫 IP 在原型开发设计后，逐步从企业内部层面的应用，扩展到企业外部层面，再到企业外部关联的产业生态层面。在此阶段的发展过程中，吉源驾校积极拥抱数字技术，并将数字技术与动漫 IP 相结合以提升品牌整合营销传播的效果，具体体现在新动漫 IP 人物及故事的开发、推动贵州文旅产业融合、实现多个社交媒体间的联系、支持定制化的品牌营销主题设计。

### 11.3.3 生态产品何以品牌化？康藤"生态帐篷"的新品牌模式

康藤 Vinetree 创建于 2009 年，是中国首家高端帐篷营地的发起者、设计建设方以及运营商。康藤致力于发现独特的旅游资源，打造新兴的可持续旅游产品，建立小型精品旅游目的地，提倡通过产品设计、运营模式来保护自然与文化多样性，实现可持续发展。"云深不知处，致远见康藤"（When the road ends，the Vinetree starts）既是康藤企业的品牌标语，更是我们对每一个康藤系列产品的意境描述和品质追求。康藤·红河谷帐篷营地诞生于世界文化遗产"红河哈尼梯田"之畔、一个名为"石头寨"的废弃哈尼古村落中。出于尊重哈尼族千年梯田稻作文化，村寨中的残垣断壁被怀有敬意地修复及保留，以帐篷营地中遗迹公园的形式呈现于世人眼前。

酒店联盟成员共同承诺遵守"尊重环境与原生文化、深入体验独一无二目的地、高品质度假服务"的宗旨，实现品牌会员权益互通，多形式线路及目的地资源合作，让客人体验到更优质便捷的旅宿产品和服务。酒店品牌汇聚各自优势资源，为客人带来更加优质、多元的会员服务的同时，也将提升全场景旅行体验：与航空公司合作提供部分支线线路的提前服务；与旅游资讯平台合作开发定制线路；与车企合作定制线路；与艺术机构合作；与书店、高端消费品品牌会员互通、权益互享；跟踪顾客反馈，持续优化等。各个品牌既为各家会员扩展了消费场景，也共同建设出一个高品质的度假旅游生态圈。

## 11.4　新业态新模式发展

### 11.4.1　物流服务新业态新模式（交通、物流和仓储业）

#### 1. 互联网+第四方物流：助力江西供销电商开拓新型物流模式

为整合城乡间物流服务网，打通城乡间物流配送通道，江西省供销电子商务有限公司于 2017 年积极开拓出"互联网+第四方物流"供销集配体系，不但持续发扬了供销社传统的"红背篓"精神和"金扁担"精神，还致力于整合优化城乡间物流网络，助力乡村振兴。供销集配体系率先在寻乌县、广昌县等区域开展试运行工作，获得了显著的成效。

"互联网+第四方物流"供销集配体系便是以供销社为核心，构建起了一个买方（第一方物流）、卖方（第二方物流）、配送企业（第三方物流）以外的第四方物流集配中心。作为城乡物流终端的"毛细血管"，通过云计算、大数据、5G、人工智能、物联网、移动技术等先进技术，对供应链上的各种资源（仓储、货物、车辆、线路、网点等）进行整合，从而完成县乡村的集中配送服务，构建"一点多能、一网通用、一体融合"的县域物流网。由于其本身具有集约化、价值化、规范化、国际化的特点，所以"互联网+第四方物流"供销集配体系可以增强整条供应链的价值，实现"1+1＞2"的效果。

2. 西部陆海新通道建设

协同建设区域间协商机制及运营体系。重庆在西部陆海新通道建设中主动作为，协调建设包括西部 12 省（区、市）、海南和广东湛江在内的"13+1"省际协商合作联席会议机制，牵头设立西部陆海新通道物流和运营组织中心，有序开展综合协调、规划发展、区域合作、项目推进和信息服务等工作；会同西部 5 省区 7 家企业共建陆海新通道运营有限公司等跨区域综合运营平台，同步设立 5 个区域公司，加快运营体系建设。

建立区域间信息和大数据共享中心。重庆牵头建设陆海新通道运营有限公司大数据中心，可实时查询沿线各地铁路、港口等信息，并能对沿线省区市的货源、车板、船期等进行调配，实现资源优化配置。

建立区域间金融协同服务机制。重庆支持中国建设银行组织西部陆海新通道沿线分行和驻境外机构共同签署《中国建设银行金融服务西部陆海新通道建设框架协议》，在基础设施、跨境结算、国内国际贸易等多方面加强合作，服务西部陆海新通道建设。截至 2021 年，沿线的建行 13 家境内分行与 4 家海外分行紧密联动，利用跨境贷款累计为境内企业引入境外低成本资金逾 700 亿元，有力支持实体经济发展。

## 11.4.2　金融服务新业态新模式（金融业）

1. 农发行新疆分行：普惠金融"引擎"新模式，赋能乡村振兴新发展

科技为金融带来了更多的发展机遇，加快科技手段创新银行业务发展和服务方式，极力打造智能银行是银行业务信息化发展的大势。借助新技术建设出统一的集运营、信贷、投资等业务于一体的智能应用平台，以便于洞察客户偏好并做出敏捷反应，精准感知小微企业的个性化融资需求，加快产品研发步伐，改进业务发展模式，打造更多个性化、差异化，具有竞争力的金融产品是中国农业发展银行新疆维吾尔自治区分行（简称农发行新疆分行）在今后发展道路上的重中之重。

2022 年第一季度，农发行新疆分行下放农业科技贷款 1.20 亿元，全部用于支持润泰农业启动可克达拉市智慧农业建设项目，助力当地"种"出智慧果，促使农业向高效、智能发展，实现土地资源利用最大化，通过运转绿色农业生产中心解决了当地及周边地区近 500 个农村劳动力就业问题，促进当地农民增收致富以及乡村振兴战略有效实施。坐落在新疆霍尔果斯市的农业科技示范园从 2022 年 1 月 11 日开始正式投入使用。这座由农发行新疆分行提供 2.75 亿元信贷资金支持的园区，让农业搭上"智慧快车"，促进农民增收致富，为当地现代农业发展树立了新的标杆。

2. 推进保全信用担保机制创新，助力新金融领域扩大开放

天津东疆综合保税区管委会（简称东疆管委会）与天津市第三中级人民法院、天津自由贸易试验区人民法院等司法机关通过府院联动合作，在全国率先探索租赁企业自身信用担保保全机制，进一步提升融资租赁司法服务环境，助力融资租赁等新金融领域深化改革、扩大开放。东疆管委会与法院联合开展信用保全试点，探索以企业自身信用作为诉讼保全的担保措施，解决了企业难题。

政府多维度进行信用评价，组织标准化遴选推荐。经东疆管委会与法院沟通合作，由东疆管委会出台信用保全试点企业遴选推荐规程，促进了试点工作规范化、标准化。一是明确适用范围。结合区域产业特色，将遴选推荐对象确定为经省级金融监管部门批准设立的融资租赁公司。二是确定遴选条件。申报开展信用保全试点的融资租赁公司，必须有明确的需求，具有良好的信用状况和资金实力。同时，对于接入中国人民银行征信系统，公司或主要出资人主体信用等级为 AA+ 以上，或获得 AEO（authorized economic operation，授权经济操作者）高级认证的企业，予以优先推荐。三是规范推荐流程。为防范风险，还将推荐有效期明确为一年，到期重新申报遴选。动态监测已推荐企业的综合信用状况，确保试点企业信用"实时在线"。

法院综合评判企业信用，支持信用担保保全。府院联动机制帮助法院把好信用保全试点企业的第一道关，解决法院对企业经营情况、资信状况实时监测手段不足的问题。法院根据内部业务规程，结合政府遴选推荐意见和企业资信状况综合评判后，支持企业以自身资信为诉讼保全提供担保，并根据具体案件情形自主决定是否适用信用保全担保机制。企业仅需向法院提供承诺函，承诺对保全错误造成的损失承担责任，即可在法院指导下试行诉中信用保全。整体实现一次性审查，一定期限内通用。

## 11.4.3　电子商务发展新模式（信息技术与互联网业）

在积极探索成品油零售经营电子商务业务新路径方面，天津东疆综合保税区积极开展传统行业与互联网的融合创新工作，聚集了一批从事网络货运、能源贸易、车后整合服务等平台经济细分领域的龙头企业，初步形成了特色鲜明的平台经济集聚区。相关企业基于自身业务发展，提出应用互联网零售成品油提升企业竞争力方面的需求。在天津市商务局的指导支持下，东疆管委会结合区域建设需要和企业实际需求，坚持以制度创新为核心，大胆闯、大胆试，推动成品油零售经营电子商务业务率先在东疆开始试点，并积极探索形成可复制可推广的改革创新经验，截至 2023 年已有十余家企业正式开展试点业务。

### 11.4.4　教育服务探索新业态（教育服务业）

2020 年江苏金智教育信息股份有限公司（简称金智教育）成为"江苏省首批产教融合型试点企业"，堪称高校信息化服务行业的领军者。先后承建"中国科学院百所联网工程""全国十大网络中心 CERNET 二期网络升级项目""全国第一例校园万兆网""首例数字化校园"等重点项目的研发和建设。

金智教育推出的高校教育信息化解决方案，受到业界广泛认可，金智教育已经连续 13 年市场份额列居中国教育信息化行业第一名。截至 2020 年，以自主研发的智慧校园运营支撑平台和智慧校园应用系统为基础，金智教育累计为 1000 余所高等院校和中职学校提供软件开发、运维、系统集成等信息化服务，深度挖掘高校场景价值需求。在行业内率先提出"开放平台+多元应用"建设模式，广泛连接起"高校、大型科技企业、中小型创新创业企业"，推出"互联网+高校"的布局计划，以信息化、智能化驱动高校管理服务模式变革及高校人才培养，协同高校、产业合作伙伴打造开放、合作、共赢的校园新生态。

以金智教育为平台领导企业，与高校、高校用户（师生）、产业合作伙伴（大型科技企业、中小型创新创业企业）共同构建智慧校园平台生态系统模式。同时，制定了平台生态系统模式的实施路径：第一步，打造智慧校园运营支撑平台 CampuSmart。在原有独立系统上，建立数据标准规范，实现数据互联互通，集成标准化核心应用，满足高校基本管理需求。第二步，开放融合。在 CampuSmart 平台上进行演进创新，连接起更多的外部产业合作伙伴（大型科技企业、中小型创新创业企业），丰富多元化应用，满足不断涌现的师生个性化需求。第三步，共创共赢。将 CampuSmart 平台应用开发能力赋予高校、应用开发者，共同建设高校信息化，实现需求端的应用开发自我响应。连接起企业、高校优质资源，开发创新型人才培养模式，以人才反哺企业端，实现生态价值链闭环。

### 11.4.5　互联网医疗模式拓展（医疗保健和社会服务业）

1. 互联网医疗：央企如何服务地方——航宇卫星科技"互联网+医疗"市场开拓与转型之路

广东航宇卫星科技有限公司（简称航宇卫星科技）已在航天、医疗两大领域市场中，建立了"数字化卫星技术平台"与"数字化医疗健康平台"两大场景应用平台。特别是围绕卫星与医疗两大主营业务，航宇卫星科技大力开拓技术应用场景，针对当地医疗市场开展了深入调研，准确把握当地居民在满足医疗需求方面的"痛点"，积极寻求与实体医院开展合作交流，搭建项目平台，打造了"互联网医院""医学影像云平台""医院动力保障系统托管服务"等示范性品牌成果，不仅在节能减排、环境保护等方面取得可观的经济与社会效益，更是极大地提升了当地医院的医疗服务和后勤管理的规范化、智能化与便民化，为切实解决当地居民"看病难、看病贵"问题提供了一个可行、优质的实施路径，成为央企扎根地方、服务地方、造福地方的一个成功典范。

航宇卫星科技积极组建技术攻关团队，开展专项技术攻关，探索如何发挥自身在大数据聚合技术、大数据可视化技术等方面的优势，以及在医疗相关领域开展项目的实施经验，推动本地区医学影像诊断资源的优势整合，助力本地区医院信息化水平的提升，以提高医院工作效率和医疗水平，提升医院特别是基层医疗机构的医疗服务能力。航宇卫星科技于 2020 年 10 月在福建省某县医院上线运行了"AI 智能大影像平台"，该县医院成为省内首家用 AI 赋能医学影像的县级医院。这一影像平台在满足放射、超声、内镜等影像科室的日常业务需求基础上，提供"AI 智能辅助诊断""云胶片""影像高级后处理"等特色影像功能，不仅在较大程度上提升了影像科室信息化和智能化水平，还显著提高了影像诊断效率，缓解了县级医院诊断医生资源不足的问题。

### 2. 后起之秀：京东健康"互联网医疗"的破局之路

2019 年 10 月，在京东健康合作伙伴大会上京东健康首次提出"以健康管理为核心"的主张，京东健康将致力于通过连接和打通产业全链条，融合各方医疗资源，为用户提供贯穿生命全周期、覆盖健康全场景的产品及服务。京东健康形成自营、线上平台、全渠道布局三种运营模式，全面覆盖零售药房的不同消费场景，提供给用户"人在货在、随时随地"的一站式体验。

2020 年 1 月，京东健康先后开展了"医药补助工程"和"新慢病防治计划"，持续助力普惠医疗的发展，让更多优质、付得起的医疗产品触达到更多消费者，促进医疗资源的均衡化、均质化。为了打造线上就医闭环，京东健康选择了"重模式"的运营方式，先后开设包括心脏中心、肾病中心、眼科中心、精神心理中心等在内的十八大专科中心，引入了近百名权威专家和名医。京东健康及京东集团通过对这些医药企业的医药供应链进行专业化、数字化、智能化的高效整合，帮助众多医药品牌实现数字化运营。

### 11.4.6　其他生活性服务业模式创新

#### 1. 腾云电子：直击痛点，开创手机维修上门服务新模式

随着手机维修行业日新月异的发展，北京速修科技有限公司（腾云电子）从上门维修切入市场，借服务标准化获取顾客信任，再通过多渠道、高灵活度的服务调整适应市场需求，一步步的服务创新帮助腾云电子在手机维修领域站稳脚跟。

创始人团队经过一年多的苦学，掌握了芯片级手机维修技术，以此创立了以手机维修为主营业务的腾云电子。从 4 人的小店铺发展为在北京地区颇具知名度的手机上门维修服务商，在淘宝、美团、天鹅到家等平台广受好评，开设 3 家线下服务门店，并在手机维修基础上增设了二手手机回收销售的业务。

主营的门店维修与上门维修业务都在顾客面前进行，减少了顾客对更换劣质配件或手机信息泄露的担心、增加顾客的信任，但取送维修切断了顾客"监控"的渠道。如何让送修过程变"透明"，这一思考带来了腾云电子的另一项特色服务：全程录像。随着直播技术的兴起，腾云电子还会借助淘宝、抖音等平台直播维修过程，顾客可以通过平台实时观看、了解维修过程，对企业也产生了直播引流的功效。腾云电子总结手机维修工作涉及的环节，主要包括平台接单、发送短信联系顾客、维修准备、维修前检测沟通、维修中拍照录像、维修后再检测、旧料回收等。在此基础上，通过员工手册的方式提示员工标准的操作流程与话术，以及针对顾客常见问题如何答疑。

### 2. 一朵棉花的艺术之旅——VOC 理念下的乐加家纺电商运营模式

宁波乐加电子商务有限公司（简称乐加）以打造成功电商家纺品牌自许，曾在 2019 年以羊毛被单品创造单季 1400 万元的销售奠基，来年再以驼毛被单品缔造单档活动销售五万多条产值 1000 多万元的佳绩续之。设计师坦言："乐加的设计源于民族的风格，融入现代美学的时尚，不仅是对精致生活的追求，更是对艺术文化的表达，将艺术、文化和'家'的概念融为一体，将中国特有的传统民族文化带给消费者，用传统的文化演绎现代都市新生活。"

随着大数据时代的到来，在乐加家纺设计部有一个专门的职位——客户数据分析师。他的主要职责是将收集到的客户数据、意见与建议进行搜集、整理、分析，并依据数据做出行业研究、评估和预测，最后将数据、信息与相关建议传递至设计师手中，使设计师能聆听客户之声（voice of customer，VOC），获得有价值的产品设计需求和建议，并且在最后确认和核实，以此为基准让设计师设计出更多符合消费者心意的家纺产品。通过邀请消费者、设立"荣誉设计师"、设立公司"产品设计顾问"以及推出"参与产品设计即给予一定产品优惠"等途径，让部分通过筛选条件，具备一定家纺行业专业知识的消费者直接参与到新家纺产品的设计与决策过程中，帮助乐加家纺的设计师更好地倾听客户之声，获得有效需求。让客户直接参与产品设计开发，并进行产品策略规划，使得客户不仅仅是产品的体验者，更是产品的设计者。

# 第12章 政策指引下的现代服务业经典发展案例

本章以政策导向为案例列示主要方向，目前加快发展现代服务业是推动我国经济高质量发展的重要途径，现代服务业升级和数字化转型是未来现代服务业发展的重要驱动力，现代服务业正朝着多元化、高端型、创新型的服务经济模式发展，普遍呈现以金融业、文旅业、物流业等新型增长点为主导发展，疫情下也催生了在线教育平台发展。在政策推动下，产业转型升级的路径呈现出多维度、多方向的发展特点，其中，文旅产业作为兼具经济效益与文化价值的领域，已成为重要的革新方向。例如，淄博市人民政府打造了"热情好客"服务型政府角色，充分发挥市场对资源配置的决定性作用，成功带动淄博文旅业发展；浙江文旅建设政策将传统美食文化与全省景区发展相连接，形成整体"一张网"拉动行业发展；藏羌彝文化走廊立足于西北大开发战略，地区旅游景区实现"产业链式"发展模式；在北京"一带一路"国际合作案例发展过程中，形成了具有地区连接作用的机构，以文化为交流切口，打开合作渠道；在乡村振兴相关案例中，袁家村旅游资源建立在关中地区传统生活方式上，在发展过程中强调"地产地销"特点，并以共同富裕为导向建立了符合自身发展的股份合作社模式；浙江安吉则以农业产业为支撑，形成地区发展"一张蓝图"，注重发展规划、管理和扶持的精准性，深度挖掘政策引导作用；安徽三瓜公社关注企业和政府结合的建设模式，注重电子商务发展的重要作用。教育发展是乡村振兴不可缺少的，浏阳教育基于数字化转型，以信息化作为优化教育管理和治理的手段。

## 12.1 政策驱动产业转型

### 12.1.1 传统文化产业转型：河南一涵汴绣的电商之路

和许多传统企业一样，河南一涵汴绣有限公司（简称一涵汴绣）在 2011 年成立之初，主要是以线下门店销售为主，运营状况并不尽如人意，当时一直未能实现盈利的局面。之后一涵汴绣通过电子商务，使传统企业走出国门，走向世界，成为传统行业转型发展的典范，一涵汴绣一步步从小到大，借力互联网技术和平台，多角度提升品牌价值和影响力。本小节全面探讨了一涵汴绣电子商务业务从无到有，从简单到多方位的发展历程。

一涵汴绣以传承、发扬、创新中国传统手工汴绣文化为己任，以实现一涵汴绣全球化销售为目标，致力于中国刺绣领导品牌，为中国文化事业的发展不懈努力，得到了省政府领导的表彰及各业界的大力支持。2015 年 7 月一涵汴绣在上海股权交易托管中心成功挂牌上市，这是汴绣行业唯一一家挂牌上市的公司。

如今一涵汴绣共组建了 4 个公司网站，有自己的门户网站，在淘宝天猫上也有自己的店铺，基本实现了全网覆盖，客户群体也基本实现了从个体到群体的规模蜕变。借助电子商务网络平台，一涵汴绣实现从 2011 年年销售额的 15 万元，到 2015 年年销售额的 5000 万元，实现大幅增长。根据公司的相关数据，其中 70% 的营业额来自电子商务。一涵汴绣经过初期的电商建设工作，使得电子商务业务的发展越来越好，成为国内汴绣行业的佼佼者，带动了传统文化产业的当代发展，为我国文化事业做出了突出的贡献，是行业发展的典范。通过借助电子商务的发展战略，一涵汴绣让具有 4000 多年文化历史的手工刺绣行业率先打破小规模生产、个体户销售的模式，使得传统汴绣行业可以迈出国门，走向世界，让世界可以感受到中国传统文化产业的魅力。如今的一涵汴绣已经发展得非常成功了，但是一涵汴绣的发展远远不止于此，如今的成功也不会阻止它继续前进的脚步。

## 12.1.2　万达文旅：十年风中飘摇

2009 年，万达集团确定将文化旅游产业作为企业新的重点发展方向。当年 1 月，万达集团投资了 200 亿元用于长白山国际度假区的建设。随着长白山度假区这座"模具"的建造，王健林对于文旅项目的规划也更加清晰起来。2013 年签约的无锡万达文化旅游城，成为万达集团在全国投资建设的第 8 个文化旅游项目。至此，万达已经在长白山、武汉、西双版纳、哈尔滨、南昌、合肥、青岛和无锡多地布局，万达文旅的全国战略格局初步形成。2017 年 6 月，万达集团已经建立了一个庞大的文旅帝国。2017 年 7 月 10 日，万达集团官网发布公告，万达商业与融创中国签订转让协议，万达集团的 13 个万达文旅项目的 91% 股权由融创以总额 631.7 亿元接手，且现有项目贷款由融创承担；双方同意在 7 月 31 日前签订详细协议，并尽快完成付款、资产及股权交割；双方同意交割后文旅项目维持"四个不变"：品牌不变、规划内容不变、项目建设不变以及运营管理不变；酒店管理合同继续；双方同意在电影等多个领域开展全面战略合作。

2018 年 11 月，万达与兰州市签约共同打造"一带一路"文化旅游新品牌，总投资近 300 亿元。这样，之前保留的乌鲁木齐和西安的文旅项目，与兰州串联在陆上丝绸之路的线路中。新欧亚大陆桥以西安为起点，经过甘肃和新疆连接到中亚、西亚，并连接地中海各国的陆上通道。其中，兰州地处丝绸之路经济带的关键节点，是我国西北地区的重要城市。兰州的"十三五"规划提出依托丝绸之路的经济建设，统筹自身丰富的文化资源，将文化旅游发展推上一个新的台阶。万达在兰州的落户一定能对"一带一路"的建设起到积极的推动作用，为壮大兰州的文化旅游注入动力。

### 12.1.3　物管腾云：彩生活的社区平台转型之路

彩生活服务集团（简称彩生活）成立于 2002 年，是花样年集团为配套相关物业管理业务而建立起来的基础物业管理服务企业，这部分业务的开展是彩生活最原始的起点，决定了其具有第三方物业服务的基本基因，也使其能在业务能力上扎实积累。在物业管理行业的阵痛期，彩生活不甘于在吃不饱饿不死的状态下安于一隅，便只能另辟蹊径，险中求胜。彩生活 2011 年便开始搭建互联网平台，2014 年，彩生活生态圈概念初步形成，推出 E 系列应用，并于当年在中国香港上市。2016 年，彩生活生态圈正式启动，引入合作伙伴，共同开发社区资源。

彩生活最核心的部分就是解决了物业管理的模式问题，彩生活将物业管理由难以为继的劳动密集型变成智力密集型的自动化"智慧社区"。为了形成"智慧社区"，彩生活所做的工作主要分为两块，第一，对物业管理的服务对象进行重新定义，从原来对物的管理转变成对人的服务，合理引入互联网元素，彩生活模式是原来的物业管理模式的升级版。重新定义之后，彩生活的物业服务内容进一步延伸，服务的边界进一步扩大。第二，为了节约人力成本，彩生活用设备、机械来替代人工，替代一部分劳动力，将富足人员投入更加需要的领域。比如，彩生活管理的小区道闸并未设置保安亭，业主和访客自助式进出小区。原本大量的保安员、清洁工和维修工被解放出来，转而招进一些学历、文化程度和服务意识等相对较高的人来成为彩生活的社区管家。通过独创的"云、管、端"管理体系，彩生活的单位面积劳动用工数是行业百强企业的 60%。

### 12.1.4　拥抱新技术的餐饮业：海底捞的数智化转型

尽管智慧餐厅项目面临重重挑战，但是海底捞仍然坚信这是一项有价值的探索，期待智慧餐厅能够通过将新技术运用于餐厅中实现智慧生产，并进一步保障食品安全、改变成本结构。2017 年，海底捞成立"新技术创新中心"专项小组，智慧餐厅项目正式启动。2017 年 1 月 2 日，海底捞与北京和利时智能技术有限公司签约火锅自动配锅线项目，以实现私人定制锅底。2018 年 3 月，海底捞与日本松下成立合资科技公司北京瀛海智能自动化科技有限公司。这家公司凭借机器人技术、图像识别技术等，为海底捞智慧餐厅后厨的全自动化运作提供技术支持。2018 年 10 月，海底捞第一家智慧餐厅在北京东三环繁华商圈中的中骏世界城开业，实现了多项技术的创新。在顾客看不到的地方，自动出菜机、RFID、食材监管系统、智能厨房管理系统（intelligent kitchen management system，IKMS）、能源管理系统等新型技术的应用，帮助海底捞智慧餐厅实现了智慧生产。

除了自动出菜机和食材监管系统之外，海底捞智慧餐厅还拥有智能高效清洗系统、智能饮料存储设备、打料机等。那么，如何管理功能如此强大的智能厨房呢？海底捞自主研发了业内首创的厨房综合管理系统——智慧总厨大脑 IKMS。这一厨房综合管理系统作为海底捞智慧餐厅的神经中枢，可以实时监控出菜机、酒水机、羊肉机等后厨设备的运行状态，实现下单、配菜、上桌全流程后厨管理的智能化。另外，能源管理系统可以实时显示餐厅用电统计，包括今日用电量、周用电量、今日用水量、设备用水排行等。通过能源管理系统对餐厅能源使用情况的监控，海底捞可以实时监控餐厅的运营成本。

### 12.1.5　"数"聚平台处，坐看"云"起时——美云智数赋能企业数字化转型

2018 年 1 月，美的南沙工厂作为 M.IoT 试点工厂立项，美云智数科技有限公司（简称美云智数）深度参与了整个工业互联网化改造过程。在面积超 4 万平方米的厂房里，整齐排列的机器人（机械臂）在自动化生产线、注塑、立体库等生产环节上井然有序地"上班"，自主研发的自动化生产线领跑制造业，其自动化程度已高达 65%。搭载 M.IoT 平台，美云智数既可以为其他大型企业提供定制化、数字化转型服务，也可以向中小企业输出低成本的套餐式解决方案，赋能更多制造业企业实现云端数字转型。

新冠疫情下，SaaS 行业逆势而上。然而企业找到匹配自身特点的云服务并不是一件容易的事。事实上，由于企业规模的大小以及数字化成熟度的不同，企业对 SaaS 的需求是有区别的：大企业要全流程的数据化管理与资源打通，小企业要面向终端的用户思维，小微企业产品线单一，数字标准化程度不高。于是美云智数针对不同的客户类型"因材施教"，"传授"三个层次的数字服务解决方案。其一，对于 50 亿~100 亿元产值规模的大中型公司，美云智数可提供从顶层设计到流程规划再到数字化转型落地的全面解决方案。其二，对那些还没有完成全面转型的中小型公司，提供专属领域提升服务。比如，解决它们面临"双十一"巨量订单涌入时生产发货的问题等。其三，小微企业可以选择 SaaS 的轻量应用，实现如云打印、短信服务等功能。疫情加速了中国企业数字化转型脚步，2020 年 5 月 19 日，美云智数在线上召开了主题为"智上云端、数聚共赢"的 SaaS 战略发布会暨渠道合作启动仪式，首批推出的 SaaS 系列软硬件服务，包括互联网大数据、采购云、工业仿真三大领域，正是满足工业互联网生态链的重要云平台。2020 年"新基建"乘风破浪，工业互联网平台的"快车道"高手云集，腾讯、阿里巴巴、

徐工、三一等都开始在美云智数的"地盘"佛山发展工业互联网平台，工业互联网与消费互联网平台的边界逐渐模糊化。

### 12.1.6　从"静乐琼楼"到"安营颐养"，静安健康养老产业的战略转型与发展之路

安徽静安健康产业发展股份有限公司（简称静安健康）通过市场需求调研和工作中的实践，明确了"与长辈携手共创幸福生活"的服务宗旨，确立了"使躺着的长辈坐起来，坐着的长辈站起来，站着的长辈走起来，所有的长辈乐起来"的服务目标，接着提出了两个"三位一体"的核心概念，即在养老场所上，实施机构养老、社区养老、居家养老一体化；在服务功能上，实施医养服务、颐养服务、家政服务一体化，以覆盖养老全领域、全要素、全功能。

养亲苑参照 ISO9000 质量管理体系，加强制度建设，制定与实施了各级各类工作人员岗位职责、管理制度、工作规范、服务流程和突发事件应急预案等，在运行一年后又进行了系统修订，形成《客服部服务内容与服务标准》《护理部服务内容与服务标准》《营养膳食部服务内容与服务标准》《防意外与突发事件处理程序》等运行服务规范，同时利用静安中西医结合医院区位优势，在面向社会提供医疗服务的同时，为静安养亲苑养老服务提供医疗保障，静安养亲苑作为静安中西医结合医院的老年科，其老年病科进驻每一个楼层，实现了医养结合养老服务模式，并取得初步成效。参照《国务院关于加快发展养老服务业的若干意见》的精神，机构养老方面以养亲苑为中心向合肥和全省各地市发展，之后又在淮北市等地成立了静安养亲苑分院。针对规划中的社区居家服务内容，开发社区居家养老服务中心站点，2013 年合肥龙岗综合经济开发区居家养老服务中心在静安养亲苑内成立；同时设计建造自己的养生养老综合体，配套医院、老年护理院和日间照料中心，将医疗保健、养生服务延伸到养老住宅区域；为丰富长辈的精神生活，又成立了静安养亲苑瑶海区老年大学。

健康养老产业发展新思路：一是养老服务本身的轻资产服务模式，通过服务输出、技术输出的低成本投入，以托管、租赁、合作、兼并、指导或培训其他养老机构等方式来形成收益；二是智慧养老服务新业态，发挥科研板块优势，通过智慧健康数字化的运营体系打通养老机构、医疗机构、社区、个人、家庭全领域，提供实时、便捷、高效、物联化、智能化的健康养老服务；三是通过将养老、医疗、健康管理联动，从养老服务抓客户信任，从健康管理抓客户依赖，并通过满足家政服务，扩大服务规模，形成集群效应，提供衍生产品，最终形成盈利。

### 12.1.7　传统物流企业数智化转型：盛铁物流的探索之路

天津开发区盛铁物流有限公司（简称盛铁物流）成立于 2003 年 2 月。在 2003 年到 2015 年间，一直按部就班地平稳发展，虽然持续盈利，但是增幅停摆不前，成本增速高于收入增速，效率提升缓慢。郝燕翔来到盛铁物流是在 2015 年。那一年，中国铁路货运迎来了最严酷的"寒冬"。2015 年，中国铁路总发送货量为 33.6 亿吨，同比下降 4.5 亿吨，同比跌幅达 11.9%，创下中国铁路货运有史以来最大跌幅纪录。在经济结构和产业结构调整的过程中，产品向高精尖发展，产品重量和体积下降，附加值增加，货运总量出现增长缓慢甚至负增长情况。盛铁物流首次提出"智慧物流"的概念，就是要利用互联网、云计算、大数据这些新型的技术带动公司更大限度地降低人工成本，提高经营效率，并将打造"智慧"盛铁作为公司当前最主要的发展目标。

"线上+线下"的组合拳，解决了以前为客户提供服务信息化手段单一的不足，实现客户服务由"被动服务"转为"主动服务"，手机查询铁路货运业务，结束了客户有事就要面对面联系的历史，极大地提升了客户满意度。利用可视化经营大数据分析系统、无人机安全巡检系统以及移动手机端提升用户体验，这三项措施有力地推进了公司智慧物流的建设，促进了公司安全管理、开发经营，让更多客户获得了智慧物流新体验。"物流总包"模式突破了"站到站"限制，实现了既有资源的优化整合。盛铁物流通过设客户代表有效连接铁路运输与市内短驳运输，实现铁路运输、集散、仓储、配送、加工、信息管理等物流服务功能的一体化。"仓储+加工+配送"模式是指生产厂商发送装有货物的棚车到达盛铁物流货场，盛铁物流会通过低价或免费为这些货物提供仓储来留下货源。"接卸+集港/配送多样化服务"模式充分利用铁路资源优势，以集港带动了疏港。"可视化服务+N"模式实现了项目全过程运作管理。"整合资源+竞价"模式可以压缩全程物流成本。

### 12.1.8　修内力，强外功：鼎岳文化的数字化修炼功法

在面对数字化转型的冲击与机遇时，四川鼎岳文化传播有限公司（简称鼎岳文化）应对当前情景的战略决策至关重要，公司管理层一部分认为应该积极推动全面转型、一往无前，尽早实现数字化，另一部分则认为企业核心竞争力不在于数字技术，应突出原有竞争优势，与高新技术企业实现差异化竞争。

以科大讯飞、歌尔股份为首的高新技术企业纷纷涉足配音产业，相较于传统人声配音，人工智能配音低成本高成效，迅速侵入有声书、博客、音频翻译市场，传统配音公司业务不断受到侵蚀。鼎岳文化现有竞争优势难以在这些市场上赢得竞争，此时数字化转型箭在弦上，不得不发。闭门造车在日新月异的

数字化时代并不可取，故鼎岳文化管理层迅速做出决策，与科大讯飞等高新技术企业达成合作，合力推进企业数字技术的进步革新，上线鼎岳 NTTS（network technology and telecommunications services，网络技术与电信服务）云服务、鼎岳 STT（speech to text，语音转文本）智能云文本翻译服务等多项数字技术支持业务。同时，鼎岳文化在组织结构方面增添技术骨干，形成自有技术团队，目前，鼎岳文化已在申请高新技术企业认证。在面对数字化冲击时，鼎岳文化结合数字技术推动核心竞争力进一步发展。2012 年，鼎岳文化上线成熟的企业门户网站，实现展示、宣传、销售、咨询多项流程统一管理，经营方式实现数字化转型；2020 年，上线配音、版权音乐在线交易网站，2021 年，上线全球母语配音在线交易网站，专业化分工，确保交易系统安全高效。

## 12.2　政策驱动产业升级

### 12.2.1　其进锐者，其退速：精锐教育业务生态链崩盘——"双减"政策

上海精锐教育科技集团有限公司（简称精锐教育）的战略则是定位高端教育市场，注重体系搭建，打造出一个完整的教培体系，而后复制到目标城市，同时拓宽业务以形成自身的业务生态链。秉持"科技赋能教育，学习力成就未来"的使命，精锐教育始终坚持因材施教理念，根据学生的具体情况制订适合学生的个性化培训计划以重点提升学生薄弱科目。首先，在 O2O（online to offline，线上到线下）趋势的影响下，精锐教育增加了新的发展战略。原有的业务继续走高端路线，在此基础之上引入 O2O 技术，以更好地服务学生和家长，满足小众市场需求。其次，投资新兴技术，开始为线上业务布局。从 2013 年开始，精锐教育先后投资了私塾家、溢米辅导、贝贝帮等互联网教育公司。精锐教育的核心依旧是把师资、教研做好，以新技术的应用来推动营运效率的提升。2018 年，国内企业赴美上市出现了小高潮，精锐教育也在多重有利因素的作用之下成功地于 2018 年 3 月 24 日正式在纽交所挂牌上市，募集资金总计 1.793 亿美元。精锐教育与巨人教育共同合作，相互提供资源，意在开创教育领域 OMO（online merge offline）新模式，打造生态闭环，建立良性自循环体系。精锐教育在收购巨人教育之后，并未对巨人教育内部结构进行较大的改革，只是对其业务体系进行了优化。2020 年，精锐教育为实现其战略目标，先后多次向巨人教育提供贷款，截至 2020 年 8 月，精锐教育向巨人教育系列借贷的最大风险敞口有近 9.2 亿元。

2021 年 7 月 24 日，义务教育"双减"文件（全称为《关于进一步减轻义务教育阶段学生作业负担和校外培训负担的意见》）正式出炉，"双减"落实之后，精锐教育旗下的机构开始纷纷停业关门，而作为精锐教育业务生态链布局关键环

节的巨人教育也因资金链短缺暂停经营。精锐教育作为国内排名第三的学科教育巨头，有教培界"爱马仕"之称，自成立以来，一直深耕高端市场，并逐步用产品创新和单城打透，走向"超高端"市场，赢得更加长远的发展。在其成立 13 年间，虽然投资了素质教育、家庭教育等，主要业务还是集中于 K-12 课外辅导。另外，上市后的精锐教育发展战略过于激进，大举投资与并购。因此，遇到宏观环境的变化时，其抗风险能力极低。疫情的暴发，加速了精锐教育的衰败，2021 年上半年，精锐教育虽然在慢慢回调业务，但是元气尚未恢复，于 7 月份落实的"双减"政策直接阻断了精锐教育的主营业务。"双减"之下，教培行业应当如何进行转型，主要有以下几条路径可以参考。第一，素质教育。"双减"政策的直接目的是要减轻小学生的学科压力，只有学科压力减轻了，才有能力、有时间去践行素质教育，向素质教育转型是目前几大学科教育巨头的共识。第二，科学教育。在学科教育之外增强科学教育符合国家战略，但科学教育这个赛道需要全新的老师、全新的招生团队甚至还需要在软件系统上有不小的投资。第三，家庭教育。在我国国情下，教育有三个主要的场所：学校、家庭和第三方场所（即线上与线下），当学校和第三方场所被严格监管后，父母一定会把家教当作一个重要的教育出口，且现在提供家庭教育的大多还是家政平台，那么家庭教育市场空缺很大，是一个值得探索的转型方向。第四，职业培训。我国教育面临的普遍问题是教学模式与企业需求不能完全匹配，国家对从事新兴行业职业人员的培训也日益重视，因此，搭建职业技能人才供应桥梁、探索职业教育需求下沉路径，可以成为教育培训机构转型的着力点，是拓展职业教育服务领域的关键所在。除以上四点之外，教培机构还可以向研学教育转型，关注课后服务。

### 12.2.2　新疆中联：蓄力谋转型，税惠指方向——税收优惠政策

新疆中联软件有限公司（简称新疆中联）成立于 2009 年，注册地址位于新疆乌鲁木齐水磨沟区，注册资本是 1000 万元，目前，公司已经发展成新疆本地最大的医疗软件开发与集成服务民营企业，自身拥有完善的医院数字化解决方案，服务客户突破 150 家医院，拥有软件著作权 24 项。公司成立初期仅做代理销售业务，主要从事重庆中联医院信息系统系列产品在新疆地区的推广、销售、安装等一系列活动。在这期间，医院系统信息化开始起步，在线医疗也慢慢兴起。2015 年至 2018 年，内地医院系统信息化开始普及到新疆，公司管理者萌生培养一批新疆本地技术人员的想法，这样不仅能及时满足医院的需求，提升公司的声誉，同时也可以降低成本。通过内地工程师远程指导以及参与项目的锻炼，新疆中联技术人员逐渐能从进行一些简单的接口开发，到可以独立做模块的开发。2018 年之后，新疆中联搭上了国家推动医院信息化这趟便车，构建了研发部，将一部分技术人

员转换为研发人员，探索着"通向新疆中联美好未来"的发展道路。如何达到享受税收优惠政策要求的目标，这对新疆中联的管理与业务都提出了新的挑战。新疆中联选择制定相关配套管理制度，重新梳理业务。

第一，培训助力、数字赋能及管理协同奠定企业转型基础。

首先，强化培训管理，提高员工素质。其次，业财融合，借力政策。采用信息化手段提高研发管理水平，助力公司合规享受政策优惠。为纠正公司研发过程中的各种不规范做法，提高税收申报成功率，新疆中联为此推出一项高效管理工具——研发管理系统平台，并仔细地向员工介绍了如何借助信息化手段来打通研发管理全流程，轻松实现科研管理和财务管理融合共享，以达到对研发项目进行高效日常管理的作用，让公司可以合规享受税收优惠政策。最后，分工明确，规范管理。梳理完善公司部门设置，进一步明确各部门的工作职能及合作机制，使得研发费用管理规范化、持续化。

第二，改变业务口径，尽享优惠政策。

对于第一阶段的改变策略展现出良好效果，为更好地享受税收优惠，新疆中联又从以下几个方面进行了整改。"两改"——改变业务拓展思路、改变工作流程，"三调"——调整收入结构、调整业务机构、调整技术服务合同。

提供开放式数字化医院集成化完整解决方案。基于在本地医院领域十余年的持续耕耘，新疆中联面向医院经营管理与临床服务两大体系，提供开放式数字化医院集成化完整解决方案，开放式数字化医院基础支撑体系包括：基础服务、数据服务、应用服务、公用服务和知识服务。新疆中联为患者提供双向转诊、远程医疗等社会医疗服务，建立起卫生决策信息支付平台、卫生信息发布与增值服务平台、数据共享与交换平台，集成区域数据中心。此项解决方案的投入使用为政府、企业与市民等多方节省了 90% 以上的等待时间，缩短了 50% 左右的业务办理周期，极大地降低了沟通成本，提高了办事效率，向社会展现了集成式全方位业务覆盖模式的魅力。

### 12.2.3　"清仓式"分红：拉卡拉是"清"还是"吞"？——股利政策

2005 年，拉卡拉支付股份有限公司（简称拉卡拉）成立。创立之初，拉卡拉便获得了央行颁发的牌照，成为第三方支付企业中的领头者。此后，拉卡拉大力发展硬件与软件，通过线上线下业务的相互结合，顺利成为全国知名的金融服务公司。公司的服务方式主要为：通过收款宝、智能 POS（point of sale，销售终端）等产品，向消费者提供个人支付功能、向商家提供收单服务。围绕这一中心，拉卡拉将服务范围扩大到教育、餐饮、旅游以及保险等行业，实现了产品服务的全面发展。2019 年 4 月 25 日，拉卡拉在深圳证券交易所上市，股票代码为 300773。

截至 2019 年 6 月底，拉卡拉支付已覆盖 2100 多万商户。多年来，拉卡拉为数亿个人支付用户、400 多万商户和企业用户提供支付服务，覆盖 357 个地级以上城市。在国内第三方移动支付领域和离线银行卡收单行业中，拉卡拉已经发展成为一家领先企业。

### 12.2.4　"为诗画浙江·百县千碗"："养胃"工程打造文旅融合金名片

　　"诗画浙江·百县千碗"作为浙江省大花园建设"五养"工程的重要内容，自 2018 年 8 月启动以来，连续三年写入浙江省政府工作报告，并列入浙江省委"十四五"规划内容，为浙江文旅融合高质量发展铸魂塑形。"诗画浙江·百县千碗"以传统美食为基础，兼顾各地特色文化元素，成为当下浙江各级政府公务接待的新时尚和来浙游客休闲消费的新热点。培育打造"诗画浙江·百县千碗"美食旅游 IP，在满足人们的养胃需求的同时，让"浙里味道"转化成美丽经济，也传播了美食背后的文化内涵。为持续推动"诗画浙江·百县千碗"工程落地见效，浙江省旅游投资集团与浙江省农村发展集团共同打造"百县千碗农都美食小镇"，以"诗画浙江"为内核，汇聚浙江历史悠久、人杰地灵的 11 个地市最具代表性的特色美食。以"百县千碗"为 IP，收录 50 余个国家级、省级、市级非遗美食，让这些带有城市历史文化底蕴的美食跃出"纸上名录"，助力文旅融合、乡村振兴。

　　浙江省文化广电和旅游厅还联合省商务厅等六部门，出台《做实做好"诗画浙江·百县千碗"工程三年行动计划（2019—2021 年）》等政策文件，推动"诗画浙江·百县千碗"工程全方位发展。截至 2022 年，浙江省先后认定 4 批省级"百县千碗"美食体验店 730 家，培育认定省级"百县千碗"美食街区（镇）24 个，市、县（市、区）级"百县千碗"美食体验店上千家，实现体验店县（市、区）全覆盖。吸引国有资本成立"百县千碗"管理公司开展市场化运营。持续推动"百县千碗"进景区、星级饭店、大中学校、机关食堂、高速服务区、社区等。全省各地纷纷出台扶持政策、成立美食办（小吃办），将"百县千碗"纳入全域旅游评定加分项目，对认定为省级"百县千碗"美食体验店、示范店、街区（镇）的单位给予 10 万元至 50 万元不等的奖励补助，吸引市场主体打响"百县千碗"品牌。

### 12.2.5　黔西北记忆，藏羌彝文化走廊

　　20 世纪 80 年代，社会学家费孝通[11]提出了"藏羌彝文化走廊"这个民族学概念。2014 年，中国第一个国家层面的区域文化产业发展专项规划《藏羌彝文化

产业走廊总体规划》出台，旨在通过藏羌彝文化产业走廊区域内资源整合，实现区域内文态、业态、形态融合，这是推动民族文化发展繁荣的创新之举与推进各民族文化产业成为国民经济支柱性产业的重大战略部署，对保护文化生态、传承民族文化、增强国家认同、促进民族团结具有重大而深远的意义。《藏羌彝文化产业走廊总体规划》提出了按照西部大开发战略和建设社会主义文化强国的总体要求，以优秀地方和民族特色文化资源保护传承和合理开发利用为核心，促进文化与旅游等产业深度融合，建设具有较强影响力、传播力和竞争力的西部地区特色文化产业带。

围绕"藏羌彝文化走廊"这一核心，毕节市大手笔描绘旅游发展宏图。织金洞景区成功升级为国家 5A 级景区并荣膺"世界地质公园"称号；国家 5A 级景区百里杜鹃景区继续推进"智慧游"建设，逐步实现"春季游"向"四季游"产业链的延伸；阿西里西景区基础设施建设进一步完善，新建了游客服务中心、高山索道，并正式开游。与此同时，一批"走廊"重大项目如黔西水西古城文化旅游区项目已完成投资 6.3 亿余元，主建筑群已对游客开放；大方县慕俄格古城已完成投资并对游客开放，实现招商引资 3.5 亿余元。当代叙事与历史故事交相辉映，传统文化与现代文化无缝融合，"藏羌彝文化走廊"这一核心构建为毕节旅游插上腾飞之翼。

### 12.2.6　北京"一带一路"国际合作案例

"一带一路"国际合作方面共有 3 个案例。案例分别为：①北京市支持律师事务所与全球司法机构、商协会和专业机构合作，牵头建设多国多方、线上线下、综合配套的法律商事服务机制，服务范围覆盖 60 多个国家 180 多个城市，为推进共建"一带一路"高质量发展做出了新贡献；②建设广播电视网络视听节目服务体系，支持文化企业"走出去"，讲好中国故事，密切与相关国家地区的交流；③协调电商平台与国铁集团合作，开通快速铁路跨境电商运输线，为优化中欧铁路跨境货运模式提供了新选择。

1. "一带一路"法律与商事综合服务

《全面推进北京市服务业扩大开放综合试点工作方案》提出，着眼国际交往中心建设，打造"一带一路"法律服务中心、北京全球经贸合作服务中心网络。一是主动整合全球专业资源，创建"一带一路"服务机制。该机制聚焦"项目对接、风险化解、纠纷调解"功能，在共建"一带一路"国家广泛设置服务点，为产业界提供投资政策、法律咨询、评估招标、金融保险、安全防范、信息共享等综合配套服务，为丰富"一带一路"国际合作形式、提升合作实效发挥了积极作用。二是探索创新国际商事争端解决模式，搭建跨国跨区域在线调解平台。2016年10月，在北京市支持下，北京德恒公益基金会与多家商协会组织合作，发起成立北京融商"一带一路"法律与商事服务中心。

2. 北京广播电视网络视听节目"走出去"服务体系

《全面推进北京市服务业扩大开放综合试点工作方案》提出，立足文化中心建设，搭建文化展示交流平台，积极推动与"一带一路"共建国家的文化交流。北京市积极落实方案要求，构建广播电视网络视听节目服务体系，支持文化企业"走出去"，在国际舞台上讲好中国故事、北京故事，培育具有国际影响力的文化交流品牌，并取得良好成效。一是培育平台企业。支持广播电视和网络视听节目对外传播译制、节目版权输出和国际传播平台建设。根据译配语种、覆盖区域、受众人群、译配产能等标准，在全市范围内遴选专业素质高、译制实力强的专业服务企业，评定"中国（北京）影视译制基地"，并提供服务支持。二是打造活动品牌。组织"北京优秀影视剧海外展播季""视听中国·北京视听之夜"等多类专项活动，为各国人民提供高质量的文化"产品"和文艺作品。"北京优秀影视剧海外展播季"活动自 2014 年创办以来，影响力不断扩大，目前已覆盖欧洲、亚洲、非洲、南美洲等大洲和俄罗斯、英国、哈萨克斯坦、科特迪瓦、巴西、阿根廷等多个国家和地区，推介、展映了数百部影视精品，成为世界人民了解中国人民和中国文化的重要窗口。三是拓展合作方式。构建多方参与的人文交流机制，推动与海外国家和友好城市的文明互鉴、交流交往，推动中外影视机构在影视合拍、版权保护、市场开发、科技共享、外景拍摄、展播展映、人才培训等方面开展广泛深入合作。

3. "一带一路"快速铁路跨境电商运输线

服务"一带一路"建设是《全面推进北京市服务业扩大开放综合试点工作方案》的重要内容。北京市统筹相关工作需要，积极开展集成创新，推动实施"一带一路"快速铁路跨境电商运输，为优化"一带一路"共建国家经贸合作模式、支持新兴业态发展做出了有益探索。一是推动市场化合作。支持顺丰等跨境电商平台与中国国家铁路集团深度对接，推进合作。2019 年 10 月 29 日，K3 次国际列车从北京站驶出站台，装载着 1.8 万票商品前往莫斯科。这是北京开通快速铁路跨境电商运输线的积极尝试，为优化"一带一路"中欧铁路跨境货运模式提供了新的选择。二是完善配套支撑体系。推动相关部门成立专项工作联合小组，"量体裁衣"设计与快速铁路运输相适应的新型通关作业模式。开展实地调研，组织政策宣讲，帮助企业了解政府部门监管要求。按照规范标准，实时、实地指导企业进行作业场所建设和国际列车行李车体封闭改造，为跨境运输提供可靠的安全保障。三是实施全链监管。实施全流程无盲点监管，集中管理、系统申报、海关查验、产品溯源，保障商品高效合规流转。

### 12.2.7 安徽省三瓜公社：电商特色产业模式，经济文化齐发展

三瓜公社位于安徽省合肥市巢湖市半汤街道，项目按照把乡村建设得更像乡村的理念，融入"互联网+三农"发展理念，构建集一、二、三产业与农旅相结合的"美丽乡村"发展系统，推动三瓜公社中村落的全面振兴发展。在建设过程中保护乡村原有的田林农湖系统，对荒地、山地、林地进行修整保护，修复水系，把乡村田野打造成诗意栖居、宜游宜业的家园。具体运作模式如下所示。

一是采用"企业+政府"的开发建设模式，安徽巢湖经济开发区管委会与安徽淮商集团共同成立安徽三瓜公社投资发展有限公司。按照"冬瓜民俗村""西瓜美食村"和"南瓜电商村"三大主题定位，对民居进行重新定位设计，构建起"线下实地体验、线上平台销售，企业示范引领、农户全面参与，基地种植、景点示范"的产业发展模式，围绕民俗、文化、旅游、餐饮、休闲等多个领域，综合现代农特产品的生产、开发、线上线下交易、物流等环节，探索出一条信息化时代的"互联网+三农"之路。

二是采用特色农产品与电商产业融合的运营模式，以"互联网+三农"为实施路径，探索一、二、三产业融合，农旅、商旅、文旅"三旅结合"的休闲农业和美丽乡村建设新模式，重点打造南瓜电商村、冬瓜民俗村和西瓜美食村三个特色村。大力发展现代农业，通过电子商务打开当地农特产品大市场，吸引年轻人返乡创业，新农人入乡创业，成立农民专业合作社，进行优质特色农产品生产，带动加工，让村民足不出户把产品卖向全国，激活乡村市场，盘活乡村资源，为农业注入新的生命。以电子商务为抓手，依托南瓜电商村，建设线上线下店铺、创客中心，吸引年轻人入乡加入电子商务就业创业平台，通过电子商务，驱动农产品加工、生产，通过农特产品的加工生产吸引和保障更多本地村民的就业和创业。

### 12.2.8 智慧教育促进乡村教育振兴

浏阳教育要持续实现优质均衡发展，存在以下主要堵点：农村师资力量薄弱、开齐课程困难；农村教师专业发展受限、成长周期长；城乡教育均衡发展任务重、压力较大。党的十九大报告提出要推动城乡义务教育一体化发展，高度重视农村义务教育，努力让每个孩子都能享有公平而有质量的教育[12]。湖南是教育部确立的"教育信息化 2.0 试点省"，长沙市是首批"智慧教育示范区"，浏阳充分领会国家及省市教育信息化相关文件精神，结合域内教育实际，深入探索"互联网+

教育",加速优质教育资源的流通,联通区域、校际、城乡教育一体化发展,通过异地在线协同教学、教研的方式,推进义务教育从基本均衡迈向优质均衡。

1. 战略驱动,打造教育数字化转型新引擎

一是凝聚发展共识。教育部陆续出台一系列政策,部署推进教育数字化转型,提出要以教育新基建促进线上线下教育融合发展,推动教育数字转型、智能升级、融合创新,支撑教育高质量发展。二是发展"新基建"。浏阳高标准建设教育城域网,实现万兆主干、千兆进校、百兆到班,覆盖全市各级各类学校(含教学点)。三是平台融合互通。根据工作需要,浏阳陆续开发了各种教育管理与教学应用系统,分期分批建设了多种教育资源,为方便师生使用,共享各类数据,浏阳将所有平台进行了整合、优化,实现单点登录、统一认证,为推进教育公平、促进乡村教育振兴提供技术保障。

2. 数字驱动,开创农村信息化教学新局面

伴随着城镇化进程加快,农村小规模学校不断出现"缺师少教、开不齐课、上不好学"及教育质量不优的现实问题。为此,浏阳充分利用信息化手段扩大优质教育资源的覆盖面,激活乡村教育活力,缩小城乡教育差距。一是汇聚优质教育资源,助推乡村教育振兴。通过广泛宣传发动,加强评比考核,用好国家和省市教育公共资源,引进智学网、学科网等网站资源。二是实施网络联校工程,助推区域教育公平。浏阳全面实施网络联校工程,构建"三固定、四同步"网络教学及"三定三到位"网络教研的县域网络联校建设与应用模式,由城镇优质学校帮扶农村薄弱学校开足开好音乐、美术、英语等课程,并组织城乡教师开展网络教研活动。三是开展大数据精准教学,探索课堂教学新模式。在全市69所中学推行大数据精准教学,倡导学校开展基于大数据的因材施教,培养学生自主学习的意识和习惯,倡导探究式学习和启发式学习,通过差异化教学和个别化指导促进学生核心素养的提升。

3. 机制驱动,构建浏阳智慧教育新生态

一是构建研训一体培训机制。浏阳创新教师培训模式,以教师工作坊、名师工作室、智慧教育讲师为抓手,通过"网络校联体"平台开展跨校同课异构和跨学科融合教学活动。二是构建教育教学改革机制。为促进教育教学改革,浏阳设立"智慧教育真抓实干奖",激励学校高度重视信息化教学。三是构建可视化管理治理机制。浏阳教育信息化在完成"三通两平台"建设后,着手优化教育管理和教育治理。

# 12.3　政策引导文旅产业革新

## 12.3.1　北京：数字增信文旅产融模式创新

北京优品三悦科技发展有限公司（简称三悦科技）联合朝阳区金融办、朝阳区文旅局创新推动了数字资产增信在文旅金融场景下的应用，帮助疫情下文旅企业，特别是其中的中小微企业可以获得无抵押、无担保、高效的普惠性融资。政府搭建数据平台，通过"文旅场景数据+科技+金融"的创新模式，连通政企银三方，服务于各类文旅企业，构建出文旅金融服务新生态。并且立足于朝阳，服务于全国的文旅产业金融需求，开创文旅交易与数字金融有机融合的发展新路径。平台深入了解文旅产业链上下游之间的交易，以景区包票场景为例，平台应用数字技术对包票商与核心景区的交易真实性进行核验，通过开设独立的监管账户，银行可以向包票企业直接提供采购款项融资，包票商实际是将承包门票这一动产质押给银行，而不再需要传统的质押和担保模式，真正实现了基于交易的融资。平台既推动了核心企业开放数据，同时降低了融资成本，而且全程都是线上操作，压缩了放款周期，单笔融资时间由过去的 1～2 个月压缩至 7 个工作日以内。

三悦科技将协助朝阳区拓宽数字资产增信产融服务的辐射范围，以文旅企业为试点，逐步拓展到文化产业各个细分业态、产业链各个环节。同时平台与包括朝阳区文旅局在内的多个地方省文旅厅建立了政企银合作对接，其中河北、海南、湖北等地方文旅厅均提出希望能够借鉴朝阳文旅金融综合服务平台的模式进行地方推广。针对不同的文旅细分场景均建立了样本模型，形成了相关案例，并具备了全国推广、规模化量产的能力。下一步，三悦科技将对接并融合国家搭建的信用服务平台，探索更多文旅企业信用提升方式，帮助中小微文旅企业从根源解决融资需求。

## 12.3.2　乡村旅游驱动乡村振兴——解锁陕西袁家村的振兴密码

袁家村是在农家乐的基础上做旅游的，用旅游的形式吸引人来，主题定位是关中民俗文化，就是把关中传统的生产生活方式转化为一种旅游资源。袁家村一开始将眼光瞄准到 70 公里之外的西安市。袁家村捆绑了西安，就相当于捆绑了大约每年 1.5 亿人次的庞大潜在旅游人群。袁家村在自身的经营策略上，并没有选择大多数特色小镇走的文艺路线或者历史文化路线，而是另辟蹊径地选择以挖掘"当地美食"为主题，每年吸引了全国各地的"吃货"慕名而来，从而一举成名。袁家村一方面通过地产地销保证食材的纯天然。对于调味品、酸奶、油、面粉等关键食材，袁家村建立了自营的作坊合作社，统一供货和调配，各商铺不得私自地”实施主体整体授信额度达 5 亿元，有效解决产业发展“用地难、贷款难”问题。二是加强人才保障。坚持实施人才储备培养计划，融合部门优势，加强校地合作，联合开展从业人员培训。组织大咖公开课，鼓励参加行业技能比赛，提升从业者归属感和荣誉感。广招贤才，在各类公开招考中，设立旅游专业人才岗位；在休闲经济奖励政策中开辟专项条款用以奖补旅游人才。三是丰富载体建设。每年举办“过个安吉年”“畲族三月三”等系列特色乡村节庆活动，以“一乡一节”推动本地特色文化活动进入旅游市场。在原生态特色基础上，立足村情，推出乡村品质游内容。例如，报福镇以“福”文化为主题，在全镇各村打造“休闲报福”“山水统里”“民俗中张”等十大不同景致。

### 12.3.4　淄博烧烤爆火，点亮新文旅出圈之路

2022 年疫情期间，来自山东大学的 1.2 万名大学生被分到了淄博市进行隔离，在隔离结束临别前一天，淄博市人民政府包下了全市所有的烧烤店，为他们安排了一顿淄博烧烤，并约定等到春暖花开、疫情结束后请他们再回来吃烧烤。2023 年 3 月初起，大学生怀着感恩之心、怀旧之情，带着亲朋好友相继组团重回淄博撸串，并通过朋友圈、抖音等网络平台发布相关照片、视频，经自媒体短暂发酵后，淄博市很敏锐地抓住了这个热点，并快速跟进和行动。由于当地政府的科学应对、烧烤商家的诚信经营以及全城百姓的热情好客，“蹭热点”的各种自媒体最后成为宣传淄博的“生力军”。自此，淄博烧烤在全国范围内“成功出圈”，烧烤成为淄博市城市 IP。烧烤带动淄博获得超高流量后，淄博市人民政府没有片面遵循所谓经济规律，实施系列管控行为，如宾馆涨价潮中的理性限价、烧烤虽供不应求但不加价，这些都指向一个共通的逻辑——人们需要，政府就提供；舆论反感，政府就砸锅。

淄博市人民政府真正展现了服务型政府的典型角色——不是自上而下地指导和命令市场与企业应该如何做，而是以市场为决定性的资源配置方式（围绕食客的需求），针对烧烤餐饮店需要解决的难题，提供诸如环保、治安、交通、宣传等公共服务。尤其是烧烤专列的开启，无疑是一个神来之笔，大大拓展了淄博烧烤业的市场广度，是利用“大国重器”为“小民烟火”服务的典范，并在空间上以淄博为中心构建了一个一小时当日往返的“烧烤都市圈”。淄博烧烤从某种意义上真正体现了有效市场和有为政府的结合。在土地财政不可持续、地方债务高企的今天，地方政府必须重新思考并定义自己的发展模式。淄博烧烤现象说明，淄博市人民政府在打造消费型社会、服务型政府方面做出了令人惊喜的突破。我们希望这一切对淄博来说不是昙花一现，也希望全国有更多的地方政府，能够以长期主义、人本主义的人民至上理念，为当地打造消费型社会，同时推动政府向服务型政府转变。

# 案例篇参考文献

[1] 薛文婷. 我国现代服务业发展影响因素及趋势分析[J]. 商业经济研究, 2019, (15): 177-180.

[2] 周伟, 杨栋楠, 章浩. 京津冀协同发展中河北现代产业体系评价研究[J]. 经济研究参考, 2017, (64): 65-73.

[3] 蒙玉玲, 彭永芳, 初汉芳. 现代服务业发展的经济增长点选择和实施路径: 以河北省为例[J]. 商业经济研究, 2015, (23): 105-107.

[4] 苗蓓, 卢铖卉. 扛起主城担当 打造长三角现代服务业高地[N]. 南通日报, 2022-06-05(A01).

[5] 张毅君. 长三角现代服务业集聚对经济增长的影响研究[D]. 蚌埠: 安徽财经大学, 2022.

[6] 冯炜雯, 万玉龙, 夏治坤. 江苏构建以服务业为主的现代产业体系面临的问题及对策研究[J]. 产业创新研究, 2022, (20): 25-27.

[7] 浙江省发展改革委服务业处、浙江省发展规划研究院联合课题组. "十四五"浙江现代服务业高质量发展的基本思路与对策建议[J]. 浙江经济, 2020, (2): 38-40.

[8] 戎良, 杨熙, 俞翔, 等. 建设现代服务业创新发展区 培育经济发展新动能[J]. 浙江经济, 2021, (6): 56-57.

[9] 韩悦. 我国现代服务业高质量发展水平评价及影响研究[D]. 长春: 吉林财经大学, 2021.

[10] 肖洁, 师小坤. 文旅融合对社会福祉的影响: 以扬州为例[J]. 旅游学刊, 2019, 34(7): 6-8.

[11] 费孝通. 关于我国民族的识别问题[J]. 中国社会科学, 1980, (1): 147-162.

[12] 习近平: 决胜全面建成小康社会 夺取新时代中国特色社会主义伟大胜利——在中国共产党第十九次全国代表大会上的报告[EB/OL]. https://www.gov.cn/zhuanti/2017-10-27/content_5234876.htm[2017-10-27].

外采，否则一旦发现就会被取消经营资格。另一方面，通过传统工艺保证做法的原生态。村民都按照传统工艺制作，面粉是用小麦磨出来的，豆腐是用黄豆一步一步做出来的，未加入任何化学添加剂。

共同富裕是社会主义的本质要求，而袁家村从一开始所坚定的便是共同富裕的路线。起初袁家村通过集资成立农民合作社的方式完成启动资金的筹集，袁家村以农民为主体，以创新谋发展，以共享促和谐，调节收入分配，实现共同富裕，把村民培养成为经营主体，让村民当老板和股东，家家有生意，人人能挣钱，这些方式赢得了村民的支持。袁家村在关键的招商运营管理模式上，不向商铺收取地租，而是采用从商户的收入中分成的方式。为了解决贫富差距问题，袁家村探索出全民股份制的模式，积极推动酸奶作坊、醋坊、油坊、豆腐坊、辣椒坊等作坊改制股份合作社，这些均由村委会下属公司进行经营，村民私人参股，形成"你中有我、我中有你、人人努力、互相监督"的机制，不管谁家生意做得好，都等于自己在赚钱。通过利益捆绑，袁家村有效解决了各种利益冲突，打造了袁家村的"命运共同体"。同时，村民的入股参与，极大地降低了袁家村的维护运营成本，不仅不需要固定地支出大量人工成本，而且村民变得更加自律，大家的事，大家做。所有商户自觉自愿地把维护环境卫生、维持游客关系、维护品牌形象当作责任。商户成为新村民，与原来的老村民共同运营，自我管理。

### 12.3.3　浙江省安吉："绿水青山就是金山银山"理念诞生地

安吉县以绿色发展为引领、以农业产业为支撑、以美丽乡村为依托，探索三产联动、城乡融合、农民富裕、生态和谐的科学发展道路，打通了绿水青山和金山银山的转化通道，打造了宜居、宜业、宜游的美丽安吉。安吉县坚持一张蓝图绘到底，统一规划，统一品牌，统一运营。一是在精准规划上发力。编制了《安吉县休闲旅游业规划（2011—2020 年）》《安吉县休闲农业与乡村旅游规划》《安吉县乡村旅游发展专项规划》，初步形成 3 大中心、10 个聚集地的乡村休闲旅游格局。涌现出鲁家村"家庭农场+村+企业"、目莲坞"农户+村+企业"、刘家塘村"慢生活体验区"等创新模式。二是在精准管理上用力。率先出台《乡村民宿行业的服务质量通用要求》《安吉县农家乐服务质量通用要求》等地方标准，规范服务。三是在精准扶持上聚力。安吉县在推动农业、乡村旅游和绿色发展上采取了多项精准扶持措施，在财政资金支持、金融支持、人才支持、市场营销支持下确保政策能够直接惠及农民和乡村经济。

加强政策引导，激发产业发展的内动力。一是创新要素供给。积极探索农村闲置农房（宅基地）流转、农业标准地等改革举措，在全国率先创新推出农业产业融合项目建设"标准地"以及农业标准地抵押贷款等举措，县内农业"标准